U0112242

我们需要
什么样的
历史学?

成一农 —— 著

中西書局

目　录

上编

第一章

史 料?

在绝大多数历史研究者以及爱好者心目中,"史料"被视为历史研究的"核心",或者说历史研究是围绕"史料"展开的。本章则试图将"史料"推离历史研究的"核心"。在我看来,历史研究的核心应当是研究者,而不是史料(以及方法),这也是本书一直强调的。退一步讲,即使从具体过程来看,虽然在很多情况下历史研究确实是围绕"史料"展开的,要搜集史料、阅读史料、理解史料、校勘史料、排比史料、引用被认为有价值的史料等等,但需要铭记的一点是:进行这些活动以及对史料做出各种判断的,是我们这些研究者。

什么是史料?

　　本节可能是本书中最为简短的一节,因为在我看来,"什么是史料",本身不是一个问题。与过去有关的任何东西都是史料,而"过去"就是 1 秒前、0.1 秒前、0.01 秒前,乃至 0.001 秒前,所以,所有一切都是史料,无论是"正式"撰写的史书、报纸、网页,还是电视剧、动画片,甚至树木、空气、动植物都是史料。当然,这些史料在具体研究、具体问题以及具体视角中的价值存在差异。

　　基于此,后续各节要讨论的问题大致涉及两个方面:

　　一个方面是史料与史实或者真相之间的关系。至少近代以来,中国的史学认为存在客观的史料,也即认为存在可以反映历史真实的史料,特别是那些"秉笔直书"的史料。当然,现在持这种认知的人应当是越来越少了,此外,以往对于"秉笔直书"的理解也是我们近现代史学家自己想象出来的。不过,现在大多数研究者可能会认为,虽然"史料"中蕴含着各种各样的"主观性"[1],因此不能直接将其等同于"史实",但作为研究者的我们则可以通过各种方法,剥离掉其中的"主观性",从而还原出能反映历史真实的史料,进而找出历史的真相。这也是近年来"历史书写"和"史源学"兴起的原因。但问题是,我们真的能做到这点吗?

1　需要说明的就是,虽然"客观"的事物是存在的,但只要有人的参与(包括人的观察),那么人所获得的所有知识都是"主观"的,是不可能"无我"的,这也是本书中"主观性"一词的所指。

另一个方面是史料的"等级"。受过历史学训练，或者了解当前历史学的一些基本研究方法的人都应当知道，传统史学对于"史料"有着各种划分等级的**普遍**标准。大致而言，首先，要区分史料的"真伪"；然后，按照"史料"与"史实"之间的"距离"，要区分一手史料和二手史料；最后，对于某一著作、图像而言，则要区分好的版本和不好的版本。但在了解了史料与史实的关系之后，这些划分史料"等级"的**普遍**标准是否还是合理的？

"秉笔直书"？

长期以来，或者至少自民国以来，尤其是傅斯年提出"史料即史学"，并提倡"上穷碧落下黄泉，动手动脚找东西"之后，史料在中国史学中的核心地位似乎就是不可动摇的，以至于很多人认为"史料"，至少是那些客观、公正的书写下来的史料，如实地反映了"史实"，通过挖掘这类史料，我们就可以复原历史的真相，从而揭示历史的规律、事件发生的原因等等。受到这种观念的影响，近代以来，中国的很多史学研究者不断强调历史撰写要"秉笔直书"，且对那些他们认为的或者史书中记载的"秉笔直书"的史家和著作极为推崇。在他们看来，"秉笔直书"等同于"如实记录""不曲不饰"，也就使得后来的历史研究者有反映了历史史实和真相的史料可以凭借。

但真的如此吗？在我来看，这是一个非常大的误解。简单来说，"秉笔直书"中的"直"指的是什么？这个道理并不难懂，只要点明，大家就应该明白所谓"直"的背后，是有价值取向的，因此是主观的。

以中国历史上一直被奉为"秉笔直书"史学家的典型代表董狐为例进行说明。

《左传》"宣公二年"记载，晋灵公聚敛民财，残害臣民，造成了国内的混乱，当时晋国的正卿赵盾多次劝谏无果，晋灵公还多次想杀死赵盾，赵盾只好逃走。但：

> 乙丑，赵穿杀灵公于桃园。宣子（即赵盾）未出山而复。大史书："赵盾弑其君"，以示于朝。宣子曰："不然。"对曰："子为正卿，亡不越竟，反不讨贼，非子而谁？"宣子曰："呜呼，诗曰：'我之怀矣，自诒伊慼'，其我之谓矣。"孔子曰："董狐，古之良史也，书法不隐。赵宣子，古之良大夫也，为法受恶。惜也，越境乃免。"[2]

这段话的大致意思是，受到迫害的赵盾出逃，但还没有跑出晋国国境的时候，晋灵公就被赵穿（赵盾的弟弟）杀死，于是他就返回了。而太（大）史董狐就写道"赵盾弑其君"，并在朝堂上展示。在任何时候"弑其君"都是大罪，赵盾必然为自己辩护，他说，你董狐写得不对呀，晋灵公又不是我杀的，为什么把罪名安在我头上。董狐则理直气壮地说，在你没跑出国境之前，君还是君，臣还是臣，国君被杀了，你作为臣子回来居然不去报仇，那么你就必须承担"弑君"的罪名。赵盾听后，无言以对，并引用《诗经》中的诗句表达了自己感慨，意思就

---

2   杨伯峻：《春秋左传注》"宣公二年"，中华书局，1990年，第662页。

是,我怀恋故土,迟迟没有逃出国境,因此也就不得不忍受这样的罪名。孔子呢,对两者都表扬了一番,一方面说董狐是秉笔直书,"书法不隐",另一方面说赵盾是好大臣,只是没有跑出国境,如果跑出国境了,那么也就不会有"弑君"的罪名了。

现在我们的问题是:董狐记录"赵盾弑其君"的时候,他是否真的是客观中立如实地记录了历史?显而易见的是,董狐在记录"赵盾弑其君"时,有着自己的评判标准,这点他自己也说了,赵盾和孔子也都没有反对,即"子为正卿,亡不越竟,反不讨贼,非子而谁?"但问题就是,这条原则是"客观"的吗?显然不是,毕竟杀晋灵公的并不是赵盾,拿到今天的法庭上都定不了他的"杀人罪",更不用说"弑君"这种具有道德评判意味的罪名了。从这个故事能得出的结论就是,董狐根据自己的或者当时得到某种程度公认的原则来书写历史,因此其记录是有主观性的。

不仅如此,董狐在朝堂上展示的"赵盾弑其君","弑"本身就是一种价值判断。因此,按照我们今人的角度来看,如果他是公正、客观的话,那么应该写为"赵盾杀其君"。但也不对,因为杀死晋灵公的是赵穿,不是赵盾,因此这么写本身就已经不符合史实了,还是有着价值判断。因此,到了这里,我们得到的第一个结论就是"秉笔直书"不等于客观。但有人会说,那改成"秉笔实书"是不是就好了,即如实地记载历史,"赵穿杀其君"就是"秉笔实书"了呀!

这种解释看似有道理,但细究起来也是有问题的,即与"直书"类似,"实书"也存在标准的问题!仍以上面这个故事为例。表面看,如果董狐将"赵盾弑其君"改为"赵穿杀其君"似乎就是如实撰写了历史，由此书写的史料就是对史实的如实反映[3]。这难道有问题吗？

要解释这个问题，需要将整件事情联系起来看。虽然董狐对这件事情的记录没有流传下来，但按照《左传》的这段记录，董狐应当是将赵盾的出逃、"赵穿杀其君"[4]与赵盾未出境就返回这三件事情连续地记录了下来。我们姑且认为这三件事情都是史实，也即董狐在这里表面上做到了"秉笔实书"，但问题是这样的撰写真的是"实书"吗？

虽然时至今日我们依然可以说，事件的前后顺序是客观的，但事件之间的联系则不是这样，将哪些事件联系起来，构成因果等关系是一种人为选择的结果。

拿我自己为例吧。我从中国社会科学院调动到云南大学之前和之后发生了很多事情，下面罗列了其中五条（姑且认为我对这些事情的叙述是史实和真相；对这些事件的挑选也是我主观的结果，但这不影响对问题的说明）：

北京雾霾严重，我和家人身体不好。

孩子出生后，房子不够住，又买不起。

找了很多学校，最终选择了广揽人才且位于空气很好的昆明的云南大学。

到了云南，房价便宜，买了房子。

3　关于真相的问题，参见本书第四章的分析。

4　原文虽然为"赵盾弑其君"，但在此处的讨论中，为了表达所谓的"秉笔实书"，因而将其改为"赵穿杀其君"。而且按照时间顺序，赵穿杀晋灵公是在赵盾返回之前。

到了云南，一家人身体都很好。

这五件事情之间，必然存在联系，但这样说毫无意义，因为世间万事万物之间都存在某种联系。好，如果有人感觉我是为了健康调动到云南大学的，或者他只听到了这些信息，那么他很可能将这段历史写为：

北京雾霾严重，成一农和家人身体不好，云南大学这时候广揽人才，且昆明空气很好，于是成一农选择调动到云南大学，果然一家人的身体变得健康。

这段论述中的事件是不是史实和真相？显然是的，但这些联系显然是作者自己建立的。

如果某人感觉我是为了房子调动到云南大学的，或者他只听到了这些信息，那么他撰写我的这段历史的话，就会写：

在孩子出生后，房子不够住，又买不起的情况下，成一农选择了广揽人才的云南大学；到了云南，房价便宜，买了房子，解决了问题。

这段论述中的事件是不是史实和真相？是的，但同样这些联系是作者自己建立的。

到了这里，有人可能会说，那么如果有人那么说：

北京雾霾严重，成一农和家人身体不好，成一农在孩子出生后，房子不够住，又买不起；云南大学这时候广揽人才，且昆明空气很好，于是成一农选择调动到云南大学；果然一家人身体变得健康，也买得起大房子。

这下子事情全面了吧，而且都是史实和真相，但这些联系同样显然是作者自己建立的，且让阅读者**认为**这些联系是事实和真相。

到了这里，我们需要理解，事件之间虽然必然存在联系，但如何建立这些事件的联系是作者主观认知的结果；事件之间可能存在多种联系，但选择哪些联系来记录，又是撰写者主观选择的结果；在众多的事件中，选择哪些事件来建立联系，还是一种主观选择。到了这里，应该可以理解董狐对历史记载的主观性了吧，他那样记载的背后就是他给赵盾扣上"弑其君"罪名的理由，即"子为正卿，亡不越竟，反不讨贼，非子而谁？"

不仅如此，即使历史著作的撰写者主观上没有去建立事件的联系，只是将事件摆在那里，实际上也无法避免主观性。由于董狐记载这件事情的著作已经不存了，所以我们无法得知其内容，但我们可以设想，与后世的那些实录、起居注和正史类似，其中不可能记载所有事情，必然会省略那些"鸡毛蒜皮"。好了，哪些事情属于"鸡毛蒜皮"，哪些不属于？这本身又是一个价值判断。大致而言，史书中记录的都是撰写者认为重要的史实和真相，这不仅有选择地将"史实"留给了后世的读者，而且还让读者认为这些事是重要的，更为重要的是，这些留存下来的"史实"也就使得后世的读者可以构建和想象它们之间的联系，由此影响了后来的读者对历史的认知。比如，只是简单地将我调动到云南大学前后的这五条"史实"摆在那里，不加任何说明，是不是也已经影响了读者的认知？而董狐的如实记载，即使没有使用任何表示因果关系的词汇，实际上也让读者有了将这三件事情建立起联系的可能，赵盾避免不了成为晋灵公之死"幕后黑手"的嫌疑。说到这里，大家是不是觉得所谓"秉笔实书"也不是那么"实"了呢？我将这种记载历史的方式

（"秉笔实书"）称为"用真话说谎"，这是一种非常高明的"说谎"方式。

为了强化认知，容我引用一个可能更容易理解和更广为人知的例子。在金庸众多武侠著作中，我最喜欢的是《鹿鼎记》，其中一个原因就是这部著作的主角韦小宝在"武侠"中别具一格。看过这部小说的人应该知道，韦小宝虽然武功极差，但却有着相当高的"江湖地位"，这与他高超的撒谎本事密不可分，金庸对此有过评价，即"他精通说谎的诀窍，知道不用句句都是假，九句真话中夹一句假话，骗人就容易得多"。不过，从上文的分析来看，实际上这还算不上是说谎的最高境界，最高境界应当是"知道不用句句都是真话，只是挑自己需要的来，骗人就容易得多"。如果了解了这一点，那么从广义上讲，我们每个人都是骗子，且所有材料也都是"谎言"。

最后，八卦一下，在我看来，按照《左传》的记载，无论是董狐、赵盾，还是孔子，都是有问题的。从现代人的角度来看，董狐既然指责了赵盾，作为"秉笔直书"的正义人士，理应"以死相逼"，让赵盾去处理赵穿，但似乎没有；赵盾既然默默地承担了"弑君"的罪名，那么作为"正人君子"，至少要去处罚赵穿，似乎也没有；孔子作为道德典范，居然在赵盾没有处理弑君凶手的情况下，就将赵盾誉为"古之良大夫"，这也令人颇为诧异。

回到本节的主题，"秉笔直书"绝对不等于"客观"，"秉笔实书"也是如此，所有历史书写都有着价值判断，都不可避免地带有主观色彩，即使主观上是"客观"。

史料等于史实？

在后现代史学的影响下，认为"史料"能直接等同于"史实"的研究者应该很少了。不过，当前不少研究者还是认为通过分析"史料"是有可能得到"史实"的。

上一节对"秉笔直书"的分析已经提出，历史文献的形成，也就是用文字（或者图像等其他形式）将历史记录下来，本身就是一个主观行为，即使文本书写者的主观是"要客观"；而本节要强调的就是，作为研究者或者阅读者的后人，在阅读时，对于文字的阐释也是一个主观行为，即使阅读者的主观是"要客观"。

为了说明这一问题，这里先节引巴特·埃尔曼《错引耶稣：〈圣经〉传抄、更改的内幕》中的一段具有代表性的论述："要使文本有意义，唯一的办法便是阅读它，而阅读的唯一办法便是用其他的话来诠释它，而要用其他的话来诠释的唯一办法便是要取得其他的字汇，而你能使用其他字汇的唯一办法便是你要拥有自己的生命经验，拥有自己生命经验的唯一办法便是满足自己的欲望、期待、需要、信仰、观点、世界观、意见、喜爱的或不喜爱的事物，以及其他所有使人成为一个人的事物。因而，阅读文本，必然会更动文本。"[5]

这段文字简单明了地指出了问题的关键，即只要我们使用语言，那么就避免不了主观性，也就无法让史料等于史实。如果语言不存

5 ［美］巴特·埃尔曼著，黄恩邻译：《错引耶稣：〈圣经〉传抄、更改的内幕》，生活·读书·新知三联书店，2010 年，第 226 页。

在这样的问题,那么让大家在初高中语文考试中困扰不已的"归纳中心思想"的试题就不会出现了。不过,大家真的认为老师给出的标准答案就是正确的吗?比如,如何理解鲁迅"我的院子里有两棵树,一棵是枣树,另一棵还是枣树"?

再举一个可能大家更为熟悉的例子,刘慈欣在《三体》中构想了"三体人","三体人"的交流方式与人类不同,虽然没有语言,但他们的大脑思维可以直接通过脑电波进行互相交流,由此三体人的思维对外界是完全暴露的。他们想到什么,就会传达出什么信息。省略了"语言"的编码和解码,信息也就可以准确地交流了,代价就是他们不能也不会撒谎,由此这也成为了三体人的弱点。不过,我很疑惑的是,没有语言,三体人是如何记录他们的技术、知识以及历史的,都通过思维的方式存在脑子里面吗?

图像史料也是这样,这点也很好理解,我们可以想想现代人认为是写实的"照片"。且不说今天各种美颜、PS 技术,已经让照片"惨不忍睹"了,就说那些所谓写实的新闻照片吧。学过摄影的都知道,照相技术大致可以分为构图和曝光两个大的方面。构图的目的不仅在于赋予照片美感,而且要突出主题,比如让拍摄者**认为**的中心人物或者事件位于照片上的"C 位",但由此摄影者也就赋予了照片主观性。曝光也是如此,由于胶片(数码照片同样)不可能将所有物体的颜色进行准确的还原,只能保证对其中部分光度的物品给予相对如实的还原,因此忠实还原哪部分、牺牲哪部分也就带有了主观性,且不说有些时候为了突出主题,而对摄影者**认为**的中心人物或者事件在曝光时给予特殊"照顾"了(不一定如实还原)。不仅如此,如同文本，观看者观看照片的时候也会带入自己的"生命经验"，由此观看者的"欲望、期待、需要、信仰、观点、世界观、意见、喜爱的或不喜爱的事物，以及其他所有使人成为一个人的事物"都会对观看者从照片中所看到的产生影响，因此"观看照片，必然会更动照片"。就拿我熟悉的古地图来说，面对一幅中国古人绘制的"寰宇图"（大致相当于今天的世界地图），一些研究者看到的是其中蕴含的"华夷观"，一些研究者看到的是地图上表示的地理要素，一些研究者看到的是古人所掌握的域外知识以及知识的交流等等，那么在这些对地图的解读中，哪些是对地图的"正确"解读呢？ 或者说，哪些是对地图绘制者绘制该图的意图的"正确"解读呢？ 也许都是，也许都不是，也许部分对部分错！ 这显然是无法验证的，这里强调的是，这些都是基于研究者自身关注的问题、重点，受到的学术训练、所处的学术氛围等等"生命经验"而产生的对地图的解读[6]。

对于史料不等于史实的问题，史学界也曾试图采用一些方法剥离其中的主观性，如当前流行的"历史书写"的研究方法，即希望通过其他材料来推测书写者是否存在及存在多大的主观性，然后对其书写目的和用途进行推测，从而在理解其书写目的和用途的基础上，

6　理解语言和图像是基于"人生体验"带来的主观性，这点也适用于史料的形成过程，埃尔曼的那句话在这里可以改为"要使事件被记录下来，唯一的办法便是描述它，而描述它的唯一办法便是用某种语言来诠释它，而要用语言来诠释的唯一办法便是要选择和使用相应的字汇，而你选择和使用字汇的唯一办法便是你要拥有自己的生命经验，拥有自己生命经验的唯一办法便是满足自己的欲望、期待、需要、信仰、观点、世界观、意见、喜爱的或不喜爱的事物，以及其他所有使人成为一个人的事物。因而，描述事件，必然会改动事件"。此外，除了"字汇"之外，人类的语言还包括语序、语法等其他方面，这些对于"意思"的表达和理解都会造成影响，而这些同样不是客观的，每个人对它们的理解和使用都与各自的"生命经验"有关。

试图剥离史料中的主观成分,从而复原出"史实"。但这一方法的前提是需要有同时代的或者时代稍晚的其他材料,因此,这一方法对于唐宋及其之后文献材料极大丰富的时期是适用的,但在文献缺乏的时期,或者缺乏文献记录的对象方面,其适用性就大打折扣。

不过,材料缺乏的问题并不算是这一研究方法的缺陷,这一研究方法最大的缺陷依然是——我们不得不承认——在运用"历史书写"这样的研究方法、在"推测"书写者的主观性的时候,我们同样是在阅读和处理"史料",因此在这一过程中必然会掺杂我们这些研究者基于我们"生命经验"带来的主观,由此我们对于史料中的主观成分的剥离也是主观的,那么我们复原出的"史实",也必然会偏离"史实"[7]。不承认这种状况,显然就将历史研究者置于高高在上的"上帝"的位置。比如有学者提出"然而,历史学家不会轻易满足于接受胜利者的战报。他们'上穷碧落下黄泉',为的是回到历史记忆战争的现场,考察战争中的各种细节和可能,追寻真相,以及真相如何失落和被涂抹的历史"[8],这种看似正确以及颇有气势的论述,在我看来是一种颇为傲慢的说法,历史学者既不可能"回到历史记忆战争的现场",也不可能"考察战争中的各种细节和可能",历史学家所能做到的依然是:他们的"生命经验"告诉他们应当去看的,以及使得他们能看到的[9]。当然,不同的史学家有着不同的"生命经验",因此在

---

7   而且我们不得不面对的就是,我们用于剥离史料中的"主观性"的其他史料中也是必然存在"主观性"的,而且我们似乎也无法对材料中"主观性"的程度进行比较。

8   陈侃理:《〈史记〉与〈赵正书〉——历史记忆的战争》,佐竹靖彦主编《中国史学》第二十六卷,2016 年。

9   由此,"生命经验"同时也决定了他们看不到的。

同一历史"现场"他们也会看到有所不同,甚至完全不同的"历史"。

对"历史书写"可以剥离史料的"主观性",且复原历史真相的说法,一个直接的质疑就是:如果我们可以复原史实的话,那么为什么之前的人不可以?如果我们可以质疑前人所看到的"真相",那么,我们的后来者是不是也可以质疑我们看到的"真相"。那么由此宣称看到"真相"的意义何在?当然,一个更为简单的反驳就是,你怎么证明你看到的就是"真相"?[10]

由此,我们必须承认的就是,如果不阅读和理解史料的话,那么我们就无法研究历史,但一旦我们去阅读和理解史料,那么必然会加上自己的主观,也即带有我们的阐释,由此也就使得我们必然偏离了"客观历史"。

因此,史料绝不等于史实,这种"不等于"不仅来源于史料的形成过程,而且还来源于对史料的阅读和理解的过程,来源于我们的语言,而这些都是无法克服的。

史料的真伪?

乍一看,"史料的真伪"似乎并不是一个什么难题,但如果了解了前两节的问题,那么就会明白,这个问题似乎并不像表面看起来那么简单。因为如果只有等于"史实"的史料才是真史料的话,那么应

---

10 这一问题实际上还涉及史学研究方法,至少我们认为最可能揭示"史实"的科学方法不仅到目前为止无法揭示"史实",而且甚至无法**保证**我们能够揭示"史实",具体参见本书第四章的讨论。而对"真相"的讨论,参见本书第五章。

当就没有真的史料了!

目前学界通常界定的所谓真的史料,大致指的是由其署名者或者被通常公认的作者撰写的史料,和(或者)确实大致形成于其所标注或者通常公认的年代的史料。以往学界之所以强调史料的真伪,隐藏的潜台词就是真的史料等于史实,或者更接近于史实,而"伪"的史料,则至少要比真的史料距离史实更远。不过,在上述的定义中,并不直接涉及史料与史实的关系,而强调史料与史料的作者和史料的形成时间之间的关系。

与真的史料相对的就是"伪"的,也就是"假"的史料。不过,在这里需要区分一下"伪本"和"伪的"史料。"伪本"大致就是,由书商加工,企图以假乱真,以新充旧的版本,并不是伪造的"伪书",而是根据已有版本的作伪,如姚伯岳《版本学》一书中的定义:"所谓'伪本',是指图书在抄、刻制成后在其上制造各种假像的版本。伪本不同于伪书,不是在书名、著者及图书文字内容方面作伪,进行篡改以提高某书的价值;而是侧重于在图书的某一具体版本上做手脚,使人对其版本情况得出错误的结论,以便抬高其版本价值,谋取暴利"[11]。大致而言,"伪本"的"伪"指的是版本的"伪"以及时间上的伪,但在书名、作者和内容上则通常不是"伪"的。

举一个著名的例子:2018 年春节晚会上公开的"丝路山水地图"。在春节晚会上以及在最早对外公布这幅地图的完整图像的著作中[12],宣称这幅地图是明代晚期的,而且是嘉靖皇帝御览过的。由

11　姚伯岳:《版本学》,北京大学出版社,1993 年,第 197 页。
12　林梅村:《蒙古山水地图》,文物出版社,2011 年。

于这幅地图绘制了从嘉峪关向西直至中亚和西亚的情况,因此"展现了当时中国人有着关于西域地区的丰富的地理知识"。这幅地图在 2018 年春晚之前的名字是"蒙古山水地图",其改名为"丝路山水地图"有着明显的目的性。按照现存的资料来看,"蒙古山水地图"的绘制时间存在以下可能:1.绘制于明代中晚期,其既可能是与其有关的其他地图的祖本,也有可能是基于这一系列地图中的其他地图或者相关资料绘制的;2.绘制于清代前期,很可能是基于其他地图绘制的;3.绘制于民国时期,同样可能是基于其他地图摹绘的。在这三者中,第二和第三种的可能性更大一些,且其不太可能是嘉靖皇帝御览过的。如果是第三种的话,那么这幅地图显然是"伪本",但其内容并不伪,因为确实明代后期绘制的这类地图还存在几幅,"蒙古山水地图"与这些地图在内容上是极为接近的[13]。

"伪"的史料就不一样了,大致可以认为是后人假托前人名义杜撰的材料,因此在时间上和作者上都往往与史料所宣称的不一致。不过,需要强调的是,"伪"的史料的伪,重点在于其作者和成书时间,对于其内容而言,则不能一概而论,且传统史学对于"伪"的史料的价值也没有一概抹杀,尤其是留存文献较少的较早时代出现的"伪"的史料,如对于崔鸿所撰《十六国春秋》,《四库全书总目》推断该书亡佚于北宋。万历以后所出本子,乃"嘉兴屠乔孙、项琳之伪本",但与此同时,《总目》充分肯定了该书的价值:"其文皆联缀古书,非由杜撰。考十六国之事者,固宜以是编为总汇焉。"

13　关于这幅地图更为详细的介绍和研究,参见本书第十二章。

不仅如此,一则史料的史料价值是多方面的,因此"伪书"是否有史料价值,不在于"伪书"本身,而在于所针对的问题。再"伪"的材料也有其史料价值。下面举一个"臭名昭著"的例子。

大约在 2006 年前后,律师刘钢披露了一幅《天下全舆总图》。按照这幅地图图面上的文字,该图是乾隆二十八年莫易全根据明永乐十六年绘制的《天下诸番识贡图》改绘的。这幅地图上不仅绘制了欧亚非三洲,而且还绘制了南北美洲和南极洲,由此刘钢认为,这幅地图证明了早在明初,郑和船队就已经进行了环球航行,这一成就远远领先于世界。不过,这幅地图上充斥着错误,因此目前中国的地图学史研究者已经毫无保留地认为这幅地图应当是现代人的伪作。之所以说这幅地图"臭名昭著",是因为这幅地图被民间,甚至地图学史研究领域外的很多研究者所接受,因此其不断出现在一些图集和学术海报上。

现在回到我们的主题,虽然《天下全舆总图》是一幅假得不能再假的地图,但我们设想许多年后,这幅地图本身,或者在众多海报、图集、著作中的副本留存下来了。如果那时候的人也看到了那些认为这幅地图是伪作的研究,且认为这幅地图确实是伪作,那么这幅"伪"图是否就没有史料价值了呢? 并非如此。如果我是那个时候的人,我会想到的一个研究题目就是,那么"伪"的一幅地图,为什么在许多年前曾经那么流行? 除了一些民众缺乏历史知识之外,更为有趣的研究指向是,这幅地图是否满足了当时的一些社会心理? 这是不是一个有趣的题目? 即使在当前似乎也是一个很好的研究题目[14]。

---

14 关于这幅地图更为详细的介绍和研究以及对社会心理的分析,参见本书第十二章。

到了这里,可能有人会说我在狡辩,因为通常而言,伪的史料之所以不被接受,是因为其上的文字或者图像所直接表达的内容是后人伪造的,要不就是完全"胡编乱造"的,要不就是来源于其他史料的,要不就是两者的混合,由此其史料价值也就有限,甚至没有史料价值;而我则将其史料价值扩展到了这些方面之外,显然偷换了概念。比如《天下全舆总图》,其图面所绘以及图面上的文本要不就是完全错误的,要不就是抄录自其他材料,因此就这一点而言,这一伪图基本没什么史料价值。这一反驳当然是有道理的,但我的"狡辩"背后蕴含的则是,仅仅只是从文字和图像的表面内容来解读史料,只是解读史料的方式之一,然而所有史料的史料价值都是多维度的,甚至其内容也是多维度的,在某个维度中是伪的或者没有太大价值的史料,在另外一个维度中可能就是相对有价值的史料,而且在这些维度中,似乎也没有哪个维度要高于其他的维度,因此我们不能因为在某一维度中的"伪",而否定掉整个史料[15]。

综上而言,对于史学研究而言,史料的"真"并不代表其所记载的内容的"真",史料本身的"伪"也不能说明其内容的"伪";且史料的真伪与其史料价值并不存在直接和必然的联系。

一手史料,二手史料?

在进入历史研究之初,听到老师们教导最多的就是,在研究中要

---

15 本书第二章即是史料多维度价值的展现。另外,即使就史料的文字和图像所描述的内容而言,我对传统认知提出的反诘是,怎么能证明伪的史料的内容就是不符合史实的,或者至少要比真的史料距离史实更远呢?这并不是一个能简单回答的问题。

尽量使用一手史料,以及在有着一手史料的时候,要避免使用二手史料,甚至三手史料。学者之间聊天的时候,也会经常谈及一手史料和二手史料,甚至在讨论某些研究论著的时候,其所使用的史料是一手还是二手,有时也会被作为一种对其学术水平的判断标准。

虽然在研究中被一再强调,但对于一手史料和二手史料并没有一个清晰的、得到学界公认的可以作为标准的定义。通常而言,研究中强调的一手史料,指的是事件亲历者所撰写的;而二手史料指的是或通过听闻,或通过其他材料撰写而成的史料。此外,基于这种区分,还延伸出了三手史料、四手史料等等说法,其中三手史料大致指的是基于二手史料撰写而成的。总体而言,这一判断标准的依据大致是"眼见为实"。此外,有时候研究者还从史料可信度的角度来区分史料的价值,强调史料撰写者和编纂者的学识、能力、态度及组织工作的严谨性等的重要性,大致是著名学者在政府组织下编纂的史料,是更可信的史料;而那些地方乡绅编纂出来的史料则要差了不少。由此在 10 多年前,历史地理的研究中经常强调要使用王朝组织编纂的地理总志,尽量少用地方志。不管强调的侧重点如何,这种对于史料的区分,其标准实际上是基于学者**想象**的史料与"史实"之间"距离"的远近,并根据这种**想象**出来的距离的远近来确定的史料的可靠性等级。

由于非常看重这种史料的"等级",因此在某些研究中,史料的等级也成为其所得结论的重要依据,尤其是在那些材料极少,无法对两条矛盾的核心材料的对错加以判断的研究中。

这里提出的问题是:这样的区分是成立的吗,是有意义的吗?

第一，对于很多史料而言，如官修史志，即使按照传统的标准，要将其确定为一手史料和二手史料，本身就是非常困难的问题。甚至我们通常视为一手史料的原始档案也是如此，基于传统的区分一手和二手史料的标准，就其中撰写者亲历的事件而言，其可谓是一手史料，但就那些撰写者根据他人叙述或者其他材料撰写而成的事件而言，其就成为了二手材料。但如何辨识材料中哪些是撰写者亲历的事件，哪些不是，有时非常困难。为了便于理解，我们举一个日常生活中的例子。

有一天，你想吃个外卖，咨询朋友的意见。朋友推荐网红店"好吃的外婆菜"。你不放心，问朋友，你吃过吗？你朋友明确回答，吃过。于是，你买了，结果很悲伤，超级难吃。

如果将这件事情转化为史学研究，你是研究者；你的朋友提供的信息就是史料，而且经过确认，即"你朋友明确回答，吃过"，因此在你看来，朋友提供的史料应当是一手史料；"结果很悲伤，外卖超级难吃"，为了简化问题，在这里我们姑且将其看成是真相。然而，在这一情况下，显然一手史料并没有反映真相。问题出在哪里了呢？

可能有多种原因，第一你朋友确实是吃过，但他没有吃过这家外卖的所有食物，而只是吃过其中一部分，所以，他所提供的一手史料是不全面的。还有一种可能就是，他确实是吃过，他根据自己对吃过的那部分菜品的制作水平判断，这家外卖其他的菜品应该也很靠谱。或者他听其他人说过，这家外卖的其他菜品也是不错的，所以，他根据自己的"研究"认为，这家外卖整体不错，而且他认为他的研究是相当靠谱的。甚至有可能，他自己没有吃过，但他的一位在饮食方面相当有品位的朋友告诉他,这家外卖不错,因此当你问的时候,他就这样信誓旦旦地回答了。不可否认,这种情况在史料中应当是广泛存在的,史料的撰写者不会向后来的研究者好心告知哪些是他亲历的,哪些是他听闻的,以及哪些是他推测的。那么,在这种情况下,你如何区分其中一手史料和二手史料呢?

第二,更为麻烦的,就是为什么一手史料的价值要高于二手史料?我们通常的认知是,一手史料是事件亲历者亲眼目睹然后记载下来的,而二手史料是后来的人根据各种材料、传闻而撰写的,因此很可能偏离了事实。科学哲学早就对"眼见为实"的有效性提出了质疑,不再赘述[16],这里要讨论的就是这种认知高估了"一手史料"的可靠性。

还是上面的那个例子。这次你聪明了,当你朋友说"我确实吃过"的时候,你进一步追问:"你吃的是哪种?""宫保鸡丁",OK。于是,你买了,结果很悲伤,外卖宫保鸡丁超级难吃。

出现这样悲伤的结果,至少有四种可能。第一,你朋友撒谎了,这也就没啥好说的了,因为我们确实无法保证所有"一手史料"的撰写者都是老实诚信的。第二,你朋友没有撒谎,但他记错了,当时实际上点的是"辣子鸡丁",而不是宫保鸡丁。谁都有记错的时候,我们总不能保证所有史料的撰写者都有着超强的记忆力以及负责的态度吧。第三,你朋友是老实且诚信的,且记忆力超好还很负责,但他吃完外卖后,换厨师了。于是这里的问题就是,虽然是"一手史

16　简单来说,"眼见为实"受到观看者的"观察"能力和主观性的影响。

料"，但"一手史料"是有**保质期**的，且很多时候我们也搞不清**保质期**是多久。比如某条史料的作者说，我看到谁和谁关系不好，或者我和谁关系不错，抑或某某皇帝对某某事情感到悔恨，但这种判断的**保质期**也许是 1 天，也许是 10 年。第四，你朋友是老实且诚信的，记忆力超好还很负责，厨师也没有换，只是你忽略了你朋友吃饭的品位，或者忽略了你和你朋友对菜品的口味差异甚大。这类似于某某史料说，某某君主聪明英武，某某政令的发布取得了重要成效。当然，我想象力不够，只能想到以上四种可能，但估计很多读者能罗列出一大堆可能性来。无论这些可能性看起来多不靠谱，但只要是可能性，那么就有可能发生。由此一来，大家感觉"一手史料"还是那么可靠吗？

第三，退一万步，即使我们承认"眼见为实"是成立的，由此使得"第一手史料"符合史实和真相的可能性要大于"道听途说"的二手史料，但问题是，有谁能告诉我们这个可能性到底是多少呢？因此，这实际上是一个不知道具体概率的概率问题，也就是说在概率上，一手史料接近于"史实"的概率要高于二手史料，但到底高多少我们并不知道。不过，非常麻烦的就是，这个概率在面对具体研究时，通常就会演变为 0% 和 100% 的问题，而两者中何者为 0%，何者为100%，则影响到了最终的结论[17]。在这种情况下，历史研究就变得有点像赌博了，押中了，就得大奖，押不中，满盘皆输。不过，与赌博不同的是，我们永远不可能知道我们是否押中了[18]。

17　当然也有可能是两者都是 0%。

18　关于这一点，参见本书第五章。

第四，如果上面这些还缺乏说服力的话，那么这里就要给出"王炸"了。如果我们认为一手史料的价值要高于二手史料，那么这就是对历史学以及历史研究自身的否定。因为我们所有的研究，在发表之后，都可以被归为二手材料。如果认为一手史料的价值要高于二手史料的话，那么一段时间后，我们所有的研究都是没有价值的。不要用我们的研究是经过对材料的仔细对比、校勘和分析之后形成的说辞加以辩解，因为你怎么知道，那些被我们认为是二手史料的古代文献不是古人经过他们的研究而形成的？且"仔细对比、校勘和分析"这一定语的加入，更是让问题变得复杂，因为如何确定"仔细对比、校勘和分析"，以及"仔细"的程度呢？任何人都可以宣称我的"研究"是努力、认真、负责任的，今人如此，古人也是如此。

因此，以一手史料和二手史料来区分史料价值，本身就是不成立的，不仅是一种不负责任和偷懒的态度，而且在我看来，这是一种扼杀学术想象力的方法。

还需要提到的是，在英文中，学术研究的论著，很多时候被归入到"secondary literature"或者"secondary source"，当然这一词组可以翻译为"既有研究""既有文献"，但对应于"二"的"secondary"还是让习惯了鄙视"二手史料""二手文献"的中国学者不舒服。

好的版本？

烈日炎炎，或者冷风习习，背着书包，先乘坐人满为患的火车，然后换乘长途汽车，或者蹬着一辆破旧的自行车，前往一家不那么知名且极为偏远的图书馆,去寻找一种古籍的善本,这可能是一些研究者的亲身经历,或者曾经想象过的场景。

我上学的时候,虽然没有这种艰苦的经历,但为了某一版本,多次前往图书馆也是有的。由于我是懒人,因懒而生的一个疑惑就是,虽然有时候好版本确实好那么一些,但从经济效益的角度考虑,这样做并不划算。原因就是,在大多数情况下,或者在大多数研究中,好的版本与坏的版本的差异并不大,或者两者的差异对于很多研究而言并不是决定性的。比如两座治所城池之间的距离是"一百二十里",还是"一百一十里",甚至是"二百二十里",对于一些研究而言没有本质的差异。有趣的是,有一次,陪着一位台湾的著名学者逛琉璃厂,中午吃饭,聊着聊着,这位学者突然问我,你感觉有没有必要为了一个好版本跑来跑去的啊?不知道读者有没有这样的疑惑。

在回答"什么是好的版本"这一问题之前,首先要回顾一下:我们为什么要鉴别好的版本?

我国著名的版本学家李致忠先生在《古书版本学概论》的第一章"导论"中谈到"原因是进入宋代以后,雕版印刷的书籍已蔚为大观,无论经、史、子、集,佛经、道藏,均有许多不同的雕印本行世。版本既多,本与本之间就会产生内容、卷数以及文字等方面的差异。读书人为了获得真知,就不能不考究版本的优劣,比勘各种版本之间的异同,以便判别是非,得出正确结论"[19],也即考究版本是为了获得

19　李致忠:《古书版本学概论》,书目文献出版社,1990年,第1页。

真知。在该书关于"善本"的部分，李先生谈到，"'善本'的最初概念，是指经过严格校勘，无文字讹脱的书本"[20]，进一步提出，对于善本的界定需要考虑"历史文物性""学术资料性"和"艺术代表性"。其中"历史文物性"关注的是书籍的文物价值，而"艺术代表性"关注的是书籍的艺术价值，两者与此处所讨论的问题关系不大；而关于"学术资料性"，李先生提出"所谓学术资料性，除了指经过精校细勘，文字上脱讹较少和经过前代学人精注精疏的稿本、写本、抄本、印本以外，还应包括古书中那些在学术上有独到见解，或有学派特点，或集众说较有系统，或在反映某一时期、某一领域、某一人物、某一事件的资料方面，比较集中、比较完善、比较少见的稿本、写本、抄本、印本"[21]。虽然"善本"不完全等同于"好的版本"，但李先生对于"善本"的界定，尤其是"学术资料性"的标准，也可以用于确定"好的版本"，且虽然可能在细节上存在不同意见，但这些标准大体上应该是得到大部分历史研究者的认可的。

不过，在我看来，如果从史料价值的角度来看，这些认知都是存在问题的，正如本章前两节所分析的，"史料"不等于"真相"，"史料"也不是通往"真相"和"真知"的**坦途**。此处仅就校勘版本的原因以及什么是"好版本"进行讨论。

通常而言，校勘的目的是为了获得某一史料的"好版本"，而进行校勘有着各种各样的方法，学界也对这些方法进行了一些归

---

20 《古书版本学概论》，第9页。
21 《古书版本学概论》，第16页。

纳，如著名历史学家陈垣先生在前人经验基础上总结出的"校勘四法"，即对校法、本校法、他校法、理校法。但是由于在流传过程中，历史信息丢失得太多，因此很多时候，要真正确定存在差异的文字之间何者是"正确"的，实际上是非常困难的事情，所以我们至今仍可以看到那些经过了历代学者不断努力校勘的著作，如《史记》《汉书》等，不同的校勘者对于某些字句的认知还是存在差异。

而且，在我看来，更为麻烦的是，确定"好"的版本的标准依然是非常模糊的，如通过文字校勘所形成的，是古籍成书时的原貌，还是古籍所反映时代的史实，由此与古籍成书时的原貌可能存在差异？李致忠先生对此没有进行解释，且其在关于善本的"学术资料性"的解释中提到的"精校细勘，文字上脱讹较少和经过前代学人精注精疏的稿本、写本、抄本、印本以外"也是模糊的，即"文字上脱讹较少"，是相较于学者心目中的著作的原貌而言的，还是相较于著作的文字本身而言的（即原书是错误的，但校勘后形成的文本是正确的），还是相较于"史实"而言的？

而且，上述判断主要适用于那些一次成书的作品，而在早期，很多著作成于众手，且在流行过程中不断变化，最终在某一时期才形成了我们今天看到的定型的版本。那么，版本校勘所要复原的是书籍的哪一种"状态"？显而易见的是，无论我们以书籍传统中的哪一个状态为标准进行校勘，都会损失历史信息。

不仅如此。即使一次性成书的某些著作，在后世的流传中也会出现一些"错误"，其中一些"错误"是抄写时无意为之的，但有些"错误"则是有意为之的,即为了表达某种认知而对书籍的内容进行了有意的修改。如果在校勘中恢复了原书的面貌,那么同样是对历史信息的损失。

这样的问题也存在于文物上。中国古代的一些建筑留存了数百年甚至千年,其间历经了多次修建和改建,由此也就蕴含了众多时代的历史信息,无论在今人看来修复、改建是否有价值、是否正确,今天在修复文物时,以任一时代(包括最早的)为标准进行修复都会损失历史信息。

基于此,基于史料研究而言,在讨论版本和校勘之前,我们必须要考虑的就是**纯粹**以史料的某一"状态"(通常是我们认为的最原始的状态)为目标的校勘,其意义到底是什么,以及什么是好的版本。

李致忠先生所提出的确定"善本"的标准中的"学术资料性",是希望除考虑书籍的版本之外,还要考虑其资料性,即"还应包括古书中那些在学术上有独到见解,或有学派特点,或集众说较有系统,或在反映某一时期、某一领域、某一人物、某一事件的资料方面,比较集中、比较完善、比较少见的稿本、写本、抄本、印本",但笔者认为这样的界定依然是狭隘的。这里我们举一个例子。

明代后期出现了一种新的地图类型,与当时其他的地图相比,主要有以下两点特征:第一,地图的表现范围以明朝(或者清朝)为核心,同时或涵盖了周边地区,或受到西方地图影响,扩展到了欧亚非三洲,甚至全球。第二,地图图面上存在大量的说明文字,即图注,这些图注或用来说明某地曾经发生的历史事件，或用来介绍某地的历史发展脉络以及与明朝（或清朝）的关系；在地图周边也存在大量说明文字，主要介绍明朝（或清朝）各省的府、州、县数及户口、米麦、丝、绢、棉花、马草、食盐等经济数据，以及周边各国与明朝的距离等等。目前所能见到的存世最早的这类地图就是《古今形胜之图》[22]，因此笔者在研究时暂时将这一类型的地图命名为"古今形胜之图"系列地图。

根据分析，这一系列地图的图面上的文字基本都来源于《大明一统志》，不过虽然这些地图在图面上标注文字的位置基本一致，但地图之间在具体字句上有时存在较大差异，因此它们可能是由不同编绘者编写的，而不是简单的抄袭；地图下方的文字则基本来源于当时常见的一些文献，如桂萼的《广舆图叙》、罗洪先的《广舆图》等。因此，从传统的研究视角来看，这套地图上的文字并没有太大的价值，基本都是二手甚至三手的材料，且也非稀见。

不仅如此，其中一些地图上的文字存在明显的错漏，如《天下九边分野 人迹路程全图》[23]地图下方第一行的文字，基本与《乾坤万国

22　《古今形胜之图》，原图为甘宫绘制，已佚，现存明嘉靖三十四年（1555）福建龙溪金沙书院重刻本。这一重刻本为纸本木刻墨印着色，图幅纵115厘米，横100厘米。该图现藏于西班牙塞维利亚市西印度群岛综合档案馆。

23　《天下九边分野 人迹路程全图》，明崇祯十七年（1644）金陵曹君义刊行，此图除了大量说明文字和表格外，中间地图部分为纵92厘米，横116厘米的椭圆形全球图。该图以明朝为主要表现的对象，占据了图幅中的巨大部分面积，但受到西方传教士所绘的地图的影响，绘出了亚洲、欧洲、非洲、北美洲和南美洲以及南极洲，且标绘有经纬网。该图收藏于中国国家图书馆和伦敦英国国家博物馆。

全图 古今人物事迹》[24]相同,但补全了所有省份的分野,增加了直隶州的名称、卫所的数量以及王府的名称和所在位置。其中各省所属直隶州的名称,在明代晚期广为流传的《广舆图》中有着对应的记录。在地图下方对北直隶的描述中"大宁都司"被误写为"大宁郊司";对云南的政区记述中文字错误极多,如"秦之分野"被写为"奉之分野","芒市"被误写为"芸布","干崖"被误写为"子崖"等等。不仅如此,下方的"江西"部分有着一段文字,即"章州府云都县五鸿隐而作四锦天窃人之六而不任其□然又为老成也暴人之物也不知有又四然而不定者匠也吾暴布不布为虎各而不忍为鼠宁守斯廪以安吾处此铭大关世教故附隶焉",这段文字非常难以句读和理解。经查,明代彭大翼的《山堂肆考》卷一百三十《米困铭》的文字与其相近,原文为:"宋零都人王鸿博学,工篆隶草书。皇祐中,试南宫不利,遂归隐。尝为《米困铭》,曰:夫窃人之食而不任其事,又骚然而为害者,鼠也;暴人之物,而不知畏,又肆然而不足者,虎也。吾暴而不忍为虎,窃而不忍为鼠,宁守斯廪以安吾处。"显然地图在抄录这段文字时,产生了非常多的错漏。按照传统版本学的认知来看,即使就这一

---

24 《乾坤万国全图 古今人物事迹》,明万历二十一年(1593)南京吏部四司正巳堂刻本,镌刻者梁辀,纸本木刻墨印,图幅纵172.5厘米,宽132.5厘米。该图曾参考了传教士的世界地图,但从图中所绘来看,其对西方传教士地图的使用,只是从中抄录一些地名,按照中国传统观念将其标注在地图上而已。全图将明朝图幅置于中央,同时将中国之外的国家和地区,不论大小,都绘制为小岛状,散布在中国周围的海洋之中,而不考虑其所标位置是否正确。图上部有图说,图中内容丰富,标注了大量中外地名,并用简明的文字介绍了一些地点的历史、地理、文化、经济,与《古今形胜之图》相比,在地图下端增加了明朝各省的府、州、县数及户口、米麦、丝、绢、棉花、马草、食盐等资料以及部分省份的分野。该图于18世纪被来华的西方传教士携至欧洲,由私人收藏,并几经转手。1974年在大英图书馆举办的中日地图展中展出,1991年见于索斯比(又译作苏富比)拍卖行拍卖目录第85号,现落不明。

系列地图而言,《天下九边分野 人迹路程全图》也基本没有什么版本价值。但真的是这样吗?

如果我们换个角度来看这幅地图,情况就不一样了。这幅地图上存在那么多错字,但依然被雕版发行,因此我们不得不考虑这些地图的对象和功能。经过分析可以认为,这幅地图是流行于民间的,且其针对的对象的文化水平应当普遍较低,所以,这些地图不是被用来学习地理知识的,而很可能是被挂在家中,用来炫耀使用者的"知识水平"。简言之,其功能并不在于"学习",而在于"装"。延伸出一个议题就是,包括书籍和地图在内的所有知识的载体,并不只是知识的载体,还是一件物品和商品,由此我们不能假定书籍和地图是用来传播知识的,其作为物品和商品有着多种多样的功能[25]。这是一个知识史和书籍史研究中颇为有趣的结论,也是以往研究所忽略的。不仅如此,中国古代民间流传下来的地图数量极少,这幅地图还有着文物价值。

从这一研究视角来看,这幅地图虽然文字错漏众多,且也没有"包括古书中那些在学术上有独到见解,或有学派特点,或集众说较有系统,或在反映某一时期、某一领域、某一人物、某一事件的资料方面,比较集中、比较完善、比较少见的稿本、写本、抄本、印本",按照传统的认知,显然不是一个好的版本;但不可否认的是,针对此处讨论的问题而言,这种文字上的错漏恰恰是其史料价值所在,因此对于

25　对于这一系列地图更为详细的讨论,参见本书第二章以及成一农《"古今形胜之图"系列地图研究——从知识史角度的解读》,《形象史学》第 15 辑,社会科学文献出版社,2020 年,第248 页。

这一研究而言,是一个非常好的版本。当然,从纯粹的版本学角度,由于这幅地图缺乏"艺术性",因此依然可以认为其不是一个好的版本,但此处我们关注的是"历史资料性";需要记住的是,脱离了历史研究,只是纯粹从版本学的角度来考虑版本的好坏,这样的认知对于历史研究的意义何在?

实际上,类似的例子还有很多,比如我们通常认为《四库全书》中收录的一些古籍经过了四库馆臣的篡改,因此不如之前的版本好,但对于研究清代禁书、避讳问题,以及四库馆臣的历史观念等问题而言,《四库全书》的版本则是"好"的版本。

总之,对于历史研究而言,版本自身没有好坏之分,我们通常认为的坏的版本,也有其史料价值。版本的好坏,是基于问题,而不是基于其自身,版本的好坏是随着问题而变化的。

当然,上述讨论仅仅针对的是历史研究,并不适用于版本学的研究。而且,我也不反对在史学研究中去寻找好的版本以及对版本进行校勘,但强调的是,这些工作的目的并不是要找到和复原最接近史实的版本,而是要找到和复原对于研究主题而言最好的版本。

结论

"史料"与生俱来就有着"主观性",且研究者阅读和理解史料时,也不可避免地带有"主观性",而且我们目前没有任何办法来剥离这种"主观性",因此通过史料也就无法复原"史实",也即历史的真相。我们基于史料的历史研究所能得到的只能是达成一种"认知"，这种"认知"的来源是以研究者为核心的研究者与史料之间的对话。

正是由此，史料就是史料，其本身并无价值高低之分，甚至其本身并没有意义，使其有意义的是研究者[26]。史料也没有好坏之分，史料的"等级"是随着问题和分析问题的方法而变化的，其核心依然是研究者。

总体而言，"史料"不是历史研究和"核心"，历史研究是围绕我们研究者（不仅是专业研究者）展开的，研究者才是历史研究的核心。

这里简单补充一点，就是考古材料的价值。现在有些研究者强调考古材料的史料价值要高于文本文献，这种强调的基础是认为考古材料是更为"客观"的，或者是近似于"一手史料"的。这样的认知是存在问题的。首先，出土的考古材料（包括遗址、遗迹和遗物）本身不会说话，在研究中使其说话的是研究者，那么这就不可避免地带有了主观性。其次，作为现代考古学的基础之一的"类型学"，虽然一直试图建立确定"类型"的科学方法，但作为确定"类型"的对器物"相似性"的判断依然是主观的，所以在很多考古研究中讨论都是"像与不像"的分类问题，更不用说在确定"类型"之后的解释[27]，以及

26　下一章将从我熟悉的古地图的角度，对这个问题进行初步的解释。

27　笔者在《历史不一定是发展史——中国古代都城形态史的解构》（《云南大学学报（社会科学版）》2017年第6期，第54页）以及《中国古代都城城市形态史评述》（新宫学主编《近世东亚比较都城史诸问题》[「近世東アジア比較都城史の諸相」]，东京：白帝社，2014年，第265—301页；节略本《中国古代都城城市形态研究评述》发表在《中国社会科学院历史研究所学刊》第八集，商务印书馆，2013年，第541页）中对这一问题进行过初步的讨论。

基于"类型"对个别器物年代和所属文化的判断。再次,现代考古学的另外一个基础,即"地层学",与"类型学"相比看似客观,但在具体实践的过程中,也存在判断的问题,如对地层之间的划分,对打破关系的判断等等。最后,还有在考古现场面对复杂的地层、器物、遗址和遗迹时做出的各种具体的挖掘的决定了。

最后,强调一点,本章虽然对一些传统的看待史料的角度以及赋予史料的认知进行了质疑,但在我看来,在未来一段时间内,这些传统的认知还是有必要学习的,而且要好好学。说到这里,读者可能会想,那岂不是与你之前的那些论述相悖?并不是!随着本书的展开,敏感的读者应当会慢慢体会到其中的原因。另外,在上编的第四章的结尾,我也会给出一个简单而明确的回答。

第二章

技术不是救世主

　　前一章谈完了"史料",接下来的两章要处理的就是"方法"。除了对"史料"的迷信之外,最近 20 年来,随着信息技术的引入,一些研究者开始产生了对技术的不同程度的迷信,迷信技术不仅可以解决史料方面的问题,而且是一种可以提升历史研究的水平和层次的可信赖的手段。

　　此外,历史学界还存在对"科学"的迷信,甚至是"崇拜"。迷信深一点的学者,认为历史学应当发展成为一门科学,只是检验结果的手段并不像自然科学那样基于有着严格限定的实验。还有一些学者则没有那么激进,他们不看重或者不在意历史学是否是一门科学,但认为引入"科学"的方法或者态度,比如严密的逻辑、对概念的严格界定等等,可以解决我们"求真"的问题,或者即使不能解决"求真"的问题,但至少可以建立一套被学术共同体接受的讨论问题的规范,由此为学术的**进步**建立**可靠**的基础。

我不否认技术在历史研究中的价值,但同时认为不能夸大技术的力量,道理也非常简单,技术也是人用的。而那些讲求科学的人,忽视了两个问题:第一个问题,科学不是万能的,当然他们中的很多人也承认科学也有着其适用的边界,但他们从未认真讨论过在历史研究中科学的边界在哪里,即科学能解决什么问题以及不能解决什么问题,如果不认真讨论这一问题,而只是鼓吹科学,显然是一种不那么科学的态度。紧随着这个问题的是,如果科学不是万能的,以及科学也不能保证揭示真相,那么为什么要将科学置于其他方法之上,为什么历史学要成为一门科学?

对于科学和技术的这种盲目推崇,其背后显然有着"科学主义"的影响,甚至带有"宗教"崇拜的意味,即对"科学"顶礼膜拜,这显然违背了"科学"精神。不过,同样,我并不反对"科学",不过只是认为科学是我们认知世界和历史的方式之一,而且仅仅是之一。

虽然"科学"与"技术"之间存在内在的联系,但两者还是存在本质的区别的,大致而言,"技术"偏向于应用层面,而"科学"则更为抽象,涉及哲学层面,因此本章将主要讨论"技术","科学"则将在下一章进行讨论。

一、"技术化"的历史研究

近 20 年来,随着计算机技术的发展、应用成本的降低以及日益渗透到社会、生活的方方面面,历史研究也不可避免地受到了各种计算机技术的影响。大致而言,目前历史研究中主要讨论和应用的"技术"大致有三种:第一"大数据",即数据(即史料)的大量、多样、高价值以及处理方面的高速[1]。第二种"数字人文",对此目前缺乏明确的定义,但大致可以归结为用计算机或者智能技术的手段来重新定义、提出以及解答人文问题。第三种就是历史地理信息系统(HGIS),即将历史文献空间化,并用地理信息系统及其空间分析的手段来发现和解决一些历史问题。

严格来讲,这三者都不是单一"技术",而是各种技术的整合,简言之是各种计算机处理数据方式的整合,大致而言,三者中"大数据"偏重于"数据"的管理、加工和检索,"数字人文"偏重于数据的分析,HGIS 则偏重于用"空间"来管理、整合和分析数据。且上述三者之间也不是完全可以明确区分的,如 HGIS 可以被视作整合大量数据的一种方式,类似于"大数据";由于其具有强大的数据分析的功能,因此也可以被视作"数字人文"的一部分。同时,"大数据"也囊括了对数据的分析,而"数字人文"的分析也需要建立在海量数据基础上。对于概念的分析不是本章的重点,因此此处只是进行一些基

---

[1] 参见潘威《"数字人文"背景下历史地理信息化的应对——走进历史地理信息化 2.0 时代》,《云南大学学报(社会科学版)》2018 年第 6 期,第 84 页。

本的介绍。

很多学者撰文认为这些新"技术"的引入，将会极大地推进历史研究的进步。如郭辉就提出"大数据不仅给史学研究提供了新方法，也拓展了史学研究的领域。传统的史学研究同样需要收集数据，但因技术水平和技术条件的限制，往往只能使用采样的方法，力求利用最少数据获得最多的信息。如此，数据失真的可能性就较大，采样方法虽被诸多学者证明有其科学性，但相较于大数据提供的海量信息与科学分析而言，显然不具优势。许多以往无法研究的课题和领域，大数据时代皆将变得可能。长时段、全国乃至全球、宏观的话题处理得当皆能纳入研究者视野，更不用说诸多跨学科课题也将应运而生"[2]。虽然"数字人文"在侧重点上不同于"大数据"，也绝不仅仅是史料的数字化，但目前国内"数字人文"的研究尚未超出上述范畴太多，因此学者对"数字人文"研究价值的认知也基本局限于这一范围，如王开队基于区域史的研究，认为"囿于历史文献自身特点及研究方法等，'碎片式'研究是当前区域史研究中的主流。作为国内区域史研究的热点，目前徽学研究中的'碎片式'研究主要包括大量的个案研究和专题研究两个方面，这是构建中观、宏观综合性研究的重要基础。解析徽州区域历史文献，我们发现其具有类型多样、内容丰富、系统完整的特点，而限于技术手段，目前对其整体性利用尚不充分。以区域史研究的基本任务为导向，借助现代数字人文技术，通过专题性数据库和综合性数据库的建立，挖掘徽学文献的系统性和关

2　郭辉：《大数据时代史学研究的趋势与反思》，《史学月刊》2017 年第 5 期，第 9 页。

联性等,对'碎片式'的文献与研究进行有机缀合,有助于全景式徽州区域成长史的建构"[3]。关于 HGIS,张萍提出"历史地理信息系统建设是信息化时代学术发展的要求,也是历史研究向纵深方向拓展的体现。作为历史信息存储、显示、管理、分析系统,近年来,国内相关数据平台越建越多,地理信息系统(GIS)对中国史学研究的贡献也初见成效,在历史气候、河流地貌、市镇经济、乡村聚落、水利社会、环境变迁、古代城市、古地图以及历史地理信息系统(HGIS)研究方法等九大领域都有突出的表现。GIS 进入中国史学研究领域不仅带来研究方法的变革,同时也使历史研究理念更新,促成历史文献、古地图、遥感影像、考古信息等多元史料的应用,帮助我们完成一些动态追踪与多要素综合性研究"[4]。

更有学者提出,这些技术的使用,将引领历史学的研究进入到新时代,如早在 2005 年黄一农就提出了"E 考据"[5],即希望在文献数字化以及数据检索的基础上,进行考据,从而将史学研究引入新的时代。

但与此同时,也有一些学者对于这些"技术"能否推进历史学的发展持保留态度,其中比较有代表性的有:国内较早进行史料数字化的陈爽,在其《回归传统:浅谈数字化时代的史料处理与运用》中提出,"傅斯年先生曾提出'史料即史学'的著名论断,界定了史料在史学研究中的核心地位。当我们借助现代化的电脑网络技术在一定范

3　王开队:《数字人文与区域史研究:以徽学为例》,《江汉论坛》2017 年第 11 期,第 94 页。

4　张萍:《地理信息系统(GIS)与中国历史研究》,《史学理论研究》2018 年第 2 期,第 35 页。

5　黄一农:《两头蛇——明末清初的第一代天主教徒》,新竹:清华大学出版社,2005 年。

围内'穷尽'史料之后,史学研究所面临的主要问题,就不再是辛苦爬梳寻找资料,'动手动脚找东西',而是对史料进行科学鉴别筛选和分析排比,在这个过程中,学者个人的史学修为和学术功力显得尤为重要,这需要通识,更需要见识。从占有史料,到驾驭史料,我们还有很长的路要走"[6]。如果陈爽认为"技术"在处理史料方面存在局限的话,包伟民则进一步提出,"总之,正如王家范先生所指出的,'世界上有一种职业是任何再先进的机器人也无法替代,那就是历史学家'(《机器人永远无法替代历史学家》,2017年9月4日澎湃新闻·思想)。对于史学研究来说,'大数据'只不过是一种新的更加有效的工具而已,它当然不可能取代学术研究的主体——历史学家"[7],也即认为,历史研究是一种具有主体性的研究,有着类似观点的还有李剑鸣[8]和王子今[9]等。

上述学者对于问题的分析,基本是从以下两点入手的:第一,技术在处理复杂的历史数据方面存在局限;第二,历史研究是一种主体性的研究,需要人对历史的理解以及人对历史进行解释,而这是计算机或者至少目前的技术无法达成的。

笔者也曾经热衷于史料的数字化,且曾利用地理信息系统手段进行过研究[10],但随着学术研究的深入以及对史学认知的深入,越来

6　陈爽:《回归传统:浅谈数字化时代的史料处理与运用》,《史学月刊》2015年第1期,第17页。
7　包伟民:《数字人文及其对历史学的新挑战》,《史学月刊》2018年第9期,第12页。
8　李剑鸣:《大数据时代的世界史研究》,《史学月刊》2018年第9期,第12页。
9　王子今:《"史识"与计算机"利器"》,《史学月刊》2015年第1期,第10页。
10　参见成一农《古代城市形态研究方法新探》,社会科学文献出版社,2009年。

越多地对"技术"能在多大程度上改变和推动我们的史学研究产生怀疑,甚至开始持否定态度。不过,笔者虽然认为之前那些对"技术"保持警惕的学者的分析结论是正确的,但同时也认为他们的论证并没有触及根本。笔者认为问题的症结不在于技术能给我们带来什么以及解决什么,而在于历史学研究的根本目的是什么。为了明晰这一问题,首先要分析的是,近年来"大数据""数字人文"和 HGIS 为何能在我国史学研究中兴起,并被很多人所推崇。

二、"技术"在历史研究中兴起的原因

无论是"大数据""数字人文",还是 HGIS 在历史学研究中的兴起,实际上在一定程度上满足了我国史学界长期以来追求的两点需求:

1. 穷尽所有相关材料

长期以来,或者至少自民国以来,尤其是傅斯年提出"史料即史学",并提倡"上穷碧落下黄泉,动手动脚找东西"之后,史料在中国史学中的核心地位似乎就不可动摇。虽然傅斯年提出上述认知有着其时代性,但在这一理念的号召下,从民国开始,很多,甚至可以说绝大部分中国史学的研究者对史料有着一种狂热,热衷于对传统史料的挖掘、对新史料的追寻,一旦有新史料的出现,大都会在学界引起一股热潮,典型者如以徽州文书为代表的民间文书、以清华简为代表的出土简帛,还有大量考古材料,以及近年来兴起的图像史学等等。

在中国传统史学中还存在另外一个长期被坚持的传统,即研究中应穷尽所有相关材料。而这一认知的根源则在于传统认为"史料即史学",由此"穷尽所有相关材料",也就被认为在其所研究的问题上有可能会让后人无话可说,也便满足了一种不可名状的心理需求。

"理想丰满,但现实很骨感"。在 21 世纪之前,由于信息的不发达,查找、获得和阅读各类史料都需要投入大量的时间、精力和财力,"穷尽所有相关材料"似乎是一种难以实现的梦想;20 世纪末到 21 世纪初,随着传统文献的挖掘和新史料的出现,以及各大图书馆在线目录的推出,涌现出的可获得的海量文献,让史学研究者一时措手不及,"穷尽所有相关材料"更变得难以企及,由此"在某一问题上让后人无话可说"的心理需求也就极难得到满足。

在上述背景下,无论是"大数据",还是"数字人文",逐渐积累和汇集了海量的文献,其中不仅包括传统文献,还包括新出土的文献、图像等等,甚至囊括了某些图书馆所藏的全部文献资料,使得以往难以查阅的珍本、孤本文献变得随时可以阅览,"穷尽所有相关材料"虽不能说是触手可及,但已遥遥可见。更为重要的是,这些数字化史料中的很多是可检索的,虽然检索词的设定需要一定的史学功底,以及需要对相关问题的深入研究,但"检索"本身就已经让"穷尽所有相关材料"成为了一种似乎可以达到的目标,由此满足"在某一问题上让后人无话可说"的心理需求,似乎不再那么渺茫。

总之,"史料即史学"以及"穷尽所有相关材料"的史学传统,是"数字人文""大数据"一经提出就在中国史学界引起广泛关注的重要原因之一。而且，虽然至今不少学者对"数字人文"和"大数据"依然持怀疑态度，但不可否认的是，检索《四库全书》《基本古籍库》等数字史料库目前已经成为史学研究必不可少的"能力"。

这里需要补充的是，笔者不同意之前提到的那种由于历史数据的复杂性，各种技术不能很好地挖掘和处理文献数据的观点。理由如下：

虽然越来越多的学科已经意识到了"大数据"时代的来临，但很多历史研究者强调由于历史文献的特殊性，即存在繁体字、异体字，有着大量手写文献，以及古文，缺乏标点等，历史数据的全面数字化（指的是扫描为可检索的文本）在可见的未来是不可能的。确实，虽然目前繁体字识别技术已经比较成熟，但基本针对的只是较为规范的印刷体，对于大量的手写、碑刻文献发挥不了太大的作用，因此在众多古籍被"数字化"的同时，大量民间文献、档案材料、碑刻材料以及抄本古籍没有实现可检索，这点确实在当前阻碍了历史研究进入到真正意义上的"大数据"时代。不仅如此，对于现代汉语，虽然已经存在有着相当成熟度的语意识别技术，由此可以自动抽取所需的相关信息，但由于古文缺乏标点，其语法和句式与现代汉语差异极大，由此使得现代汉语的语意识别和信息提取技术几乎不可能直接运用到古籍上。更为重要的是，语言的复杂性，使得某一问题的相关史料通常是多维度的，即使实现了古汉语的语意识别，但要全面挖掘与某一问题相关的多维度的所有史料也是不太可能的。上述几者结合，确实使得很多历史研究者对"大数据"和"数字人文"持保留态度。

但是，近几年人工智能（AI）的发展将会彻底改变上述状态。2016年和2017年，AlphaGo在围棋的人机对战中先后战胜顶级棋手李世石和柯洁,这在人工智能技术的发展中具有划时代的意义。与1997 年"深蓝"在国际象棋中战胜卡斯帕罗夫相比,AlphaGo 不再仅仅依赖计算机的计算优势(以及人工对计算机运算的干预),而是在学习围棋规则的基础上,通过自我学习来实现"智能",从而单纯以"智能"的形式战胜了人类的顶尖棋手。目前这一技术已经被拓展应用于软件开发等领域。更进一步的就是,目前正在进行开发的就是训练 AI 在以"星际争霸 2"为代表的计算机战略游戏上与人类进行对抗,即训练人工智能在信息大量缺失的情况下,完成信息搜集、形势判断以及制定策略等工作。甚至,目前还正在训练 AI 通过学习诗文的规则,来写诗和撰写文章。

古汉字的识别,无论是手写材料还是碑刻材料,实际上都可以提出一些原则,虽然这些原则有时会有着模糊的边界,但可以通过反复试验,让 AI 进行自我学习,并在此期间进行适当的人工干预,从而实现对各类字体的人工智能识别。与此类似,古汉语的语法虽然与现代汉语差异极大,但同样也可以提出一些基本原则,而这些原则甚至比汉字的书写更为规范,因此同样可以通过相似的自我学习的方式实现对古汉语语意的智能识别。只是目前上述两者缺乏"实用"价值,因此尚未被纳入当前人工智能所重点关注的领域。

以这两点为基础,结合目前日益成熟的语意发掘技术,那么对历史文献的语意发掘也将水到渠成,多维度的史料挖掘也必然会实现。因此在不久的将来,历史研究中材料的搜集、处理将不再是困难的事情。此外还需要提及的是,以量子物理学为基础理论研发的"量子计算机"已经开始投入商用,其计算能力远远超出现有的计算机。"量子计算机"加上 AI,将使得计算机的学习和研究能力变得极为强大。

不仅如此,一些考据性的研究和文献整理同样可以提出一些原则和方法。与人脑相比,人工智能更为理性,且有着更为强大和几乎无差错的记忆能力和处理极为庞大的材料的能力,因此其不仅可以对数据进行"正确"的检索,甚至在未来还可以在一些原则指导下进行基于史料的考订工作。而且,按照下文分析的某些研究者所认为的,历史学可以科学化,可以建立起一套可以验证的方法、程序,那么到了这一天,AI 似乎就可以代替人进行某些类别的历史研究了。

有学者依然会坚持,即使到了那个时代,人工智能也无法正确处理如此复杂和多样的历史资料。但对于如此复杂和多样的历史资料,人脑能否达到百分之百的正确呢? 显然也是不可能的,因此我们也不能苛求人工智能在文字识别、语意识别以及"考订"方面达到百分之百正确。而且,到了那个时候,何为"正确"可能本身就会成为一个非常棘手的问题。

不过需要强调的是,这些工作都是在建立一些原则和方法的基础上进行的,如果这些原则和方法被放弃,那么这些计算机进行的研究工作也就会被质疑甚至被放弃;而且在那些不接受这些原则和方法的研究者中,计算机进行的这些工作也是不会被接受的[11]。

11　关于这点,可以参见成一农《与包弼德教授〈探寻地图中的主张:以 1136 年的〈禹迹图〉为例〉一文商榷——兼谈历史学中的解释》(《清华大学学报(哲学社会科学版)》2019 年第 3 期,第 104 页)的简要讨论。笔者对在历史学中建立一套被普遍接受的标准持怀疑态度,因为即使是考订,也如陈爽所说"在这个过程中,学者个人的史学修为和学术功力显得尤为重要,这需要通识,更需要见识",但建立一套或者几套被某些学术群体接受的方法和原则则是可能的。

因此,笔者确实认为在未来"大数据""数字人文"等技术将会在史料的挖掘,甚至考订"史实"的研究层面带来彻底的变革。但问题在于,历史研究的目的就是基于文献的"史实"考订,或者复原历史真实吗?

2. 历史学的科学化

"历史学是科学吗?"这是一个长期困扰中国史学的问题。虽然对于这一问题一直存在持续不断的争论,但不可否认的是,中国史学领域的一些研究者坚持认为历史学应当是科学,或者应当朝向成为一门科学发展。在坚持历史学应当科学化的研究者看来,历史学科学化的瓶颈之一在于史料,即或者由于史料的多样性,无法使用"科学"的方法来对其进行处理;或者由于史料的缺乏,无法使用那些"科学"的方法来分析数据[12]。

无论是"大数据",还是"数字人文"以及 HGIS 的引入,一方面,使得数据的缺乏不再是运用"科学"方法的瓶颈;另一方面,由于通过加工数据使得数据具有"一致性",因此使得众多学科的"科学"方法可以被平滑地运用到史学研究中,至少在表面上使得史学研究看起来与某些社会科学类似,也使得历史学似乎有可能成为一门科学。

基于此,一些学者提出"大数据""数字人文"将使得历史学成为一门科学,其中典型的就是李伯重的《大数据与历史学科学化》[13]一

---

12 当然,当前坚持历史学科学化的人更强调的是方法、程序的科学化,这点参见第四章的讨论。

13 李伯重:《大数据与历史学科学化》,《北京日报》2017 年 7 月 10 日,第 015 版。

文。在该文开始部分，李伯重提出"历史学是科学还是人文学知识？现在的趋势是越来越多的人认为是科学。今天的历史学，虽然不像社会学、经济学那样是一门完全的社会科学，但也越来越科学化。科学化的历史学，是用科学的方法研究历史。历史学的科学化有两个方面，即史料学方面和方法论方面都要科学化。这两方面都做到科学化，历史研究才能成为历史科学"[14]。在该文后续部分，李伯重强调的就是通过"大数据"对史料的发掘，可靠的史料在数量上急剧增加，由此使得定量研究成为可能，历史学的科学化就成为了可能。总体而言，李伯重认为的历史学科学化的基础就是历史学是一门基于史料发现史实（或真相）的学科。

梁晨等的《量化数据库与历史研究》虽然没有直接探讨历史学的科学化问题，但作者在文中将人文社会科学的研究分为"求是型学术"和"解释型学术"，且希望通过对量化数据库以及相关分析方法的使用，使得史学研究偏向于"求是型学术"的发展，也即走向社会科学，"我们认为，提倡依托于大规模量化数据库的学术研究，对推动整个人文社会科学的'求是型学术'、真正认识中国社会和历史发展的特征、平衡东西方学术见解意义重大。人文社会科学注重'解释型学术'的传统，使得各学科在资料收集方面往往不断确认'已知'而轻视探索'未知'。历史学科的'选精'、'集粹'如此，当前

14　实际上从期刊网的检索来看，对于历史学是科学的讨论主要集中于 20 世纪 90 年代之前，因此虽然不可否认今天依然有一些研究者坚持历史学属于科学，但也可以认为李伯重提出的"历史学是科学还是人文学知识？现在的趋势是越来越多的人认为是科学"（李伯重：《大数据与历史学科学化》，《北京日报》2017 年 7 月 10 日，第 015 版）似乎缺乏依据，当然也可以认为这样的问题已经不为学界所关心。

社会学科中较为普遍和'科学'的统计抽样调查等方式亦是如此。
尽管在数据收集的功效和人口层面的代表性等技术层面,统计抽样
社会调查有其得天独厚的优势,但由于西方理论范式先行,我们在中
国实施抽样调查项目往往仍需要大量借助西方已有研究经验,通过
研究直觉提出问题和设计问卷时,难免会受到西方'已知'事实和理
论的影响。诚然许多重要研究成果确认或修正了东西方'共性'的
认识,但我们也在一定程度上丧失了认识中国'未知'特质、完善和
平衡国际学界对不同社会差异根本认识的可能。不论是历史还是当
代,基于档案等人口层面系统记录的大规模量化数据库,无疑成为弥
补当前这一研究缺憾的最佳选择。这种以注重材料、探求事实为先
的'求是型学术',必定会促进我国历史学科乃至整个人文社会科学
平衡、健康、全面地发展,也会为国际学术进步提供丰富的'中国经
验'"[15]。这段论述中最为核心的问题就是其对"求是型学术"和"解
释型学术"的认知,即"求是型学术"的重点是发现"未知",而"解释
型学术"目前的研究偏向于确认"已知",从前后文来看,作者在这里
提出的"未知"和"已知"显然针对的是"事实",但如果抛开"事实",
"解释型学术"不也是发现了那些人类社会发展、变化的动因、规律
等具有主观性的"未知"吗?[16]而且更为重要的是,历史研究的目的就
是发现"事实"上的"未知",也即历史研究属于"求是型学术"吗?
以及最为重要的,由此走向社会科学的历史学是对历史学学科的促
进吗?

15　梁晨等:《量化数据库与历史研究》,《历史研究》2015 年第 5 期,第 128 页。

16　当然也有学者认为"动因""因果"和"规律"也是事实,因此这类研究也属于"求是型学术"。

正如本书第三章和第四章所述，目前的科学哲学以及未来可见的科学哲学都无法保证人类能发现"真相"，因此"数字人文""大数据"以及 HGIS 更不能保证历史学可以发现"史实"，因此历史学虽然可以"科学化"，但这种"科学化"显然不是那些追求历史学"科学化"的人所梦想的。而且，在这里，我们回到了本节上一部分最后提出的同样的问题，即发现事实（也即考据）是历史研究（历史学）的目的吗？

三、如果在技术的辅助之下，达成了历史学的"求真"目的，人类社会会怎样？

上述两点分析最终指向的症结就是"历史学的目的是什么"。对这一问题的回答也就决定了"大数据""数字人文"以及 HGIS 在历史研究中的价值，而对这一问题的探询也是本书的主旨，具体可以参见后文。当然本书的目的之一就是否定历史学的目的在于"求真"。

为了不与本书后面的论述重复，这里只是通过反证的方式来考虑这一问题。如果在未来的某一天，在某种技术的帮助下，历史学达成了"求真"的目的，历史学家可以骄傲地宣称，我们可以准确、明确地告知历史上任何时间、地点发生的事件，以及事件之间的关系，甚至人物的想法。是不是很酷！但似乎从未有历史学家考虑过，那一天的到来会为人类社会带来什么？

历史学家没有考虑过，但被很多历史学家"看不上"的科幻小说家则考虑过这个问题。举两个例子。

第一个例子就是著名的科幻小说作家艾萨克·阿西莫夫的《银

河帝国》[17]。小说中的重要人物谢顿提出,虽然个人的心理及其活动是无法预测的,但人类群体的反应却能以统计方式处理,且群体的数目越大,统计性的预测就越为精确,由此开创了"心理史学",而且在小说中,"心理史学"确实也成功地预测了一段时间内人类历史的进程;那些从事心理史学研究的人也用这种方法成功干预了人类历史的进程。这岂不是非常类似于"科学化"之后的历史学。不过在小说中,作者为心理史学的成立设定了一个有意思的前提,即被预测的"人类不得预知心理史学的结论",这一限定,实际上使得进行"心理史学"研究、预测和改变历史的那些人超越于绝大多数人类,在某种意义上成为了"上帝",而"人类"则成为了按照既定轨迹前进的"机械"。如果有一天这变成了现实,那么这是历史学和人类的胜利,还是悲哀? 而且,在小说的后半部分,作者实际上放弃了这一想法,将"心理史学"降格为试图让人类和平发展的智能机器人不成功的尝试之一。

　　第二个例子就是刘慈欣的短篇小说《镜子》[18]。作者假设,随着物理学和超弦计算机技术的发展,物理学家验明了宇宙大爆炸之初形成的一些物理参数,只是不知道这些参数具体的数值,同时超弦计算机可以储存和计算自宇宙大爆炸以来的所有数据。在不经意之间,某人利用超弦计算机通过穷举法计算出了使得宇宙演化至今,且

17　从整部小说的结尾来看,艾萨克·阿西莫夫对人类的未来是悲观的,但这也是一种人性的展现。在这部小说中,阿西莫夫提出的"机器人学三定律"是当代机器人研究的基本法则。敬请历史学者不要轻视科幻小说家,他们很多人比历史学家有着更为强烈的人文关怀、现实关怀和想象力。参见艾萨克·阿西莫夫著,叶李华译《银河帝国》(15 册),江苏文艺出版社,2018 年。

18　刘慈欣:《镜子》,中国工人出版社,2015 年。

与今天的宇宙一致的那些宇宙大爆炸之初的物理参数对应的数值，由此人类不仅可以计算过去每一时刻宇宙中每一位置发生的事件，而且还可以预测未来。从"数字人文"和"大数据"的角度来看，这应当是将历史学科学化到了极致，但这样被决定了命运的人类是否过于悲哀了呢？[19]最终，小说中的人类也就灭亡了，因为没有了人性。

这里再引用一段科幻小说家的格言，田中芳树在其名著《银河英雄传说》中借主角杨威利的口说道"这场战争只关系着国家的存亡兴衰，和个人的自由和生死相比的话，并不是什么大不了的事……"[20]，与那些冷冰冰的计算数据相比，这句话是否充满了"人味"！

回到历史学，我们对于世界通史和中国通史的叙述，基本都集中于那些"大事件"，但请看下表。

表 1　极简世界通史或中国通史

时　间	姓　名	期　望
距今大约 300 万年前[21]	某某人	生存、吃饱、传宗接代
	……	生存、吃饱、传宗接代
	……	生存、吃饱、传宗接代
	……	生存、吃饱、传宗接代
	……	生存、吃饱、传宗接代
	……	生存、吃饱、传宗接代
	……	生存、吃饱、传宗接代

19　由于大脑也是由各种粒子构成的，思维可以看成是这些粒子之间的作用，因此理论上思维也是可以推算出来的。不过，目前的量子物理学承认随机的存在，由此也为思维的能动性（也可以看作人性）留下了空间。

20　田中芳树著，蔡美娟译：《银河英雄传说（小说全集）》，时代文艺出版社，1997 年，第 302 页。

21　关于人类起源的具体时间还存在争议，这里采用的时间更具有象征性，即距离今天很久，不代表人类真正起源的时间。

　　上述用这个简单的表格所叙述的中国通史或者世界通史难道不存在合理性吗？"生存、吃饱、传宗接代"难道不是大多数人的基本需求吗，难道不是历史上很多人一辈子的追求吗？与那些通过大数据展现的人类历史或者人类历史某些方面的起伏变化相比，这样的通史是不是也多了一些"人味"？

　　在我看来，历史学之所以具有魅力，就是因为其是关于人性的学科，抛弃了人性，无情无义的历史学也就没有了存在的价值，就像前文提到的，如果未来历史研究完全可以用 AI 来进行处理，那么那时作为学科的历史学也就不存在了，也就没有了历史学家，而没有了历史学的人类难道还能存在吗，还有存在的意义吗？

四、没有"人性"的历史学还是历史学吗？

　　至于技术所能对历史学进行的推进，实际上一些推动这些技术运用的人士已经给出了回答，如在"数字人文"领域具有影响力的徐力恒就提出："数字人文可被定义为一套提出、重新定义和回答学术问题的更智能办法。所谓'更智能'，不只意味着文科学者驱使数字技术（尤其是电脑数据库）作为外在的工具，来回答他们过去已经提出的学术问题；也应该包含学者由于受到数字技术和思维的影响，而提出新课题，甚至产生新的研究范式。因此，数字人文研究往往包含两个层面：一是学者一直在做的研究工作，例如对大量资料进行爬梳，找出有用的记载。没有数字技术，学者同样可以做得到，但技术可以帮助学者更有效率地执行这些研究的步骤。二是学者不利用数字技术就无法做到的一些研究工作,例如同时比对上千条数据,辨识其中模式"[22],也即"数字人文"可以帮助历史学提出新问题、解答问题以及改进解答问题的方式,但从徐力恒认为"数字人文"包含的两个层面来看,改进解答问题的方式只是局限于对材料的处理;而发现新问题也局限于对现象的发现(即模式)。但显而易见的是:对于历史学而言,更为重要的问题是判断哪些问题是重要的;同时解答问题的方式也远远超出于对于材料的分析,通过分析材料就能回答的问题,在史学中基本不会是重要的问题,因为这样的问题基本属于"史实"层面。

本章并没有否定"数字人文""大数据"以及 HGIS 在历史学研究中的价值,只是认为其价值只能局限在服务于考据、考订,进行相关性的分析以及发现现象上,而且即使在这些方面,也只能使得我们的考据更为精致化,但并不能使得我们更接近于"真实",只是**看起来**更接近于真实。而且,这种研究只是历史研究的基础,其虽然强化了历史学的力量或者说服力,但与达成历史学的目的并无直接关系。历史研究的目的在于解释,在于通过解释过往而影响未来[23],是主观的,是有目的性的,是有感情,是有人性的,如果抛弃了这一点,那么历史学的末日也就到了,人类的末日也即将来临。

顺带一提,有人提出"数字人文会伤害人文学科吗"[24],在我看来这个问题本身就是错误的,因为"数字人文"当然不会伤害人文学

---

22 徐力恒:《我们为什么需要数字人文》,《社会科学报》2017 年 8 月 24 日,第 5 版。

23 关于历史学的目的,参见本书第五章。

24 如《数字人文会伤害人文学科吗?》,《社会科学报》2017 年 11 月 30 日,第 7 版。

科,伤害人文学科的只有我们自己,是我们自己放弃了主观性和人性,而屈服于科学和技术之下。

总之,对于历史学而言,技术不是救世主,历史研究的发展和变革在于作为研究者的我们自己,在于我们的人性[25]。

另外,有人认为未来设计的机器人应当要比人客观中立,但不要忘记,机器人是由人设计的,由此必然会加入设计者的价值、偏见和人生经验。比如著名的阿西莫夫的机器人三定律以及后来增加的第零定律,即第零定律"机器人必须保护人类的整体利益不受伤害";第一定律"在不违反第零定律的前提下,机器人不得伤害人类,或看到人类受到伤害而袖手旁观";第二定律"在不违反第零定律和第一定律的前提下,机器人必须绝对服从人类给予的任何命令";以及第三定律"在不违反第零定律、第一定律和第二定律的前提下,机器人必须尽力保护自己的生存",这四条定律显然是以人为核心的。由于机器人会忠实地执行其设定的程序,因此其会进而将设计者的价值、偏见和人生经验进一步地强化和放大。机器人如此,"技术"更是如此。

---

25 当然不排除未来人工智能也有了人性,但那时用人工智能进行的史学研究,由于人工智能有了人性,所以其所进行的研究也是有人性的研究。

第三章

科学至上？

一、是否可以科学地证明"汉朝存在吗？"

"汉朝存在吗"，是不是一个奇怪到了极点的问题？绝大多数历史研究者、史学爱好者以及其他专业的人士和普通民众可能都没有想过这居然会是个问题，即使偶尔想到了这个，也基本会一笑而过。

先介绍一下问题的来源。这是笔者在一个微信群中和一些老师争论与"科学"有关的问题时突发奇想提出来的。我虽然不反对科学，但反对"科学至上"，以及"科学"有着超越于其他方法的独尊的地位。当时提出这个问题就是希望大家考虑，我们是否有"科学"的方法来证明汉朝的存在,并由此来讨论历史研究中"科学"的边界,也即在历史研究中科学能做到什么,做不到什么。出乎我意料的是,这一问题基本被群里支持"科学"方法的老师们忽略。现在想来,这种忽略似乎并不符合"科学"的态度。事后,基于我关于"科学"的浅薄知识,试着用科学的方法证明了一下,但结果出乎意料,还真的是证明不了,至少在我能力所及的范围内是证明不了。退一步讲,即使最终可以用"科学"的方法证明"汉朝的存在",那么也说明,这个问题确实不像看起来的那么简单。

下面我就介绍用以证明"汉朝存在"的科学方法以及其中存在的问题。

对这一问题直觉的回答就是"因为留存下来记载了汉朝的文献,以及存在一些与汉朝年代相对应的文物,且其中一些文物上记载了汉朝,因此汉朝就是存在的",但这并不是一个"科学"的回答问题的方式。如果将其还原为一种"科学"的方式,那么其中实际上暗含着一个三段论,即:

"留存有记载,以及存在年代对应的其上记载有这一朝代的文物,那么这一朝代就是存在的;留存有记载了汉朝的文献,以及存在与汉朝年代对应的文物,且其上记载了汉朝;因此汉朝就是存在的。"

或者更容易被史学研究者接受的三段论是:

"留存有大量记载,以及存在大量年代对应的、其上记载了这一朝代的文物,那么这一朝代就是存在的;留存有大量记载了汉朝的文献,以及存在大量与汉朝年代对应的文物,且其上记载了汉朝;因此汉朝就是存在的。"[1]

　　如果从三段论的角度，这样的论证应该没有问题。但三段论的缺陷在于，其论证结论的正确或者成立与否，除了论证结构要正确之外，其大前提也必须是要正确的。显而易见的是大前提并不是绝对真理，也是需要论证的，在这一事例中，就是需要证明"留存有（大量）记载，以及存在（大量）年代对应的其上记载了这一朝代的文物，那么这一朝代就是存在的"。但问题是，对于这一大前提，似乎没有太好的科学的论证方式。

　　这一大前提是不能用归纳法论证的。归纳法对于这一问题的论证方式是：

　　"留存有大量记载了秦朝的文献，以及存在大量与秦朝年代对应的年代的文物，且其上记载了秦朝，秦朝是存在的。"

　　"留存有大量记载了三国的文献，以及存在大量与三国年代对应的文物，且其上记载了三国，三国是存在的。"

　　……

　　"留存有大量记载了清朝的文献，以及存在大量与清朝年代对应的文物，且其上记载了清朝，清朝是存在的。"

　　然后归纳得出"留存有（大量）记载，以及存在（大量）年代对应的、其上记载了这一朝代的文物，那么这一朝代就是存在的"。

　　但这种论证的问题也是显而易见，即需要论证"留存有大量记载了秦（三国……清）朝的文献，以及存在大量与秦（三国……清）朝

1　当然，这一三段论的大前提也可以换成别的，对应的小前提也可以随之更换，但不会影响论证的结果。

年代对应的文物,且其上记载了秦(三国……清)朝,秦(三国……清)朝就是存在的"。由此,这显然也就陷入到了循环论证中。而这一问题也是归纳法自身缺陷的表现。

在科学哲学中,归纳法自身的缺陷就是没有科学的方法可以证明归纳法的有效性。多说两句,可能有人会认为归纳法并不难证明,比如一个瓶子里面有五只苍蝇,我们可以一一确定苍蝇的性别,最终归纳出五只苍蝇是公的,即:苍蝇 1 为公,苍蝇 2 为公,苍蝇 3 为公,苍蝇 4 为公,苍蝇 5 为公,所以瓶子中的五只苍蝇是公的,由此证明归纳法的有效性。但这种证明实际上本身就违反了归纳法的原则,因为用瓶子中五只苍蝇的性别来验证归纳法的有效性,对于归纳法而言,只是一项个案研究;要用归纳法验证归纳法的有效性,只能对宇宙间所有事物进行归纳研究,但这显然是做不到的。

三段论属于演绎法的范畴,除了三段论之外,演绎法还包括其他一些方法;归纳法除了完全归纳法之外,还存在不完全归纳法等其他方法。不过大家可以试试看其他逻辑推理的方式,应当都证明不了这个命题。

按照科学哲学的发展脉络,在演绎法和归纳法之后出现的应当就是"否证主义"。"否证主义",也可以称为"证伪法",即用个别经验的事实否定科学理论普遍陈述,这一方法实际上是为了弥补归纳法的缺陷而提出的,即由于科学理论是普遍陈述,同时理论上,只有通过完全归纳法才可以证明这种普遍陈述的有效性,但这显然是不可能的;由此,"否证主义"提出的一个方案就是,由于普遍陈述可以被个别经验事实所证伪,也即证明为错误的,因此通过了证伪的普遍陈述就应当是成立的。注意是"应当成立的"，但不代表其就是成立的，道理也很简单，因为也许是我们暂时没有找到可以"否证"这一普遍陈述的个案。

不过"否证主义"似乎也证明不了"汉朝的存在"。按照否证主义，涵盖范围广的命题要优于涵盖范围窄的命题，因此"留存有（大量）记载，以及存在（大量）年代对应的、其上记载了这一朝代的文物，那么这一朝代就是存在的"要优于"留存大量记载了汉朝的文献，以及存在大量与汉朝年代对应的文物，且其上记载了汉朝，因此汉朝就是存在的"。而且，"留存有（大量）记载，以及存在（大量）年代对应的、其上记载了这一朝代的文物，那么这一朝代就是存在的"在逻辑上是可以否证的，所以这一命题符合否证主义的要求。但问题是，否证主义主要针对的是可以试验的对象，但我们这里的命题是不可通过试验进行验证的，因此如何"否证"本身就是一个问题。

而且，否证主义自身还存在两个缺陷：第一，就是所有事实观察都是基于理论或者科学知识的，那么在认定否证的事实观察的时候，就首先需要论证其所基于的理论或科学知识，由此否证就陷入到了无尽的论证中；第二，即使出现了否证的事实观察，但不可否认存在事实观察本身（或者事实观察所基于的理论）出现差错的可能，由此否证的事实观察并一定可以推翻其所否证的理论[2]。

而且需要注意的是，即使是通过了"否证"验证的科学理论，也不一定成立，因为有可能是我们没有找到否证的事实观察。因此，即

2　关于否证主义的缺陷，参见 A. F. 查尔默斯《科学究竟是什么？》第七章"否证主义的局限性"，商务印书馆，2018 年，第 103 页。

使是通过了否证的科学理论也并不等于真理或者真相。所以，从科学哲学的发展脉络来看，"否证主义"是一种"退缩"方案，其已经放弃了"归纳法"和"演绎法"追求"永恒的"普遍陈述的雄心，而只是追求一种在当前看来成立的普遍陈述。按照科学哲学的主流脉络，"否证主义"之后兴起的具有影响力的科学哲学就是库恩的"科学的范式"，其已经放弃了对科学方法本身的讨论，具体参见下节。

因此，用科学的论证方法，或者至少是主流的科学方法，是无法证明"汉朝存在"的。然而基于经验，汉朝就是存在的，虽然这样的说法并不"科学"。

大家可能还会质疑，除了上述这些方法之外，应当还有其他科学方法吧。很容易想到的就是做实验以及观察。且不论历史研究是否可以通过实验和观察来达成，仅就实验和观察而言，这两者实际上也是以上述这些科学哲学为支撑的，解释起来也比较简单。

比如，牛顿被苹果砸到了脑袋，于是想到了万有引力，这是一个广为流传的传说。不管真相如何，这则传说中，牛顿能从掉到他脑袋上的苹果想到万有引力，实际上暗含着一个前提，即在其他地方苹果树的苹果也是往下掉的；如果其他地方苹果树的苹果离开树之后不是往下掉，而是毫无规律地满天飞，那么估计牛顿肯定不会想到万有引力，他的这个理论也就不成立了。不仅如此，如果牛顿的这个原理成立，那么还要保证所有地球上比空气轻的东西都是往下掉的。说到这里，敏感的读者应当感觉到问题在哪里了吧！这实际上是一种归纳法，所以理论上讲，牛顿的万有引力是没有得到完全归纳法的证明的，毕竟我们没有办法在宇宙中所有地方通过实验去验证这一理论,因此从这一角度而言,其是否成立并没有得到"真正"的验证。

当然,为了解决这个问题,科学家们想到了其他替代方法,即如果能证明,宇宙中所有地方的物理情况与地球基本近似,那么在地球上验证成立的理论,在宇宙中任何地方应当都是成立的。对此,了解天文学或者物理学的读者可能都知道,"宇宙背景辐射"是这些领域重要的课题。"宇宙背景辐射"是宇宙大爆炸产生的残系辐射,检验"宇宙背景辐射"的原因很多,其中一点就是要检查宇宙在各个方向上的辐射是否大致相同,目前的检验结果证明宇宙各个部分的辐射的涨落非常小,由此物理学家也就松了一口气。大致而言,这说明宇宙各个部分基本是均质,我们在地球上测量的各种物理量,也适用于宇宙的其他部分,由此在地球上提出的各种理论也适用于宇宙的其他部分。这实际上是希望用一种替代的方式来进行归纳。这也说明了,归纳法是以实验和观察为基础的学科的基础。当然,用"宇宙背景辐射"来验证宇宙的均质,也是一种理论,这一理论本身是否成立,同样并没有办法得到真正的检验。

说到这里,大家可能会想到《三体》中的情节:三体人为了延缓地球物理学的发展,在派出舰队的同时,派出了"智子"来干扰人类进行物理实验,让在不同地点进行的相同的物理实验得出完全不同的结论。这不仅是为了破坏物理实验,更是为了破坏人类物理学的基石,即由于宇宙是均质的,所以任何地点的物理值都是一致的。而这也导致了众多优秀的人类物理学家因为信仰的崩溃而自杀,因为如果宇宙不是均质的话,那么宇宙似乎也就是不可认知的。三体人这种做法背后暗含的方法依然是归纳法(即通过归纳,证明宇宙不是均质的），或者否证主义（通过否证，否定了宇宙是均质的）。

二、科学可以保证获得真相吗？

通过上面的介绍可以看到，实际上科学并不能保证获得"真相"，我们通过科学方法获得的真相，都只能是"当前看来"的，这点也是当前主流的科学哲学研究者的共同认知。

托马斯·库恩的名著《科学革命的结构》，我想很多读者都看过。我想提醒大家，还应当将其放置在科学哲学的发展历史中来看待。在托马斯·库恩"科学的范式"之前，关于科学哲学的讨论基本都是集中于具体哲学方法的，比如前面提到的归纳法、演绎法，以及不那么"自信"的否证主义等等；然而，从库恩开始，科学哲学的主流放弃了对具体方法的讨论，开始关注于"范式"，如库恩之后的伊姆雷·拉卡托斯的"研究纲领"等等。虽然目前还有学者重新开始讨论方法，但影响力还未展现出来。显而易见的是，"范式"与"方法"是完全两回事，"范式"讨论的是科学领域（也适用于其他研究领域）研究模式的变化及其原因，而不涉及具体的方法。这里引用吴国盛的总结："你要是非要问什么是科学，库恩的答案很简单：'科学家们做的事情就是科学。'只有在传统范式出现了大量反常的科学革命时期，科学家们才被迫思考'什么问题是真正的科学问题''什么样的解决办法是真正科学的解决办法'，但最终的裁决方案也不是一个可以通过逻辑和理性来解决的方案，更多地是一种非理性的历史裁决，就像德国物理学家普朗克在他自传里所说的：'一个新的科学真理并不是通过说服对手让他们开悟而取得胜利的，往往是因为它的反对者最终死去，熟悉它的新一代成长起来。'库恩之后，费耶阿本德更是主张，没有什么科学方法论，如果有的话，那就是'怎么都行'"[3]，也即不仅终极的或者唯一的"科学"方法是不存在的，而且"科学"范式的更替都不是"科学"的。这实际上已经说明了主流的科学哲学家放弃了对探索"真相"的方法的讨论，至少当前看来是如此。简言之，如果说"否证主义"退缩到了只是追求一种在当前**看来成立**的普遍陈述；那么，"科学的范式"则进一步退缩到了只是追求被当前**接受**的普遍陈述，已经不再强调其是否有可能是成立的了。

还有一个简单明了的质疑方法：你怎么证明你通过科学方法获得的"真相"就是"真相"？

可能到了这里，有些研究者依然会强调，科学虽然不能保证我们可以获得真相，但可以使得我们不断接近真相。对此的反驳，参见第五章的讨论。而且，对于这一问题，实际上库恩已经进行了反驳，一方面他强调了科学范式的更替，"更多地是一种非理性的历史裁决"，因此范式的更替是受到社会等因素的影响，是所谓"非理性的"；另一方面，他将"范式"之间的变化，称之为"更替""变迁""演化"，而不是"进步"，如果是"进步"，那么代表着我们朝向"真相"的前进，而"更替"则与进步和倒退这样的判断无关，也与是否接近了"真相"无关，强调的只是"变"。

需要提到的是，在此后出现的一种科学哲学是费耶阿本德的无

3　吴国盛：《什么是科学》自序，广东人民出版社，2016年，第7页。

政府主义科学理论,其核心主旨就是"怎么都行"。这种认知显然是由于科学无法保证获得真相,也无法保证我们不断接近真相所必然会导致的结果。这也是笔者支持的一种态度,不过我对此的修正是,虽然"怎么都行",但受到时代的影响,每个时代都有其主流的一种或者多种方法;而且笔者也不是无政府主义者。

三、为什么"科学"是好的?

在日常生活中,我们经常将"科学"一词作为形容词使用,比如在我们的一些讲座、讲话和文件中经常提到要"科学"地认知、研究、分析和执行等等,在日常生活的谈话中,我们也经常会说"这事不科学",而在研究中经常会说对问题要进行"科学"的分析。有趣的是,在这些我们已经习以为常的叙述方式中,"科学"作为一个词语,似乎已经等同于褒义,且已经与"科学"本身原有的含义无关。

我们这种对于"科学"的推崇,应当与"五四运动"以来对"科学"的态度有关,对于"科学"的追求似乎也成为当时被广大学者认同的人类共同历史进程中最为重要的"公例"之一。确实,在一个落后挨打的时代,"科学"为我们的国家和社会提供了一个明确的发展方向,且使得我们国家和社会在百年中不断发展,因此对于"科学"的推崇也是时代需要和时代精神的反映。

但问题在于"科学"真的就是"好"的吗,或者只有"科学"是"好"的吗?笔者曾经从地图学史的角度对这问题进行讨论,大致而言,从中国古代地图学史的角度来看,在漫长的历史中,中国古代地图的绘制技术并没有太大的变化，可以说这种绘制技术在中国古代已经满足了大部分的需求，因此虽然从现代"科学"的角度，中国古代地图似乎是"落后"的，但明末、清代康雍乾时期传入的西方"科学"的绘图方法并没有被中国人接受，那么对当时的中国人而言，这些"科学"地图应当并不是那么"好"，至少看不出"好"在哪里，或者说其中的"好"不为当时社会所接纳。我们现在认为是"好"的"科学"，在那时似乎并不那么"好"。换言之，"科学"本身应当是中性的，其好与坏的价值判断是基于社会文化等因素。

因此，我们当前对于"科学"的推崇，虽然是时代需要和时代精神的反映，但并不是永恒真理；如果将其认为是一种"永恒真理"，那么就将是一种"非科学"的认知。而且，西方早就对科学崇拜和"科学主义"进行了反思，国内也存在这样的研究。对"科学主义"批判并不是本书的主旨，此处主要针对的是历史研究中对"科学"的崇拜。

要强调的是，这里并不是否定科学的方法，而是强调科学的方法只是历史学的研究方法之一，且其也并没有优于其他研究方法，由此多种方法的并存或者方法上的多元是历史研究的必然。

还需要提及的是，坚持历史学科学化的人，基本都认为历史学研究的目的是求真，也即通过方法、程序的科学化，或者说通过建立一套可以验证的程序与方法来追求真相，那么历史学可以成为科学；且如果建立了一套可以验证的程序与方法，那么各种环绕史料的问题也会迎刃而解。但这一认知存在的前提是：一、在历史学中建立一套可以验证的程序与方法的可能性，而至少到目前为止笔者还未见到有对这一问题进行了清晰论证的研究，甚至连相关的讨论都似乎没有[4],且笔者并不看好可以建立这样一些模式的可能性。二、建立这套可以验证的程序与方法的必要性,这点实际上更为关键,这个涉及对历史学学科目的的认知,而对此,坚持历史学科学化的人基本认为历史学的目的在于求真,也即当在认为历史学的目的是"求真"的情况下,才能谈得上科学方法的优越性。然而对于历史学的目的,学界已经很多年没有进行过认真的讨论了,且历史学的目的在于"求真",也是本书所否定的。

而且,通过一套可验证的研究方法和研究规范来探求真相,这样的科学路径,似乎没有回答这样的问题,即如何通过科学的方法来验证一套可验证的研究方法和研究规范确实可以探求真相,且虽然中间的结果不能保证正确,但这样的路径能保证可以达成对真相的探求,以及我们探求的过程是在不断接近真相? 如果不能回答这一问题,那么似乎这样的"科学"的基础就是"非科学的"。类似地,如何

---

4 这一问题的难点在于,如果我们承认历史认知是主观的,且绝大多数(目前笔者不敢说全部)历史事实是无法客观认知的话,那么我们不知道真相是什么,因此如何验证我们通过科学方法得到的结论呢? 或者简言之,如何证明考据出来的结论就是真相或者更接近真相呢? 物理学可以通过重复试验来验证(但依然不能保证是真相),但历史学则对此毫无办法,至少目前为止就是如此。对于这方面更为深入的讨论,可以参见成一农《"夏朝"存在吗? ——基于历史学学科目的和方法的分析》,《重庆大学学报(社会科学版)》,2020年第3期,第203页。

还有学者强调"科学意识"和"科学意识的结果"之间的区别,即虽然研究者的态度和意识是科学的,但结果不一定是科学的,并由此推论存在"科学意识行为的集体无意识",也即很多研究者从事研究时虽然主观上缺乏"科学意识",且他们的研究成果也存在问题,但在后人看来,他们的研究行为中有着"科学意识"的成分,由此他们的研究行为也可以被视作"科学意识的行为",只是这些行为是"无意识的"。但这种观点的问题在于:这样的提法似乎"放之四海而皆准"。因为任何研究者的研究都可以被"挖掘"出可以被定义为"科学意识的行为"。不过,与此同时,任何研究者的研究行为也都可以被"挖掘"出可以被定义为"非科学意识的行为"。因此如果"科学意识行为的集体无意识"成立,那么"非科学意识行为的集体无意识"同样也是成立的,这样的命题也就失去了意义。

证明"通过标准的研究方法和研究规范探求到的真相就是真相"？如果不能恰当地回答这些问题，那么"科学"本身也是有局限的、有适用性的，只是一种认识方式。当然，现在不少坚持历史学科学化的学者以及研究科学哲学和科学史的人，也同意科学不能保证揭示"真相"，他们认为科学意识和行为更多地是一种认知方式或者研究范式，但他们同时坚持，与其他认知方式和研究范式相比，科学具有优越性；或者，在所有认知方式中，科学的方式是最有可能保证客观性的。但这里带来的问题即是，如何验证"科学是更好的认知方式"，以及如何验证"科学的方式是最有可能保证客观性，由此是更好的一种认知方式"呢？这里的矛盾在于，科学不能保证揭示"真相"，"非科学"同样不能保证揭示"真相"，既然都不能"保证"揭示真相，那么如何判断科学比非科学更能接近真相？如果"科学"的这种优越性只是来源于逻辑、方法层面的严谨的话，那么为什么逻辑、方法层面的严谨就是好的呢？这样的论证可以简化为：科学的方法比非科学的方法好，所以科学比非科学好；而由于科学比非科学好，所以科学的方法比非科学的方法好。显然这是一种循环论证[5]。

最后，再简单提及在研究中经常提到的"以理度之"，虽然"以理度之"与"科学"完全是两回事情。在我看来，历史研究由于是涉及人的研究，又关注于对某些人做出某种决定、行为的原因，因此其间

5　不仅如此，按照笔者的理解，如果历史学可以科学化，那么需要一个迥然不同的对于历史学的定义，且应当是一个极为狭窄的对历史学的定义，这一定义需要排除所有主观性的因素。另外，有学者认为历史学中类似于"因果"的问题是可以用"科学"的方法来求真的，但在比历史学更为"科学化"的地理学，尤其是人文地理学中已经放弃了对"因果"的讨论，代之以"相关性"分析；而量子物理学更是对传统的因果解释提出了根本性的挑战。

不可避免地存在用研究者所认为的"理"去推测当时人的"理"的情况。比如我们研究玄武门之变的时候,对李世民动机的分析,就是在用符合今人思维方式的"道理"来考虑古人(这里不涉及材料的缺失),虽然历史研究讲求回到历史的场景中去考虑问题,但研究中依然不可避免地会以今人的思维来考虑古人的行为。由于每个人人生经验的不同,在研究中所用的"理"也是存在差异的,因此对于很多研究而言,不同研究者以不同的"理""度"出的结论也是不同的,这也是很多对同一问题的研究存在不同结论,且难以判断这些结论的对错的原因之一吧。与"理"有关的就是"理性",这同样是没有统一标准的问题,在某人看来符合"理性"的事情,在另外的人看来就是"非理性"的,由此在研究中,当我们在认为某些古人的行为是"非理性"的时候,需要考虑这样的认知是否有意义。

第四章

真 相?

一、历史学家＝侦探?

"不在场证明、暗号、作案手法、教义,唯一看透真相的是一个外表看似小孩,智慧却过于常人的名侦探柯南。"

"随着风的律动作出精辟的推理,黑色线团也有理出头绪的一天。唯一看透真相的是一个外表看似小孩,智慧却过于常人的名侦探柯南。"

"挡住去路的巨墙,换个思考的角度就是一扇大门。唯一看透真相的是一个外表看似小孩,智慧却过于常人的名侦探柯南。"

上述这些是著名推理动画片《名侦探柯南》片头曲中柯南的"王婆卖瓜自卖自夸"。这一伴随着我从大学生成长为教授,但"男猪脚"依然还上着高中的动漫,据闻有望在我有生之年迎来大结局。看过这一动漫(漫字,感觉在这里应该解读为漫长)的读者应当知道,片中的柯南以及其他侦探——当然毛利小五郎例外——有着以下一些与众不同的特质:1. 细致的观察能力,能观察到常人忽视的细节;2. 丰富的知识,由此可以看出大量常人所忽视的细节中蕴含的重要信息;3. 推理能力,即有能力通过搜集到的细节,加上丰富的知识,推理出罪犯的犯罪过程,甚至动机;4. 超高的智商,之前的三个特质实际上都是以智商作为底子的,这也是在片头曲中的"王婆"一再强调"智慧"的原因。

这些特质实际上也是历史研究者所需要的:细致的观察能力相当于搜集史料以及从史料中看到隐藏在其中的、不为人注意的细节的能力;丰富的知识,也是历史学家所必需的,否则不仅可能连史料的内容都无法理解,而且可能也无法将史料与相关的其他"史实"和材料进行比较、建立关联,也无法在更广阔的背景下来看待史料,这也是长久以来贴在历史学家身上的"标签"之一;将看似毫无头绪、相互之间缺乏联系的材料,通过各种方式经过推理,梳理出脉络,从而揭示出历史的"真相",则相当于侦探的推理能力;最后,要做到这些难道不需要超高的智商? 当然这也是历史学家自负的一种表现。

上述这种比较当然不是我做的,将历史研究比作侦探的活动,将历史学家比作侦探,这样的认知在历史学家以及历史爱好者中并不少见。一系列秦汉史畅销书的作者、历史学家李开元教授就是这一

比喻的积极使用者,如在《秦始皇的秘密》一书中的开始部分,他就谈到:

　　如此种种疑案,都纠缠在一个环上,这就是秦始皇的亲族和外戚。如此种种疑案,至今仍没有确切的答案。

　　为什么会这样?年代久远,史料欠缺,当然是首要的原因。不过,人为地隐瞒历史的真相,有倾向性地曲解历史,也是重要的原因之一。除此之外,在我看来,还有一个也很重要的原因,就是观念的束缚。

　　多年以来,在史料学的领域,我们信奉"有一分材料说一分话"的原则。不过,如果我们将这个原则推广到整个历史学中来加以奉行的话,警句就变成了咒语,我们将会掉进认识的陷阱,误以为凡是没有记载的事情就不曾存在。如此扩大化的结果,历史学将会只剩下破碎的断片,而失去完整的篇章,前言不搭后语的失衡,最终难免陷于失语。

　　历史是什么?历史是基于史料对往事的推想。古代史的史料少而又少,如何通过这些少而又少的材料,解读出多而更多的史实来,必须修炼"有一分材料说十分话"的功夫。这个"说十分话"的功夫,讲的是由一条材料生发十条线索的方法;这个方法的思路,就是多方联想和合理推测。在直接证据不足的情况下,尽可能地搜寻间接的旁证,然后运用联想和推测,上下内外关联,前后左右旁通,索隐探微,设问求解,将各种蛛丝马迹串连起来,最大限度地解析历史,揭示历史的真相。

历史学的这种做法，类似于现实中的侦探破案。发案后的现场，混乱而狼藉，犯人无影无踪，证据被销毁隐去，侦探们仔细地搜集每一个指纹、每一个脚印，哪怕是一根毛发，甚至是一种气味……如何由这些少而又少的证据，搜寻出犯人的踪影，复原出案发的现场，推理和联想，正是必不可少的功夫。按照侦探学上的说法，就是通过推理和联想，将所有的证据合理联系起来，形成一个相关的证据链，由此重建案发的过程。

刑警侦探，破解的是现在的疑案；破解古代疑案的历史学家，是历史侦探。历史侦探破解历史疑案，同刑警侦探破案一样，充满了惊险、刺激，还有乐趣。

读者朋友，让我们回到两千多年前的秦代，来到秦始皇的身边，置身于那一个又一个的案发现场，一起来做历史侦探，一起来享受破案的快乐，一起来体验福尔摩斯式的逻辑与力量吧。[1]

李开元教授的这段话中的一些认知是让我非常佩服的，比如对"有一分材料说一分话"的质疑。回到正题，李开元心目中的理想的侦探就是福尔摩斯，如果新一代史学家进行这样的比喻的话，可能会换成柯南。当然前面提到的柯南的特质，福尔摩斯也都是具备的。

如果这一比喻成立的话，那么历史学家的形象就立刻高大起来，机敏、睿智，目光深邃，富有责任感和正义感，而不是一般人心目中的记性好、坐着冷板凳、戴着深度眼镜、整天宅在家中不问世事的老学

1　李开元：《秦始皇的秘密》，中华书局，2009年，第2页。

究的样子。但，sorry，在我看来，这个比喻并不成立。

侦探所有的这些特质之所以被人们所欣赏，或者之所以能成立，是因为其能准确地推断犯罪过程、犯罪动机且最终指出罪犯。在动漫的每一个案件的最后，当柯南经由倒霉的毛利小五郎之口，一气呵成地完成推理，指出罪犯之后，犯罪者总会双膝跪倒，痛哭流涕，承认罪行。设想如果每次都像偶尔灵光闪现，气势如虹地陈述了自己的推理，但分分钟被打脸的毛利小五郎，那智慧、知识渊博的光环怎么也套不到柯南乃至侦探的头上。

好了，到这里，结合本书前面的分析，我想读者已经明白侦探和历史学家的差异在哪里了。历史学家在气势如虹地撰写出自己的推理和结论之后，当戴着黑边框眼镜的历史之神面露狡黠的微笑，轻轻地问出"你怎么证明你是对的呢"的时候，自诩为侦探的历史学家瞬间就被击垮！没有罪犯承认罪行，无法证明推理的正确性，那谁知道你是不是瞎说呢？可能你是柯南、福尔摩斯，但你更可能是那个自信满满的毛利小五郎！

如果借用法律术语，那么历史研究所能达到的大致就是"证据真实"，也即基于证据而得出的"真实"，而不是"事实真实"或者"客观真实"和"真相"。法律界也明确知道依据证据证明的真实，有可能与过去发生过的历史事实完全相同，也可能只是极为接近或大致接近，还可能与"真相"完全相反。说到这里，为什么无论是动漫《名侦探柯南》，还是柯南·道尔的《福尔摩斯探案集》，通常在每则故事的结尾都要让罪犯直接或者间接地认罪，其目的就是要让读者认为侦探所做到的是揭示了"事实真实""客观真实"以及"真相"。只有

"证据真实"是没有说服力的,无法证明侦探的对错,也就无法塑造"英雄人物"的高大形象了。设想一下,如果《名侦探柯南》中,每当柯南推理完毕之后,就出现了片尾曲和下集预告,那作为观众的你会怎么想?如果只是一次的话,估计会说:"なに",导言剪接错了吧!如果次次如此,那么剧作家儿玉兼嗣就要收到烂番茄和臭鸡蛋了;而且,我也不用期待有生之年能看到《名侦探柯南》的大结局了,估计年内就断更了。

问题到这里就清楚了,历史学家无法回到过去,揪住研究的对象问个清楚:秦始皇你到底是不是吕不韦的私生子? 你的皇后到底是谁?

除此之外,"事实真实"和"证据真实"之间的差异还在于,除非存在多元宇宙,否则"事实真实"只有一个(即使存在多元宇宙,但在"我"所在的宇宙中,"事实真实"只有一个),但"证据真实"就不止一个了。这在历史学界是很常见的事情,比如对于同一历史问题,不同的学者基于相同的史料,用不同的方法以及不同的"以理度之"会得出完全不同的结论,且不同的观点都有各自的拥护者,甚至很多学者也难以在这些不同的观点中确定谁对谁错,由此就存在多种观点并存的情况,这就是多种"证据真实"。那么,各位侦探先生,你们到底谁是柯南,谁是毛利小五郎呢?而且某人无法喊出"真相只有一个",而只能和一群人一起喊"真相有无数个",似乎也颇为丧气。

除了这种本质差异之外,在知识的层面上,历史学家和侦探也存在区别。侦探与其所处理的案件和对象大都处于相同的时代,因此侦探的知识,或者来自亲身体验,或者来自众多权威的参考书,可靠的概率或者具有强有力的说服力的概率非常大。但历史学家则不是，我们所谓丰富的知识，大都得自或多或少的前人研究，也即来自其他类似于柯南或者毛利小五郎的侦探，因此与现实的侦探相比，我们这些历史的侦探的证据有效性要差了很多。当然，与"证据真实"和"事实真实"相比，这个算不上太大的问题。

总之，虽然我也很想当侦探，而且也一度认为历史学家就是侦探，但抱歉，这个比喻不成立。我个人认为一名优秀的历史学家应当拥有那些侦探所具备的特质，不过，那些特质似乎也是所有研究领域中优秀的研究者都应当具备的。

需要说明的是，这里并不是否定李开元教授的那一系列著作，他的著作是少有的当年我能一口气读完且想着还要再读一次的历史作品，且他的推理也说服了当时的我。

最后，还要补充的是，上述论述暗含的一个前提就是，被比喻为侦探的历史学家之间在用于推理的逻辑以及对史料的解读上是不存在太大的差异的。但熟悉历史研究的人应该知道，这一前提实际上是不成立的。很多史学问题争论的根源和核心，经常不是最终的结论，而是论证过程中推理以及对史料的解读方面的差异，这种差异的根源已经在本书的前三章进行了解释。所以，作为侦探的历史学家不仅要面对只能和一群人一起喊"真相有无数个"的沮丧，而且还要面对侦探们在揭示真相时的"自相残杀"。

再啰嗦一句，在我们对某些研究的负面评价中经常会使用"过度解释"一词，但通过本书的分析，我想读者应该明白"过度解释"和"适度解释"之间并没有严格的区分，两者的差异是由论证方式以及对论证"合理性"的认知标准不同造成的,因此,在某种判断标准下的"适度解释",在持另外一种判断标准的人看来,有可能就是"过度解释";同理,在另外一种对于"合理性"的判断标准下,"过度解释"也有可能变成"适度解释";而且,对于同一历史解释有着不同的论证方式,由此在另外一种论证方式下,"过度解释"也可以转化为"适度解释"。

二、如何验证真相?

上面讨论的核心,实际上涉及结论的验真问题,也就是回答"你怎么证明你是对的呢",这也造就了历史学家与侦探的根本性差异,因此在这里稍微展开讨论。

对于理工科而言,验真有着多种方式,其中使用面最广的应当就是重复试验了,但正如本书第三章所述,重复试验的方法之所以被认为有效,并不是因为试验本身,而是因为试验背后的科学哲学,即"归纳法"的有效性,以及"不完全归纳"所依赖的宇宙的均质性。当然,前者的有效性目前依然无法成功地进行论证,而后者也只是得到了初步的论证。

但对于历史研究而言,我们的结论是无法通过重复试验来检验的,即使我们通过旁证、互证、本证、理证、二重证据法、三重证据法、N重证据法等各种方法来强化我们的结论,但这些方法并不能解决"验真"的问题,因为所有这些方法最终都要归结于最为基本的逻辑,而且这些方法都掺杂有"人生经验"的主观性。而且其中一些方法，比如二重证据法，长期以来也是受到质疑的，且质疑者越来越多。

不仅如此，退一万步讲，即使我们承认了这些方法是完美无缺的，但依然回答不了"你怎么证明你是对的呢"这一问题。因为，按照科学的基本精神，结论是可以通过重复试验来验证的，但历史学似乎无法进行重复试验，即在同样的条件下重复地、相互独立地进行的随机试验；历史研究中的所谓重复试验，大致只能将原先的论证步骤和使用的材料重新再写一遍，因此并无意义。或者打个容易理解但可能不完全恰当的比方，自然科学，在不同实验室中，经由不同的研究者用相同方法进行的可控试验及其结果是可以发表的，虽然刊物的级别可能不高，因为他们只是验证和质疑了某种结果；但如果换成历史学，在不同的办公室，经由不同的研究者用相同方法进行的研究，如果发表的话，估计会被控告是抄袭。

当然"验真"还有一种方式，就是将我们预测或者推想的结果，去与我们观察到的"事实"（纯粹而言，我们能否观察到"真相"本身就是一个问题）进行比较。到了这里，有些人可能会畅想今后有了时光机器，可以穿越到古代，由此我们可以将我们的结论与我们所看到的进行对比，由此解决验真的问题，这样的说法偶尔确实会出现在一些书籍中。

再退一万步，如果未来经由逻辑验证了我们可以通过观察而获得"真相"；以及再退一万步，未来发明了时光机器（在现在的物理学上，时光机器只是存在理论可能，但实际上是实现不了的），由此在未来我们可以解决验真的问题，但这样的想法在我看来还是有些"幼稚了"，还是以上面提到的秦始皇是否为私生子为例。

　　假设,未来,你回到了过去,细致地观看了一些雅或者不雅的细节,确认了秦始皇不是吕不韦的私生子,也即完成了真相的验真,返回后,兴高采烈地告诉大家,我的推断是正确的。如果大家不信,你还可以拿出拍的视频来证明。不过大概历史学家的验真也只是到这一步,即验证时间、地点和人物是真的。但这种真相并不是历史学研究的核心,比如秦始皇是不是私生子,只是属于八卦的范畴,如果这种"事实"成为了历史学关注的核心问题,那么历史学的地位也就岌岌可危了。历史学家以及历史学的用途更为关注的是解释,比如通常大家希望知道的是,吕不韦不让赵姬怀上他的孩子,他是如何考虑的,以及为什么如此? 秦始皇不是私生子,那么对后来秦朝的历史产生了什么影响? 而对影响、因果等解释性的内容,显然是无法通过客观的观察来获得的,都需要加入自己的解释。这点并不难理解。

　　以后文所举的玄武门之变为例,假设,未来你可以观察整个事件的发生过程,但对于李世民是否是有意杀死李建成,则是需要你基于对历史进行观察后的判断,这与通过史料获得的判断,在本质上是相同,因此也是无法检验的。除非,你能跑过去,揪住当事人李世民问一问,但结果很可能就是人头落地;而且即使李世民说"我不是故意的",但你怎么能检验他说的是实话呢? 更大的问题就是,如果有这样的方法了,那么还要历史研究以及以"求真"为目的的历史学干嘛? 那时,遇事不决,就问"时光机器"吗?

　　总之,退三万步而言,在久远的未来历史学所能做到的验真只能检验时间、地点、人物、结果的真实,而无法看到人的内心以及事件之间的联系。

因此，历史学对于结论"验真"问题是无能为力的，在目前可以预见的未来，以及相当远的未来，都是不可能达成的任务。在所有的历史研究背后，都藏着历史之神狡黠的微笑。

三、真相＝真相？

已经退了三万步了，那么假设遥远的未来的某一天，我们有办法可以获得检验时间、地点、人物、结果的真实的方法，且我们也能通过某种方式将这些获得的真相如实地表达出来（这涉及第一章讨论的语言带来的问题）；或者更为现实一点，我们承认了"证据真实"就是历史学所需要的真相，但"真相"真的就是"真相"？

在这里举个"栗子"，比如我们要研究唐初的"重要"历史事件"玄武门之变"中，李世民是故意要杀死李建成呢，还是并非故意的。由于有了时光机器或者其他方式，我们已经可以看清楚或者弄清楚"玄武门之变"的整个发生过程，但假设作为历史学家的我们疑惑于这样的问题，即：为什么李世民要当场干掉李建成和李元吉？毕竟要除掉一个人，除了"杀"之外，还有多种手段，剥夺权力、软禁、流放等等，而"杀"是最为极端的手段，且容易留下"弑兄"的恶名。

需要说明的是，史书对于"玄武门之变"记载众多，这里我们不纠结于其中哪些记载更为"真实"，因为哪条史料对我们现在所讨论的问题都是一样的；甚至李世民到底为什么杀掉李建成也不是这里所关注的，这里举这个"栗子"，只是为了说明本节所关注的问题。

假设某人回到了历史的现场，目睹了事件的经过，回来之后，为

了告知他人,写下了如下文字:

> 上时已召裴寂、萧瑀、陈叔达等,欲按其事。建成、元吉至临湖殿,觉变,即跋马东归宫府。世民从而呼之,元吉张弓射世民,再三不彀,世民射建成,杀之。尉迟敬德将七十骑继至,左右射元吉坠马。世民马逸入林下,为木枝所絓,坠不能起。元吉遽至,夺弓将扼之,敬德跃马叱之。元吉步欲趣武德殿,敬德追射,杀之。[2]

这段文字的大致意思就是,那天唐高祖召集大臣讨论李建成和李元吉的事情。被召来的李建成、李元吉感觉大事不好,急忙逃离;李世民跟上去且叫了他们,但李元吉想射杀李世民,未果,于是李世民射杀了李建成;然后李元吉乘着李世民坠马,要杀死李世民,但被尉迟敬德惊走,最后被尉迟敬德所杀。

好了,我们可以想想,在这一事件发生的整个过程中,除了这些事情之外,还应当发生了众多的事情,即"真相",比如当时的风速是多少,李世民、李建成和李元吉的心跳速度是多少,血压飙升到多少,他们所骑的马的颜色、大小,他们各自站立的方向,当时的天气是多云还是下雨还是晴空万里,地面是草地还是土地,各自穿了什么衣服,吃过饭没有,上过厕所没有,是否尿急,就这些"真相",我估计能写一本书都不止,骗骗稿费,但编辑会打死我。

---

2 《资治通鉴》卷一百九十一"唐纪七""高祖武德九年",中华书局,1956 年,第 6010 页。

大家完全可以理解，一瞬间发生的真相是无穷多的。作为追求真相的历史学家，就应当将这些全都记载下来。不过，作为观察能力有限的人类，我们只能看到、记录其中极小一部分，而忽略了其他，除非我们今后真能发明刘慈欣的小说《镜子》中提到的那种超弦计算机。因此，正如第一章所述，看到这一事件的某人必然只会挑选他认为重要的事情记录下来，而且，某人在观看的时候也只会关注他所认为重要的，他的人生经验告诉他重要的以及他的感官或者观察设备所能感觉到的"真相"，所以，我们观看和记录的真相是经过了过滤后的"真相"的一部分。那么，这还是真相吗？对此，大家可以回想一下第一章提到的用真相说谎。

说到这里，传统史学家直接的反应就是，那些鸡毛蒜皮的事情还记载干嘛？总是要记载那些有用的和重要的真相。这大概也是对这一质疑唯一的，或者至少是最为常见的回答。但大家回想我们在第一章讨论的问题，就会明白，一旦设定限制，"有用"和"重要"，那么就不可避免加入了"主观"的东西。"真相"也就不再那么纯粹了。

回到某人所描述的"玄武门之变"，从文字来看，其显然将这些事情串成了一个因果关系，即李元吉要杀李世民，李世民于是反杀了李建成和李元吉，因此，显然这些真相是作者有意挑选出来的，目的在于让读者发自内心地喊出，李世民属于"正当防卫"，无罪！这显然属于我们第一章所说的用"真相"说谎。当然这里我们无从判断"真相"如何，因此也无从判断作者是否是说谎，只是突出说明作者的意图。

可能还会疑惑，即使如此，那些当时的风速是多少，李世民、李建成和李元吉的心跳速度是多少,血压飙升到多少,他们所骑的马的颜色、大小,他们各自站立的方向,是多云天还是下雨天还是晴空万里,地面是草地还是土地,各自穿了什么衣服,吃过饭没有,上过厕所没有,是否尿急(编辑说,打住),怎么看也都是小事,鸡毛蒜皮,不用记载!真的吗?我们设想这样一种可能,当时李元吉就是想杀李世民,不过由于没吃饭,又尿急,结果弄了个乱七八糟。再设想一种可能,李世民当时没有想杀李建成,只是想射死他的马,然后将其活捉,结果那天突然起了大风,箭射歪了,于是误杀!再设想一种可能,李元吉当时也并不想射杀李世民,而是想吓唬一下,然后乘机逃走,但李世民则以为李元吉是要杀他,于是反杀了李建成。这样的可能会非常多。我想任何史学家都不会否认上述这些假设成立的可能性,或者说没有办法来否认这些假设,而只能提出"质疑",因此,作为追求真相的历史学家是否应当将所有这些真相记录下来?

好了,可能有些历史学家会为这位记录者辩称,他只是记录了他在现场看到的真相,或者注意到的真相,你说的那些他没有注意到,因此他记录这些事情不是他主观挑选的结果。对此可以反驳:为什么他只是注意到了这些?难道他不存在先入为主的一些看法吗?即使这些"先入为主"的看法,他自己都没有意识到。

不仅如此,退一亿步讲,即使某人是纯粹客观的,且真有本事将这些真相全部记录下来,但回想一下第一章所讨论的,语言本身的问题,记录、阅读都会掺杂主观性。如果这里再退一亿步,那我们只好成为"三体人"了。由此,就产生了我在第一章中的疑惑:三体人是如何记录历史的?

因此，真相不等于真相，所有记录下来的真相实际上都是在用真相说谎！

乱入一下，我颇为疑惑的是，要射李世民的是李元吉，但李世民为啥转头射死了李建成？这属于伤害无辜呀！似乎动机颇不单纯！

四、不断接近于真相？

通过上面的分析，我们可以看到，由于无法验真，因此历史学家无法确定得到的结论就是真相，何况显得更为"高大上"的科学也无法保证获得真相，由此，传统历史学家面对的窘境就是，高喊着"求真"的口号，但却无法高喊我们能够以及已经获得了"真相"。

为了摆脱这一窘境，一些历史学家辩称，虽然我们目前不能获得真相，且也不能保证获得真相，但不代表我们要放弃对"求真"的追求，因为经过不断努力，我们可以使得我们的研究结论不断趋近于真相！

这样的辩解，听起来颇有道理，似乎例子也比比皆是，比如我们传统史学的考据，通过长期的努力，确实"搞清楚"了一些事情。就我所主要从事的历史地理研究而言，乾嘉以来，尤其是近几十年中，对于历代政区的沿革、某些治所的地理位置的考订都取得了"远超"前人的成果，弄清楚了众多前人不清楚的，或者存在"错误"认知的问题。虽然这些研究的结论不一定是"真相"，但难道不是要比前人接近真相了吗？

面对这样的辩解，历史之神再次露出了狡黠的微笑，问道：你怎么证明结论更接近真相呢?

　　一击必杀!

　　这一问题的关键是,做出"接近"的判断的前提是,要知道目标在哪里或者是什么;但在不知道目标在哪里或者是什么的时候,如何能判断出距离的远近呢? 在关于真相的问题中,当我们无法知道真相是什么的时候,显然是无法判断我们的结论与其的距离是远了,还是近了。这就是本章第一节所说的历史学所能做到的证据真实的问题,即依据证据证明的真实,即"证据真实"可能是与过去发生过的历史事实完全相同,也可能只是极为接近或大致接近,但也可能与"真相"完全相反。

　　这样的情况在人类历史中是不断出现的。比如,中世纪的地心说。在这一学说中,整个宇宙以地球为中心,其他行星和恒星按照各自的轨道,环绕地球运动。由于基于这一学说预测的一些天文现象,与观察的结果存在差异,因此可能是从托勒密开始,对这一体系不断进行修订,方式就是在行星的运行轨道的基础上加入了"本轮",即虽然可以认为行星按照各自的轨道运行,但实际上各个行星都是在各自轨道上循着一个较小的圆周运动,且这个圆周的圆心在以地球为中心的那些行星各自的轨道上,其中行星运动的较小的圆周被称为本轮,环绕地球的轨道则被称为均轮。当然,这样的方式依然不能完全消除理论与观察上的偏差,于是后来的学者在这一体系中加入了越来越多的本轮,以至于在中世纪和文艺复兴时期的各种地心说的宇宙模型中使用6至12个小本轮的并不少见。大致就是,只要遇到观察与理论预测的偏差,那么就插入本轮,基于这种方式,理论与观察之间的偏差越来越小。由此，在当时的人来看，这一宇宙模型，应当是越来越接近真相了，但结果呢，大家都知道。

还有就是牛顿的经典力学，通过不断完善，几乎可以完美解释，甚至预测所有现象，这种完善的过程，同样在当时也被视为不断接近真相。但结果呢，大家也都知道。

到这里，敏锐的读者可能会提出，你提的这两个例子实际上是对你自己的认知的否定，因为通过后来的研究，我们否定了中世纪的地心说的宇宙模型，牛顿的经典力学也不是放之四海皆准的，但同时我们提出了新的理论，因此可以说后来的理论超越了之前的，由此难道我们不是接近了真相吗？好像颇有道理，但问题在于，虽说我们否定了地心说的宇宙模型，但我们无法验证我们今天的宇宙模型就是正确的，很可能未来也会被推翻，好了，两个都被推翻的模型，到底谁更接近真相呢？由于我们不知道真相是什么，那么怎么做出这样的判断呢？为了便于理解，这里举一个简单的例子。比如，古人认为 $1+1$ $=4$，今人认为 $1+1=3$，而真相是 $1+1=2$，因此前两者都是错误的。第一，在我们不知道 $1+1=2$ 这个真相之前，我们无从判断今人与古人距离真相的差距，也许真相是 $1+1=5$ 呢？第二，即使我们知道了真相是 $1+1=2$，表面上看起来今人比古人距离真相更近一些，但问题是，这只是从最终的结果来看，但就计算背后蕴含的认知、理论和方法而言呢？

不要说，我们现代人已经在各方面超越了古人，因此我们确实在接近真相。那些古人在当时难道不是那么认为的？而且"后浪们"难道不会像我们看古人那样来看待我们？要对宇宙和知识保持必须的敬畏,除非认为我们最终可以成为上帝!不过,谁能保证上帝之外不再有上帝呢?

五、不以追求"真相"为目标等于玩弄历史?

到了这一步,有些研究者还会将这一学术问题上升到道德评判的角度,比如会说:能不能追求得到绝对的真相和真理,是另外一回事;如果一开始就认定历史研究不是为了真相,也不为追求真理,那就成了玩弄历史![3]这是非常严厉的指责,且这样的指责在很多聊天甚至史学理论文章中也经常会以各种形式出现。

既然上升到了道德层面,那么对此的反诘也是严厉的:在明知道无法证实和肯定研究得出的结论是真相的时候,依然力图说服他人相信你的结论,且经常以此为基础,引导出一些其他结论,并同样试图让他人信服,这难道不是玩弄历史?不是一种欺骗?

如果是严肃的以追求真相为目标的历史学者,在无法验证其结论是真相的时候,要不就应当不对外发表,要不就应当明明白白地告诉大家这一点,但这样做的研究者有多少呢?这是不是自诩为有道德历史学家应该要做到的事情?

当然如果没有意识到历史研究达不到"真相",相信自己的结论就是真相,且将"求真"作为一种理念来实践的研究者,则不适用于这一反诘,而且我对这样的研究者表示真诚的敬意。

3　这是我在讨论时真实遇到的质疑。

六、长期以来历史学家做的到底是什么?

如果历史学无法达到追求真相的目标,甚至也无法达到不断接
近真相的目的,且在可见的未来,甚至是遥远的未来,似乎也难以达
到。面对这种状况,将"求真"作为历史学的目标,显然是不现实的,
也是没有意义的,虽然我们有的时候强调"知难而上",但其前提是,
这个难是可以克服的;明知不可能克服,还要"知难而上",那么就是
送死了。

而且,中国历史学将"求真"作为目的,实际上的历史非常短暂,
仅仅只是短短百年不到的时间,具体参见本书第七章的介绍。在中
国史学的漫长历史中,其主体从未将"求真"作为唯一的或者终极的
目标,当然不排除个别历史学家有这样的认知。无论是司马迁的
"通古今之变,究天人之际,成一家之言",还是刘知幾提出的史家的
"才、学、识"中都没有"真相"的地位,司马光的《资治通鉴》也是如
此。即使是被奉为是中国考据学代表的"乾嘉学派",其目的也不是
单纯地为了通过考据而获得"真相"。总体而言,在中国传统史学
中,历史是要服务于某种目的的。实际上,从中国古代知识的分类也
能看出这点:"经"部大致可以类比为宪法、总纲,大致是王朝施政、
人们修身养性的基本原则;而"史"部则为此提供了依据、佐证或者
借鉴等等,是服务于这些原则的。可以说,纯粹以"求真"为目的的
史学和历史学家在中国传统史学中是没有地位的,是非主流。

时至今日的史学也是如此,每一位历史研究者研究历史都有着

各种各样的目的,这些目的决定了其所关注的时段、事件、人物、书写方式、叙述中的喜好等等,而且他们也希望读者能接受这些认知。纯粹出于爱好,即喜欢过去的事情的历史学者应该是没有的——即使一些研究者口头那么说,而且也很难想象纯粹基于爱好的历史研究能有着什么影响力。

总之,所有的历史研究都是有其目的的,甚至我们撰写的文本、绘制的图像以及口头的表达,都有着某种目的性,无目的的表达应当是不存在的。那么,问题就是历史学家通过什么方式来达成其目的性。这就回到了本节关注的焦点。笔者认为历史学家达成其目的的重要(但不唯一)的手段是让他人相信他用于支撑其目的的"史实"是真实的,或者至少是非常可信的。如果无法让大家相信他叙述的历史是真实的,或者至少绝大部分是真实的,那么他撰写历史的目的也就无法达到。不仅如此,那些纯粹出于爱好,也即喜欢过去的事情的历史学家也是希望能说服大家相信他所研究的东西的。

举一个大家非常熟悉的例子,辛德勇教授撰写的《制造汉武帝》。这里并不评价这本书。辛德勇教授通过研究,认为司马光为了达成他的政治目的,在《资治通鉴》中塑造了一个他希望的汉武帝的形象。在辛德勇这本书之前,包括我在内的很多历史研究者以及爱好者都是相信司马光所塑造的汉武帝的形象的,或者未曾质疑这一形象,在某种程度上,司马光达到了他的政治目的。假设大家都不相信司马光在《资治通鉴》中对汉武帝的记载,那么有谁会相信他所塑造的汉武帝?他的政治目的有可能实现吗?类似的还有康有为的《孔子改制考》。

　　实际上，这也是历代王朝官修各类历史著作的目的。我想现在很少会有人幼稚地认为，历代王朝费尽心力编纂这些史书的目的就是为了如实地记载前朝的历史吧！当然，私人修撰的历史著作也是如此。这些官修史书的目的至少是希望当时以及后世能相信他们所希望告诉当时的人以及后世的那些解释、事件、人物等等。比如前文提到的"玄武门之变"，已经有学者质疑记载的真实性，但不可否认的是，时至今日，大部分人都会认为这些记载是真实的，或者并未对其真实性有所质疑，而这一记载的目的显然也很"单纯"，就是赋予李世民杀死李建成和李元吉的行为正当性。更不用说在塑造王朝正当性中，历史著作发挥的作用了。但达成这些目的的前提，是其所记述的内容要被大多数其所针对的对象所接受为是真实的。很难想象被人很容易就识别出存在大量谎言的史书，可以被用于塑造王朝的正统性。

　　因此，在我看来，让所针对的对象认为历史学家所说的是"真相"，正是历史学的力量。

　　最后要谈的是，让人相信历史学家所论述的是"真相"的方式是多种多样的。其中包括学科自身确立的那些"规矩"。由于是学科所公认的"规矩"，或者是被认为是属于学科的"规矩"，因此符合这些"规矩"的作品中的论述就很容易被接受为"真相"。比如第一章所说的那些对于史料的分级。试想，一篇文章中使用了众多古籍的好的版本、严格区分了一手史料和二手史料，谨慎辨别了史料的真伪，在以往的历史学价值判断中，基本也就被戴上了"真相"的光环；与此类似的，还有罗列了大量的史料，其结论能有效涵盖几乎所有相关史料的研究,以及在研究方法上被认为是"科学的",或者使用了那些具有科学意味的自然科学的分析技术的研究。这也是本书第一章最后部分强调的,今天,以及至少在一段时间内,研究者依然需要遵从那些处理史料的方法的原因,这也是笔者在很多论文中采用了逻辑推理和一些技术手段的原因,虽然这些方法不能保证达成真相,但在当前的社会和学界中很容易让人确信你所说的是真相。

这些所谓的学科的"规矩"(当然不止上述这些),被一些学者认为是近代以来历史学逐步确立起来的一些学科"规范",是历史学之所以成为一门现代学科的基础。但这一认知颇让我感到困惑:

首先,如果存在历史学的"规范"的话,那么这些"规范"到底是什么? 似乎没有人认真讨论过,如果你揪住一位学者提出这个问题,我估计他会支吾半天。

其次,建立这些"规范"的目的是什么,是基于学术严谨性的考虑,还是为了使得学者之间的讨论能具备共同的基础? 似乎也没有人讨论过为什么这些规范能让学术严谨起来,而传统史学的"严谨性"在本书中已经被破坏了不少。为了使得讨论具备共同的基础,更是一种不严谨的说法。语言本身就注定了所有讨论都会有歧义,只是随着歧义的大小会产生不同的可以相互交流的圈子;在学科规范日益增加的今天,在对于很多问题的讨论中,误解依然是一件很常见的事情。而且在我看来,并不需要建立一种能让所有学者都能讨论的共同的基础,因为随着歧义的不等,存在着各种大小不等的圈子,其中必然有一种是可以容纳全部历史研究者,甚至是全部人类的圈子。当然,建立一种在所有内容上都不会存在歧义的、可以包容所有研究者的"规范"的想法，则属于一种妄想。

最后，早就有学者指出，所谓学科规范就是学术共同体建立的一种壁垒，以将不属于学术共同体的人排除在外，这种壁垒包括受到了基本相同的学科训练，遵守基本相同的学科"规矩"，使用基本相同的学科"语言"等等。就历史学科而言，随着壁垒的建立，那些民间历史爱好者、评书、历史小说的作者也就理所当然地被排除在外。具有讽刺意味的是，历史研究者不能揭示，且也不能保证揭示历史的真相，那些民间历史爱好者、评书、历史小说的作者也是如此，那么两者的本质区别是什么？只是因为后者缺乏学科训练，未能掌握学科"规矩"？为什么黄仁宇的《万历十五年》被认为是历史著作，而《明朝那些事》则被归入到历史小说的范畴？李开元教授的那一系列作品是历史著作还是历史小说，或者是历史推理小说？为什么司马迁的《史记》被认为是历史著作，而不是小说？

上述这些疑惑，也是我在此处使用"规矩"，而不是"规范"的原因。在我看来"规矩"一词带有权威的强制性。

不过，除了这些"正规"手段之外，说服人相信你所撰写的就是真相的方式是多种多样的。比如历史学者的名望，显然知名学者所说的话，更容易被人相信，这大概在任何领域都是这样的；还有论文的撰写方法，这里指的不是研究方法，而是篇章结构之类；还有文采，好读、叙述清晰的论著，通常更容易让人接受；还有期刊的等级以及出版社，在目前的评价体系中，不得不承认，越来越多的学者已经将刊物等级与学术水平挂起钩了，而这也似乎决定了论文和著作中叙述的"真相"的说服力。

当然,"盘外招"远远不止这些。总之,让人相信历史学家(或者历史学人)所说的是真相,不是一个纯粹的学术问题,虽然很多时候我们以学术方法为核心。

如本节一再强调的,让人相信我们所说的是"真相"只是历史学的力量,那么历史学的目的是什么呢?虽然如前所述,每个人撰写论著都有着其自己的目的,但本书对此的讨论并不想局限于个案,而是想为历史研究找出一个具有共性的目的性。对此,我们将在第五章中讨论。

七、历史研究的好坏有标准吗?

从结构上来看,这一小节实际上与本章的主题缺乏联系,而且其中谈到的问题,在之前各个部分都已经有所涉及,但最终决定增加这样一个"画蛇添足"的小节,是希望解答一些读者可能会存在的疑惑,即前四章,当然还有后续的第五章,解构了以往历史研究中视之为基础的,如对史料、方法、真相的一些认知,甚至也模糊了小说、评书等与专业研究之间的区别,那么在这种情况下,我们如何判断历史研究之间的"好坏",以及历史与小说之间的"水平高低"。

对这一问题的回答并不复杂。首先,上述所有解构都是在一种理想状态下的,也即都是一种脱离现实社会以及具体研究的解构。然而,所有社会,甚至社会的不同群体中都有着其价值观、有着长期延续的习惯以及被视之为真理的认知等等,所以在面对任何具体研究,我们都会基于这些做出属于自己的"好坏"判断。

举一个史料的例子，《三国志》和《三国演义》本身并不存在史料价值上的差异，但在我们撰写三国历史的时候，传统的史学训练告诉我们运用《三国志》会使得自己的研究更为可信，而且这种对于史料的选择也会得到行业内绝大多数研究者的认同；而同时，在一些爱好者中，基于他们的知识，认为在史料价值上，《三国志》和《三国演义》两者似乎没啥区别，由此在他们的研究中，两者被等同对待；更有意思的是，对此，当专业学者基于自己的专业知识瞧不上爱好者的研究的同时，爱好者也会对专业学者的某些研究嗤之以鼻，称之为"砖家"。在这里，请读者不要做出好坏的判断。上述这样的情况，不仅在历史研究，在其他领域的研究里也都会经常出现。对此，我想说的是，一方面，不同的社会和不同的群体，基于自己的各种价值观、习惯和认知，会产生占据主导的好坏判断；另一方面，正是由于存在不同的价值观、习惯和认知，不同的社会和群体对于其他社会和群体做出的好坏判断也有着不同的认知；且不同社会和群体对于好坏的判断有时是可以交流、沟通的，有时则是无法交流和沟通的。

虽然事物并无好坏之别，但我们毕竟处于具体的社会、群体之中的，而这也就决定了在社会和群体中，必然有着占据主导的好坏判断，同时这种判断在不同社会和群体中也存在着差异。

八、日常生活中我们所面对的验证"真相"的问题

如果上述对于"真相"的讨论还是不太有说服力，或者过于学术的话，那么此处我们再讨论一些日常生活中验证"真相"的事情。其

实,日常生活中我们不时地会遇到验证"真相"的问题,但现在思考一下,日常生活中我们对"真相"的验证真的成立吗？我们真的有办法验证"真相"吗？

还是先从学校说起。在学校待过的人应该都知道,现在为了防止课题报销中的作假,学校出台了各种措施,这些措施实际上就是为了确保科研资金被用于**真实**发生的研究活动。这里我们用一个例子来讨论一下我们是否真的有办法确保报销单上填写的内容是"真相"。

假设,某年某月某日,你请了一位知名学者来讲座,按照常理要报销学者往来的交通费、住宿费以及讲座费。当你拿着报销单以及由机票、行程单、住宿发票、讲座海报以及相应的公务卡刷卡单构成的单据去财务处报销的时候,发现负责报销的那位财务工作人员原本是哲学专业出身的,且有着"冷面杀手"的口碑,于是你的汗就下来了。

果不其然,这位财务人员粗粗看了看报销单和单据之后,摇了摇头说:"不行,这些证明不了这个讲座发生过,我也不为难你,你只要能证明这个讲座发生过,我就给你报销。"听到这句话,你想这事也不难,一通电话,来了十几个当时参加过讲座的同学,拿着各自的手机,手机上有着一些相应时间的录像和照片。财务人员看了看,还是摇头,说"照片可以修改时间,谁知道你们是不是串通修改的,所以,不行!"你气得差点一口气没上来,想了想说,算了,算了,这次认栽。

可能是这位财务大爷经常那么干,惹恼了一位计算机专业的老师,于是他制作了一个录像装置。这一装置有着地理定位和标注时间的功能,且机器的开启需要财务人员的授权,同时操作者只能使用录像键和停止键,且无法读取机器内的数据;并规定每次讲座前30分钟,主办讲座的单位都需要派人来财务人员这里领取设备,并获得授权。这位财务大爷对这个设备没有表态,只是冷笑了一下。

　　设备放到财务大爷那里的第二天,你恰好主持一项讲座,于是你成了小白鼠。一切都按部就班,似乎颇为顺利。几天后,你拿着整理好的发票、单据以及录像设备兴冲冲地到财务大爷那里,想着这位大爷应该能满意了吧;但财务大爷看了看,依然摇着头说"不行!""为啥! 有录音录像,而且时间地点都是确凿无疑的,为啥还是不行?"你一声怒吼,同时周围那些闻讯而来期待看到小白鼠实验结果的学者们纷纷表示不解。财务大爷喝了一口茶,轻声轻语地说,"为什么有录音录像时间地点就是确凿的呀! 且即使时间地点是确凿的,就能证明讲座发生过?"你愣了一下,喊道"录音录像不就等于你亲自去了吗? 眼见为实! 眼见为实嘛! 而且是确凿的眼见为实呀! 这是常识!"财务大爷轻哼了一声,说"好吧,给你一个机会! 证明一下眼见为实是成立的! 或者证明一下,常识就是正确的!"旁边一个哲学系的老师听不下去了,说:"你不是为难人吗? 这两点,现在的哲学都是否定的!"财务大爷看着内行来了,于是说道"对呀,还是行家说的是! 看你不懂哲学,我给你举个例子哈,比如,这个录像里面的讲座者是不是有可能是你请人扮演的呀! 讲座的录像是否有可能是之前录好的,然后让这个录像机在你所谓的地点和时间对着录像再录一次而作伪的呀! 漏洞太多太多。所以,作为严格的财务人员,我不能给你报销!""你!!"小白鼠当场吐血!

　　说到这里,可能有些读者还会想到前一段时间在网上广为流传的,基于各种原因要证明"我爸是我爸"的难题了。多说一句,很多人可能会认为要证明"我爸是我爸",最终需要依据DNA,但同样的问题是,一方面,要保证整个验证过程的可信是需要花费大量代价的,就像上则故事中那个仪器的发明那样;另一方面,我们是否能验证DNA证据的普遍有效性,这同样是困难的,毕竟我们做不到全面归纳,而且即使做到全面归纳,也无法验证归纳法的有效性。不过,还需要说明,目前DNA鉴定技术并不能保证百分之百的亲子或者血缘关系,大概只能说亲缘关系大于99.999999%之类。这意味着什么呢?我想大家都清楚。

　　最后,请大家拿出自己的身份证,你如何证明你就是身份证上的人呢?

第五章

人人都是自己的历史学家

通过前几章的分析,读者应该可以看到,对于历史学,甚至"科学"而言,不仅"求真"是无法达成的目标,甚至连"不断接近真相"这样的目标也是无法达成的,因此,将"求真"作为历史学的目的无异于"水中捞月",毫无意义。在否定了传统史学的目的之后,本章希望确定历史学作为一门学科的目的或者功能。在讨论这一问题之前,我们先从身边的一些"历史研究"入手。

一、买菜

我想大部分人都有买菜的经历,在我看来,这居家生活的必选项目,也是一个颇为值得研究的事情。

我个人的买菜经历比较丰富。从小时候跟着外婆买菜,到大一点跟着父母买菜,到现在跟着老婆大人买菜,以及偶尔被老婆大人给予信任授权去买菜。买菜和历史研究有什么关系呢?在我看来,关系非常密切。为了说明问题,举几个例子。

小时候我跟着外婆买菜。当时住在上海的西门路,这条道路两侧都是菜摊,是一个非常热闹的菜市场。外婆是典型的家庭妇女,要负责一家 10 多人一天的早中晚三顿饭,买菜的经验自然非常丰富。跟着她买菜,也是学习的过程,她会和你讲,你看这根竹笋老了,那只鸡可能不太好,那条海鱼已经死了有段时间了不新鲜;这家的菜不错,但比昨天贵了;这个月米涨价了,但菜似乎便宜了一些。当然,这些对于那个时候的我来说,无异于天书。

敏锐的读者肯定已经想到了这与历史研究的关系。最为明显的就是,外婆所说的这些,显然是来自她积累的经验,也就是基于对以往历史的研究。还需要注意的是,她所积累的经验或者进行的历史研究,是有目的性的:重点关注的是与她所负责的我们一家人喜欢吃、经常吃以及吃得起的那些菜,比如笋、带鱼、鳝鱼等,而那些我们不爱吃的或者吃不起的菜,她则很少去关注以及积累相关的知识。由于收入不高,更不可能高到不需要考虑菜价的地步,因此积累菜价的经验也是必要的。且需要说明的是,菜价的高低是与家庭收入相对的,且随着家庭收入的变化而有所变化。简言之,随着收入的不断提高,那么一些以往看起来"贵"的菜,似乎也不再那么"贵"了。对于"新鲜"的判断也是如此,是相对于收入而言的"新鲜",以往由于"过于新鲜"而缺乏性价比的那些菜,随着收入的提高,现在看起来也是可以接受的,而以往看起来"新鲜"的菜,随着收入的提高,现在看起来也没有那么"新鲜"了。而且,随着改革开放和市场经济的发展,食品的丰富程度以及购买方式也在不断变化。由此,我们可以看到,随着家庭收入的提高、食材种类的不断丰富以及购买方式的变化,外婆心目中构建的菜价、构成家庭食材的类型、新鲜程度的历史也是在不断变化的。当然这种变化是缓慢的。

这些积累的经验也对未来造成了结果,最为直接的就是每日饭菜的可口和不可口;此外,对于价格的经验则导致外婆需要考虑什么时候组织家人去囤积一些价格低廉的可以贮存的食材,以及用相对较少的菜钱提高一家人的生活品质,当然还有家人的健康。

老婆大人买菜又是另外一种风格,通常喜欢在菜市场上的某几家菜摊买菜。显而易见的是,她对菜摊的挑选也是基于她之前积累下的经验,比如菜的种类、新鲜程度以及摊主的态度等等,而这些经验显然是主观的。作为家庭饮食的管理者,她依然要基于当时的家庭成员的情况以及气候等因素,结合经验具体决定需要购买的食材,这最终也就影响了我们一天或者几天的饮食质量。

我们日常生活中的买菜,这种极为普通的行为,实际上涉及了现在、过去和未来,即基于当前的需要(包括口味、身体状况、收入、气候等因素),从记忆中提取所需的历史信息,也即通过历史研究,形成与当前需要有关的历史,并最终通过购买的食材对未来(虽然可能只是一两天的未来)形成了影响。

买菜这样的行为,也是我们日常几乎所有行为共同存在的模式,即基于现在,研究过去,从而影响未来。下面再以稍微"正式"一些的股票为例进行说明。

二、股市

有人说,中国的股市不符合"规律",但什么是股市的"规律"呢?这本身就是颇有意思的话题。大致而言,大部分炒股的人应当对于股市及其规律有着如下认知:第一,股市应当有着"规律";第二,我们可以认知这样的"规律";第三,只有认知到了这样的"规律",我们才能在股市中做出正确的操作。虽然具体认知上会存在差异,但上述这些应当是绝大多数参与股市的人的期望。如果股市没有"规律"的话,那么炒股就完全成为了一种"赌博";虽然确实有人认为炒股就是类似于"赌博",但对于大多数参与股市的人来说,更多的是希望通过掌握股市的"规律"来进行投资(投机)。不过,对于股市"规律"的意见显然是不统一的,有人认为股市的涨跌应当与经济周期有关,有人则认为应当与政策有关,还有人认为应当与某项指标有关,等等。同时,为了验证这种认知到的"规律"并说服更多的人认同自己的认知,所有人都会在股市的历史中寻找有关的证据,即史料。经过这种历史研究之后[1]，如果验证了自己对"规律"的认知，那么当然就会在今后的操作中以这样的"规律"作为准则；如果经过对股市历史的研究，或者通过对"规律"的实践[2]，否定了对"规律"的认知的话，那么或者会重新去寻找新的"规律"，或者会重新进行历史研究。比较有意思的就是，就像历史学的历史研究，截至目前的所有股市"规律"都不能完美地解释所有的股市历史材料，因此必然要对这些不符合"规律"的历史材料进行主观取舍和解释，更不用说很多炒股的人，基于对某种"规律"的信心甚至信仰，而对历史一厢情愿的认知了。

此外，这里还要考虑的就是研究者心目中"规律"的形成。这些"规律"显然不是凭空而来的，但要说清楚它们具体的形成过程也是一件不太可能的事情，但我们大致可以认为这些"规律"的形成应当与炒股者基于过往形成的当时的"状态"有关。由此过往、现在和未来又被紧密地联系在了一起。

举我个人的例子。我基本认为炒股应偏向于价值投资，对这种"规律"的认同的形成，也许与我偏"保守"的性格有关，也许与我从小受到的教育有关，也许与大学时期看过的经济学书籍有关等，也许与这些都有关，无论如何，显然这些都与我过往的人生有关，也就是与我的历史有关。但我目前的这种"状态"所得出的结论，即炒股应

1　其中包括用正在进行中的股市的具体操作来验证对于"规律"的认知。不过，当我们看到操作结果的时候，操作和结果实际上都已经属于历史了。

2　虽然在实践这些操作时，是"现在时"，但在进行总结验证规律时，这些实践属于"过去时"，也即成为了历史。

偏向于价值投资,使得我也会去寻找历史依据来支持自己的这一认知,而在股市中也很容易找到这样的例证,比如类似于中国银行这样的股票,分红稳定且较高,而且几乎不会存在风险,一些著名的投资者也支持这样的策略。对于那些不符合我主张的这一"规律"的股市的历史,比如2014到2015年的牛市,很多类似于暴风科技这样的股票暴涨,我的解释是,投资是长期的,因此要看最终的结果。结果当然大家也都知道,暴风科技已经退市了。基于这样的认知,也就形成了我在股市的投资策略,即影响了未来。

在这一例子中,过去、现在和未来交织得更为复杂,但仅就在某一时间购买或者卖出股票而言,显然就是我基于当前的认知,通过搜集过去的证据来支持或者否定我的决定,从而影响了未来;而在搜集过去的证据的时候,显然无法做到客观和中立。我们的内心总是有着对某一决定的偏爱,由此历史也就实际上成为支持我们某一决定的"帮凶"。我想除了炒股之外,大家在日常中也经常遇到这种情况,即我们寻求历史来说服自己和别人的时候,永远不是客观的,总是希望心中的某种"偏爱"能得到验证。

如果上述的例子过于"日常"的话,我们再分析一个与历史学或者历史研究关系更为密切的例子。

三、评书、小说和传说

1998年的暑假,我和父亲骑着自行车穿过太行山前往蔚县考察,路过了一个好像叫龙门堡的地方。城堡修建在山间河流的拐弯处,与长城连接在一起,从我们"专业人士"的角度来看,包砖的城墙以及城墙上的马面、敌楼明确地标志着这是一座明代的城堡,长城也是明代的长城。当时,因为天色已晚,且这座城堡保存得比较完整,因此就决定在那里住宿和考察一番。为了节省时间,我们找到了村里的干部,希望他们能介绍一下当地的情况。村干部非常热情,邀请了当地一位受人尊敬的老先生,陪着我们,给我们讲解城堡和长城的历史。老先生第一句话就是,我们这边的长城历史悠久,是秦始皇修建的。当时年轻气盛的我,嘴巴一撇,心想,"传说"!

这样的事情,在后来的考察中屡见不鲜,比如北京房山十渡附近的"穆柯寨",当地传说这是穆桂英曾经驻扎过的山寨;河南南阳盆地周围清末民国时期修建在山上的堡寨,被当地人以及某些专家说是春秋战国时期修筑的楚方城等等。见得多了,也就习以为常了。

类似的还有从小就爱听的《说岳全书》《隋唐英雄传》《三国演义》以及《杨家将》等等的评书,也和小朋友讨论过,李元霸800斤的大锤,多么厉害,并为各种小说中英雄武力的排名争论不休。

对于这些,我想大部分历史研究者都是不屑一顾的,或者就像近十多年来的史学研究那样,去追溯这些传说和小说形成的过程以及历史背景。

对专业的历史学家来说,评书、小说、传说中充斥着想象、编造,因此不属于"真实"的史实,甚至也不算上"好"的史料,因此不能用来研究历史,当然,本书已经对这些问题进行过讨论。这里我希望换个角度来看待评书、小说、传说。

无论我们这些正统的历史学家如何看待评书、小说、传说，但不可否认的是，以龙门堡的老先生为代表的人，甚至是社会中大多数的人，都会将这些传说、评书和小说看成是"真实"的历史。比如，由于我是研究历史的，外婆在世的时候，每当我去看她，她都会躺在靠椅上，悠悠地问我，"成一农，你说曹操是不是坏人"，我知道她所说的曹操指的是《三国演义》中的，而不是《三国志》中的。那时，我只好说，"算不上坏人吧"，然后将话题岔开。

可以说，就民众心目中的历史的塑造而言，评书、小说、传说，非常可能比正统的历史著作影响力更大。且我们不可否认的就是，这些评书、小说和传说所塑造的历史，影响了民众的很多行为，比如义和团运动等各种运动中民众的行为。还有就是对关羽"忠义"的崇拜，以往学界已经对王朝基于自身的需要塑造关羽"忠义"形象的过程进行了梳理，而王朝塑造的这一关羽的形象，经由《三国演义》等评书、小说对民间产生了巨大的影响，由此也就影响了历史的走向。

不仅如此，随着时代的变化，对小说、评书和传说中的历史的认知也有变化，大家看看近几十年来，甚至近十多年来对《水浒传》褒贬评价的变化，就应该可以明白。

这里想说明的是，影响就当时而言的未来历史的进程的，并不是那些"客观""真实"的史实，而是基于当时的需要进行了各类主观加工的对于历史的认知。第四章中所举的辛德勇教授《制造汉武帝》一书也是如此认为的，司马光在《资治通鉴》中对汉武帝形象的塑造，影响了后人对汉武帝的认识近千年，在这近千年中以这一"错误的"汉武帝的"历史认识"影响了很多人基于对汉武帝的认识而进行的历史活动,也就是这一对错误的汉武帝的"历史认识"影响力"历史本体"的发展。在这千年的历史中,对历史进程造成重要影响的不再是真正的汉武帝这一"历史本体",而是基于司马光基于当时的需要,从而形成的关于汉武帝的"历史认识"。

多说一句,那么大家想想《资治通鉴》与小说、评书是否存在本质区别呢?

四、被误解为"科学历史学之父"的兰克

在进入本书最终的结论之前,还要简要地澄清一个已经由一些研究者所纠正的误解。

了解史学史的读者,应当是知道德国史学家利奥波德·冯·兰克(Leopold von Ranke,1795—1886)的,其被很多中国史学家(当然也包括世界史学家)誉为"科学历史学之父",或者赋予其所提倡的史学"客观主义史学""实证主义史学"和"如实直书"等光环。这主要得自于兰克对史学研究的一些主张,比如他主张撰写历史要客观公正,还历史以本来面目,力求不掺杂个人偏见;为了达成这一目的,则需要对史料进行辨识和考订,并提出了众多的方法,其中一些类似于中国史学强调的一手史料和二手史料等等。

不过,终其一生,兰克都没有专门就其史学理论或者哲学撰写过著作,上述这些认知是后人通过其丰富的论著归纳出来的。本节并不是要讨论兰克这种"客观主义史学""实证主义史学"和"如实直书"是否成立的问题,本书前几章已经对这种史学观念提出了批评,

而且早在后现代史学兴起之后,兰克的史学就在根本上受到了挑战。本节主要讨论是兰克自己的史学研究是否是纯粹的"客观主义史学""实证主义史学"和"如实直书"。

其中"如实直书"正如本书第一章所述,如何认定"实"本身就是一种价值判断。而且也正如第四章所述,"客观主义史学"在面对无穷的"真相"的时候,是不可能保持客观的,因此"客观主义史学"只是一种"主义"而已。而"实证主义史学"则面临着"实证"哪些"真相",以及为什么去"实证"的问题。对此,兰克也不能例外,正如某些学者所说的,在兰克看来,历史研究的目的主要是通过展现过去的生活发现上帝的精神及其创造性,即"历史研究的最终目的就在于'理解上帝':'当我们揭示真相,剥去它的外壳,展示它的本质之时,这一过程恰巧也展示了那蕴藏在我们自身的存在、内在生活、来源、呼吸之中的上帝,至少是证明了上帝他的存在。'"[3]因此,对于兰克而言,他的历史研究的目的之一在于通过选择、实证他认为的有利于"理解上帝"存在的"史实",来让其他人理解"上帝",至少承认"上帝的存在"。就此而言,他的这种历史研究的目的性是基于他对"现实"的认知,即需要强化对上帝的理解,而对过往历史的重构,虽然是通过实证的手法,但其目的在于希望影响大众对上帝的信仰。此外,他的史学也有着浓厚的政治意味。

上述认知并不是我的发明,早有学者指出了这点,如梅义征的《被误解的思想——兰克是怎样成为"科学历史学之父"的》,现摘录

3　[德]列奥波德·冯·兰克著,易兰译:《世界历史的秘密:关于历史艺术与历史科学的著作选》,复旦大学出版社,2012年,第8页。

一些其中的结论：

历史研究的目的主要是通过展现过去的生活发现上帝的精神及其创造性。这是兰克终生坚持的信念。这一点在某种程度上对他的历史观产生了决定性的影响。他认为，人类历史体现为非线性的个体展现的图式。各个时代只是上帝创造性的不同体现，因而具有同等的价值，不可比较。"每个时代都直接与上帝联系在一起，它的价值并不在于它创造了什么，而在于它自身的存在，在于其自身。"因此，除了那些永远不变的主导观念外，每个时代都有其特定的倾向和理想。在人类历史中不存在一种推动一切事物走向必然结果的力量。各个时代、各个个体之间只有通过上帝之手才会产生一种历史的关联性。人类在各个历史时期的活动，总是围绕一个尚未发现的轴心，不断地展现不同的领域和侧面。因而，"真正的进步依赖于人类精神的某种运动在每一个时期的表现"而不是体现在各个时代的依次递进当中[4]。

他认为：国家是"上帝理念"的体现，是一种特殊的个体，通过它可以探寻人类共同的历史命运。因为每个国家都以自己的方式表达了"鼓舞和决定整个人类体制的观念"，"体现了可以发现的生长的规律"。就兰克个人而言，历史研究是他参与政治生活的一种方式。他的研究方向的确立，他的历史观的形成

4　梅义征：《被误解的思想——兰克是怎样成为"科学历史学之父"的》，《史学理论研究》1998
　　年第1期，第56页。

无不有时代和政治的烙印。他自己也承认,"政治因素"使他由古代转入近代史的研究。而正是在 19 世纪中期欧洲风云迭起的政治革命与斗争中兰克的历史观才最终臻于成熟。[5]

王娟也有类似的认知,如"兰克认为,历史要成为一门学科就必须超越事实堆积——在大量事实之外找到主导它们的力量。'历史决不是像它初看起来那样混乱一团,这里面有创造力和道德力量在起着作用,它们赋予历史以价值和意义。'因此,人们不应该只盯着世界历史进程中的某个待实现的遥远目标——'理性和论证永远无法向人们揭示它','人类能做的是学会观察现存世界',这样人类或许'不仅能了解事件,而且有时还能意识到"高悬于事件之上的上帝之手"'"。[6]

此外,还可以参见王娟《"如实直书"与兰克史学思想》[7]、侯建新《从客观主义走向主观唯心主义的兰克学派》[8],以及易兰的博士学位论文《兰克史学研究》[9]等。

总体而言,虽然兰克被誉为"科学历史学之父",且其所提倡的史学戴有"客观主义史学""实证主义史学"和"如实直书"等光环,但并不代表他的史学研究是无"目的"的。相反,他的建基于"实

5　梅义征:《被误解的思想——兰克是怎样成为"科学历史学之父"的》,《史学理论研究》1998年第 1 期,第 57 页。

6　王娟:《"如实直书"与兰克史学思想》,《史林》2018 年第 1 期,第 190 页。

7　王娟:《"如实直书"与兰克史学思想》,《史林》2018 年第 1 期,第 185 页。

8　侯建新:《从客观主义走向主观唯心主义的兰克学派》,《历史教学》1990 年第 11 期,第 16 页。

9　易兰:《兰克史学研究》,复旦大学历史系史学理论及史学史博士学位论文,2005 年。

证主义"之上的史学有着强烈的现实目的性,同时,通过"实证"的"求真"只是他的手段,绝不是他的目的。在我看来,他依然是基于他当前的需要,通过对以往历史的认知和构建,从而希望影响未来。

五、我们需要什么样的历史学?

谈了那么多,我想读者们应当非常清楚地了解到我想表达的历史学的目的和功能了,即"立足现在,认知过往,影响未来"。

这里还需要对这一结论进行一些解释:

第一,在"立足现在,认知过往,影响未来"中,"立足现在"和"影响未来",甚至"认知过往"在很多时候都是无意识的行为,比如传统的以"求真"为目的的史学研究,秉持这一理念的研究者没有意识到,他们的"求真"同样是立足于他们所在的时代,也即受到时代影响而产生的一种满足了他们对于某种时代需要的认知,且同样没有意识到,他们的基于"求真"为目的而进行的研究,也会对未来产生影响。他们所意识到的只是"认知过往"。

第二,正如前文所述,实际上任何学科、任何人类行为的目的都属于"立足现在,认知过往,影响未来",我们总是基于我们当下的目的、认知能力以及需要等主观性的东西,去寻找历史经验或者进行试验,而由此得出的结论或者试验结果影响了未来。这种目的上的相同,是由人类认知世界时赋予所有对象以时间和空间属性所决定的。历史学所关注的主要是这些对象的时间属性,基于此,未来随着各门学科的发展,也许有一天关注于对象的时间属性的历史学会被其他各门学科所消解,如以"经济"为对象的经济史被归入到经济学,以"政治"为对象的政治制度史被归入到政治学,等等。当然,由于历史学家基本不懂物理学,所以至今尚未有以"物理"为对象的物理史(不等于物理学史)。其实,以对象的空间属性为研究对象的地理学,在 20 世纪就曾经遇到过随着学科的划分日益细密,面临学科有可能消亡的窘境,国内众多地理系纷纷改名也即是在这一背景下产生的。当然,历史学暂时不会遇到这样的问题,原因在我看来可能有些讽刺,即各门学科都感觉其相关对象的历史并不那么重要,所以经济史在经济学中处于边缘的地位,政治制度史在政治学中也不是显学。虽然如前文所述,任何学科的目的都属于"立足现在,认知过往,影响未来",但众多学科目前关注的"过往"通常只有短短的数十年,甚至十年、几年,由此也就为历史学的存在留下了空间。也许未来有一天,各门学科注意到了过去数千年历史的重要性,那时历史学的存在也就成为问题了。当然,在我看来,如果有这样一天的话,并不是坏事,这说明大家真正关注"历史"了,真正"立足现在,认知过往"了。那时虽然历史学终结了,但历史研究则真正地重生了。

第三,上一点其实也解释了这样一个问题,即:既然所有学科和人类行为都是"立足现在,认知过往,影响未来",那么历史学与它们的区别在哪里?本质上,没有任何区别,且从广义上讲,历史学包容了任何学科和人类行为,实际上无论在西方还是在东方,在近代之前,历史学确实是一门大杂烩,只是后来随着现代学科的建立,众多的学科才从历史学中分离了出去。就当前而言，历史学与所有其他学科和人类行为的区别在于关注的时段，众多学科目前关注的"过往"通常只有短短数十年，甚至十年、几年，而历史学则关注于过往数千年，甚至数万年的人类活动，可能也正是由于关注时段的差异，传统的以"求真"为目的的历史学被众多学科认为"没用"。这样的认知在我看来是有道理的，即传统史学费尽心力求到了数百年、数千年、数万年的所谓的"真"，但对于只关注于数十年以内的"真"的众多学科而言，这些"真"无法被容纳到他们的学科体系中，因此在他们看来这些"真"中大部分是无用的。

第四，由于暂时大多数现代学科只关注之前的短短数十年，甚至十年、几年，因此为对于希望"立足现在，认知过往，影响未来"的历史学家留下了存在的空间。当然，为了达到"立足现在，认知过往，影响未来"的目的，历史学家需要了解现在，需要成为政治学家、经济学家、法律学家、社会学家等，然后不断重新认知过往，进而影响未来。但传统的史学，要求研究者"两耳不闻窗外事，一心只读圣贤书""枯坐冷板凳"，且历史学家和民众赋予历史学家的形象也是"不问世事的老学究""喜怒不形于色的老古板"，好听一些的就是"出世"，这样的学者做出的研究，对于历史学界之外的人来说，除了增广见闻之外，确实用处不大。因此，在我看来，历史学家是要"入世"的，是要关注社会、关注国家、关注民众、关注家人、关注个体的，是要富有感情的，是要有着责任感的，是要多种多样的。

第五，"立足现在"并不是必须要附和社会和国家的主流意识。历史学家要保持独立的思考能力，当然在我看来这是任何学科都需要的;然后基于自己的观察分析,对社会、国家、民族、民众、家庭、个人做出判断,从而进行历史的书写,以引导社会、国家、民族、民众、家庭、个人向自己认为的好的方面发展,其中既可以附和社会和国家的主流意识,也可以提出自己的主张。而且"立足现在"并不一定是立足于那些高大上的东西,而是多方面、多层次的,可以是非常主观的,甚至是个人的喜好等等。

第六,还需要再次强调的就是,"立足现在,认知过往",从而达成"影响未来",还需要立足于历史学的力量,即让所叙述的对象认为"立足现在,认知过往"是可信的,甚至是"真实"的。由此,虽然每个人都可以基于自己"立足现在,认知过往",且希望"影响未来",但由于"力量"的不同,因此说服力也是不同的,最终对于未来的影响的程度也是不同的。

第七,"立足现在,认知过往,影响未来"不等于"以史为鉴"。两者的本质差异在于,"以史为鉴"忽略了认知历史的原因和过程,也弱化了"鉴"对未来的影响。

最后,根据上述认知,由于历史研究存在于我们日常生活的方方面面,因此实际上任何时候,"人人都是自己的历史学家",而且这应当也是人类产生了意识以来的所有活动的基础,只是绝大部分人没有意识到这点而已。

可能正是由于大部分人没有意识到"人人都是自己的历史学家",所以历史学才有着其特殊的功用,也才能成为一门学科。在我看来,等到人人都意识到"人人都是自己的历史学家"的时候,也是历史学(不是历史研究)的终结之日。当然,之前也提到历史学的另外一种终结的方式，就是被其他学科消融；而"人人都是自己的历史学家"则是一种更为彻底的消融方式，也是一种我认为的历史学"死得其所"的方式。

中

编

第六章

图像如何入史——以中国古地图为例

与繁琐的第一章不同,本章的主题和内容都比较简单,主要是通过具体的个案研究,来展示第一章一直强调的主旨:赋予史料价值和意义的并不是史料自身,而是研究者;虽然历史研究不可避免地是围绕史料展开的,但"史料"并不是历史研究的核心,历史研究的核心是研究者。

记得有段时间,经常听到研究某些历史时段或者某些历史领域的研究者谈论,由于史料有限,要找到新的选题非常困难。而近20多年来,包括简牍、民间文书等众多新材料的出现也是史学研究关注的热点,新材料一旦出现,就会引起轰动,大量的相关研究随之而来。不过,在我看来,如果研究者的思想未能变化,那么新史料归根结底还是老史料,只是发现的时间比较"新"而已;如果研究者的思想发生了变化,老史料也可以是新史料。

下面就以我熟悉的中国古代地图为例,对这一问题进行探讨。

一、"地图入史"的"瓶颈"

近年来,随着中国史学的发展,越来越多以往被忽视的史料被纳入到史学研究的视野中,如民间文书、简帛等等,其中当然也包括图像史料。但与其他新史料相比,虽然图像史料同样得到了研究者的推崇,但这一领域一直没有取得太多引人注目的研究成果,更未能产生一些具有影响力的或者颠覆性的成果。上述现象,也引起了一些学者对"图像入史"的焦虑。

长期以来,中国的古代地图基本被从"科学"的视角进行研究,由此"地图"被看成为一种科学的、客观的材料,但这一视角近十多年来在学术界中越来越受到质疑[1],地图日趋被视作是一种主观性的材料,地图也就成为了一种"图像"。

将地图作为史料进行史学问题研究,早已得到中国古地图以及地图学史研究者的认同,也确实存在很多以地图为史料进行的史学

---

[1]　参见[美]余定国著,姜道章译《中国地图学史》,北京大学出版社,2006年;成一农《"非科学"的中国传统舆图——中国传统舆图绘制研究》,中国社会科学出版社,2016年。

研究。如华林甫的《英藏清军镇压早期太平天国地图考释》[2],利用英国国家档案馆所藏 5 幅清军围攻永安州的军事地图和 1 幅长沙攻守形势地图作为材料,结合文献记载,分析了 1851 年永安北路清军驻兵总数、"古束"地名的写法、长沙兵勇壕坑的实际走向等问题;他的《德国柏林庋藏晚清华北舆图的价值》[3]一文,以德国柏林所藏晚清地图为史料讨论了义和团起源的地点、华北地区地理环境的变化,以及这批地图对于复原晚清县界的史料价值。

　　从研究方法的角度来看,以往以地图为史料的研究大都属于"看图说话"的范畴,即试图从地图的图面内容中发掘出以往史学研究所忽视的内容,从而力图对以往的历史认知进行修订、增补,甚至重写。这样的思路属于发掘史料价值的传统方法,本身并没有大的问题。但问题在于,留存至今的古地图基本是宋代之后的,尤其集中在明代晚期和清代,而这一时期也是文本文献极为丰富的时期。与此同时,虽然明代晚期,尤其是清代留存下来大量与水利工程、军事行动、海防、边防以及皇帝出行等所谓"重要事件"存在直接联系的地图,但这些"重要事件"不仅不缺乏文本文献的记载,而且文本文献资料通常极为丰富。因此,中国文献和地图的留存情况,决定了仅仅从地图的图面内容来挖掘史料价值的话,那么注定不可能对已经通过文本文献获得的历史认知进行重写甚至重大的修订,而只能在细节上进行补充,由此也就注定这样的"地图入史"必然不会得到学术界的太大重视。

2　华林甫:《英藏清军镇压早期太平天国地图考释》,《历史研究》2003 年第 2 期。
3　华林甫:《德国柏林庋藏晚清华北舆图的价值》,《历史地理》第 32 辑,上海人民出版社,2015年,第 301 页。

此外,根据研究,中国古代的很多地图是根据文本文献绘制的,或者在绘制时就存在与之配套的说明文字,只是后来因为各种原因两者分离开来,由此在对文本材料已经进行了广泛发掘的今天,中国古代地图与文本之间这样的关系进一步弱化了地图图面内容的史料价值。

为了弥补这一缺陷,一些研究者意识到,与文本文献相比,作为图像的地图的史料优势在于其对地理要素及其空间分布描绘的直观性,因此将同一时代的多幅地图并置在一起,可能可以发现某一时代某些地理要素的空间分布情况;或者将不同时代的一系列地图并置在一起,则有可能发现某一地理要素随着时代的演变而发生的变化。这方面也确实取得了一些研究成果,如已故的著名考古学家徐苹芳先生在《马王堆三号汉墓出土的帛画"城邑图"及其有关问题》[4]一文中,对七幅汉代城市图进行分析之后,提出"汉代地方城市中的官吏府舍为城市的最重要部分,外围多用垣墙包绕,形成了城内的另一个小城,即所谓'子城'",由此提出了对中国古代城市中"子城"起源的一种新认知。又如笔者在《中国古代城市舆图研究》[5]一文中通过分析宋元明时期的城市图,提出自宋至明,地方城市中衙署的分布有着从集中到分散布局的趋势。虽然这两篇论文都提出了一些新的历史认知,但并没有引起学界的太多关注,究其原因,应当在于这两者提出和解决的都不是学界主流所关注的重要问题。

4　　徐苹芳:《马王堆三号汉墓出土的帛画"城邑图"及其有关问题》,《简帛研究》第一辑,法律出版社,1993年,第108页。

5　　成一农:《中国古代城市舆图研究》,《中国社会科学院历史研究所学刊》第六集,商务印书馆,2010年,第605页。

　　当然,也有学者利用古地图作为史料,对学界主流所关注的问题进行了讨论,如葛兆光在《宅兹中国》一书中阐述了中国古代地图中对于异域、对于世界秩序的想象,认为"在古代中国人心目中的天地格局,大体上就是,第一,自己所在的地方是世界的中心,也是文明的中心;第二,大地仿佛一个棋盘一样,或者像一个回字形,四边由中心向外不断延伸,第一圈是王所在的京城,第二圈是华夏或者诸夏,第三圈是夷狄;第三,地理空间越靠外缘,就越荒芜,住在那里的民族也就越野蛮,文明的等级也越低"[6]。又如管彦波的《中国古代舆图上的"天下观"与"华夷秩序"——以传世宋代舆图为考察重点》,提出"古之舆图……是时人表述其所认知的政治空间、地理空间和文化空间的一种最直接的方法",由此对宋人在地图中表达的天下秩序和天下观进行了挖掘。不过问题在于,葛兆光和管彦波的研究虽然利用古地图研究了史学主流所关注的问题,但他们所解决的问题在以往已经通过传世的文本文献得出了相似的结论[7],因此他们利用古地图进行的研究只是对既有结论的佐证和细化。

　　总体而言,以往"地图入史"的研究,就方法而言多集中在"看图说话",就研究的问题而言,或集中于以往通过文本文献已经得出了结论的问题上,或集中于学界主流不太关注的问题上。因此要真正使得"地图入史",就必须要解决上述这两个问题。而且,上述问题也或多或少地存在于其他一些所谓"新史料"中,例如各类图像、民间文书、简牍等之中。

6　葛兆光:《宅兹中国:重建有关"中国"的历史论述》,中华书局,2011 年,第 107 页。

7　如唐晓峰《从混沌到秩序:中国上古地理思想史述论》,中华书局,2010 年。

二、走到地图的"背后"

始于 1977 年的《地图学史》丛书项目的主编戴维·伍德沃德（David Woodward, 1942—2004）和约翰·布莱恩·哈利（John Brian Harley, 1932—1991）主张将地图放置在其绘制的背景和文化中，由此希望能将古地图和地图学史的研究与历史学、文学、社会学、思想史、宗教等领域的研究结合起来[8]。这一主张得到了学界的广泛认同，由此也造就了《地图学史》丛书的巨大影响力[9]。当然，从目前已经出版的几卷来看，这套丛书的撰写者对地图史料的挖掘主要还是集中在地图的图面内容，只是将地图图面内容的形成、演变与历史进程以及宗教、文化和社会的变化联系起来进行分析，但即使如此，也已经引起了国际学术界对古旧地图以及地图学史研究的重视。

笔者认为伍德沃德和哈利的主张是完全正确的，但所谓的"将地图放置在其绘制的背景和文化中"并不是局限于对图面内容的发掘，而是不仅要挖掘图面内容形成的社会、文化背景，而且还要将地图本身作为一种物质文化和知识的载体，并将其放置在其形成的各种背景中去看待和分析，由此才有可能挖掘地图独有的史料价值。下面以一系列存在于明代后期直至清代、有渊源关系的地图为例进行分析。

这一系列地图，目前可以见到最早的就是明嘉靖三十四年

8　这一项目以及项目的意图，参见 https://geography.wisc.edu/histcart/。
9　这套丛书的中文书评，参见成一农《简评芝加哥大学出版社〈地图学史〉》，《自然科学史研究》2019 年第 3 期。

（1555）福建龙溪金沙书院重刻本的甘宫《古今形胜之图》，因此可以将这一系列命名为"古今形胜之图"系列地图。通过传统的史料学的分析方法，可以追溯这一系列地图的资料来源。大致而言，就地图本身而言，其基本以桂萼《广舆图叙》"大明一统图"谱系的"舆地总图"子类中的地图为底图[10]，但这一系列地图的第二、第三子类还参考了明代后期来华传教士所绘世界地图，由此将地图所呈现的地理范围扩展到了整个欧亚大陆，甚至扩展到了当时所了解的"全球"（即包括了南北美洲以及南极）。就文本而言，地图图面上的文本可以追溯至《大明一统志》，而地图周边的文字大致可以追溯至桂萼的《广舆图叙》、罗洪先的《广舆图》以及民间日用类书等其他在明代中后期非常流行的文献。具体可以参见表2。

表2　"古今形胜之图"系列地图的子类以及资料来源

分类	子类之间的主要差异	资料来源	图　名
第一子类		地图是对《广舆图叙》"大明一统图"谱系"舆地总图"子类的改绘；图面上的文字来源于《大明一统志》	明甘宫《古今形胜之图》（嘉靖三十四年重刻本）
			明章潢《图书编》"古今天下形胜之图"（文渊阁《四库全书》本）
			明陈组绶《皇明职方地图》"皇明大一统地图"（明末刻本）

10　参见成一农《中国古代舆地图研究》，中国社会科学出版社，2018年，第365页。

（续表）

分类	子类之间的主要差异	资料来源	图　名
第一子类			明朱绍本、吴学俨等《地图综要》"华夷古今形胜图"（明末朗润堂刻本）
			日本京都大学藏未有图题的地图（绘制时间大致在清代末期）
第二子类	与第一个子类相比，较大的差异在于：1.增加了地图下方的文字；2.绘制的地理范围有所扩展，包括了欧洲和非洲；3.地图图面上的文字注记也存在显著差异。	地图除了是对《广舆图叙》"大明一统图"谱系"舆地总图"子类的改绘之外，还受到了传教士地图的影响；图面上的文字来源于《大明一统志》；地图下方的文字可以追溯至桂萼的《广舆图叙》。	《乾坤万国全图　古今人物事迹》（明万历二十一年［1593］南京吏部四司正巳堂刻本）
			《（天下）分（野）舆图（古今）人（物事）迹》（康熙己未［1679］）
			《历代分野之界　古今人物事迹》（1750年日本刻本）
第三子类	与第二个子类相比，这一子类增加了地图左右两侧的文本以及地图下方第二行的文字；地图所涵盖的地理范围更为广大，涵盖了南北美洲和南极；重写了图面上的文字注记。	地图除了是对《广舆图叙》"大明一统图"谱系"舆地总图"子类的改绘之外，还受到了传教士地图的影响；地图下方第一行的文字可以追溯至桂萼的《广舆图叙》；第二行的文字和地图两侧的文字可能来源于当时流传的一些类书；图面上的文字来源于《大明一统志》。	《天下九边分野　人迹路程全图》（明崇祯十七年［1644］金陵曹君义刊行）
			《大明九边万国人迹路程全图》（原图为王君甫于康熙二年［1663］刊行，日人"帝畿书坊梅村弥白重梓"，但"重梓"时间不详）

　　如果以传统的"地图入史"的研究方法来看,这一系列地图的图面内容没有太多新奇之处,因为无论是地图还是文本基本都来源于常见的资料,因此,按照传统的史料分类,那么这一系列地图基本可以归入到二手,甚至三手、四手史料的范畴,从而被打上"没啥价值"的标签;而且,由于地图之间以及地图与文本之间的辗转抄录,因此三个子类中那些晚出的地图,似乎甚至都没有太多的版本价值;同时,图面所反映的内容,除了可以谈谈传教士地图的影响、当时的中西文化交流,以及中国古代的"华夷观"这样"老生常谈"的问题之外,似乎也没有太多可以分析的内容。

　　但如果我们没有传统的"史料歧视",且拓展思维,离开图面内容,"走向图面背后"的话,那么可谈的内容就会立刻变得丰富起来。就我而言,大致可以想到以下一些视角:

　　第一,地图绘制文化的视角。明代利玛窦等传教士绘制的地图,其绘制使用的是经纬度数据,并运用了将地球的球体投影到平面上的几何换算,且有着相对准确的比例尺;而中国古代地图根本没有比例尺,更谈不上经纬度和投影了,由此一来,从现代人的视角来看,传教士绘制的地图与中国古代地图在技术上似乎是无法融合的。

　　这一系列地图中的《大明九边万国人迹路程全图》展现了解决这一现代人看来似乎无解的问题的方式。在这幅地图上,传教士地图上的经纬线全都被删除了;虽然南、北美洲和南极上的很多地名保留了下来,但它们的形状被大幅度地剪裁、缩小、扭转甚至变形。这种处理方式在认为地图应当是客观、准确的现代人看来是完全"不合法"的,但请记住进行这些处理的是中国古人,而在中国古人的观念中,地图是为了达成各种目的而主观构建的,准确并不是绘制地图的首要目的,因此这种处理方式完全符合中国古代的地图绘制文化。经过这番处理之后,这些图形就与一幅以"中国"为主要表现对象且涵盖了欧亚非的中国传统地图完美地结合起来。而且,这种中西地理知识的融合,在图面上看不出有任何突兀之处。

如果进一步引申的话,我们可以得出下述具有意义的结论:现代的、客观的、准确的地图虽然有其优势,但有时我们基于某些目的希望在地图上突出某些信息,同时淡化某些信息,以及将各种不同种类的信息混合在一起,而这些功能对于现代地图而言实现起来较为困难,但对于中国古代地图而言则是轻而易举的事情。这种地图图像的包容性是中国古代地图所具有的特色之一,而这种包容性是现代地图所缺乏的,这也造成了现代地图的功能越来越单一。基于此,我们似乎应当反思,绘制地图的目的到底是什么?如果只是为了准确的话,那么显然将技术手段当成了目的,本末倒置了。

第二,文化史的视角。虽然中国古代地图学史的研究者都承认地图是为了使用的,但对"使用"的认知基本停留在通过地图获取地理信息上,但这实际上窄化了中国文化对于地图功能的理解。就《古今形胜之图》系列地图而言,以往的研究者基本都认为这一系列地图属于"历史地图"或者"读史地图"[11],但显然这样的认知局限于

11　如《中华舆图志》将《古今形胜之图》分类为"历史地图",参见《中华舆图志编制及数字展示》项目组《中华舆图志》,中国地图出版社,2011年。笔者也曾认为这一系列地图属于"读史地图",参见成一农《从古地图看中国古代的"西域"与"西域观"》,《首都师范大学学报(社会科学版)》2018年第2期。

地图的用途在于获取信息这一狭隘的认知上。

　　通过对这一系列地图内容的分析,我们可以发现:首先,这类地图上记载的历史事件过于简单,基本都是属于常识的"著名事件",如《古今形胜之图》中北京旁边注记为"我太宗徙都此,国初曰北平布政司",南京旁边的注记为"我太祖定鼎应天",用于读史显得过于简单了。其次,在这一系列地图的第二、第三子类的地图中充斥着文字错误,以《天下九边分野　人迹路程全图》为例,在地图下方对北直隶的描述中"大宁都司"被误写为"大宁郊司";对云南的政区记述中文字错误极多,如"秦之分野"被写为"奉之分野","芒市"被误写为"芸布","干崖"被误写为"子崖"等等。最后,"古今形胜之图"系列地图上的很多知识是过时的,如地图下方文字记载的人口、税收数据可以追溯至成书于嘉靖初年的桂萼的《广舆图叙》,也即这套数据对应的时间最晚就是嘉靖初年,但这套数据在直至清朝康熙年间的地图上依然被抄录。如果说上述这些数据由于没有太多的时间标记,所以无法被直观地看出是"过时"的话,那么对于政区的呈现则明显是"过时"的。如前文所述,这一系列地图的底图使用的是可以追溯至桂萼《广舆图叙》的地图,因此主要表现的是明代嘉靖时期的政区。进入清代,政区变化非常剧烈,与明代存在本质上的区别,虽然这一系列地图的清代刊本确实进行了一些调整,如将南直隶改为江南,但无法进行全局性的改变,由此当时已经裁撤的各个都司在地图上依然被保留了下来。因此,上述证据说明,这一系列地图的受众很可能是基层大众,甚至可能是不太识字的人。

　　到了这一步,可能很多研究者会想到这些地图是否可以代表明末清初民间流行的地理知识。如果从这一角度进行分析,那么显然又回到了地图的用途在于获取地理信息这一狭隘的认知上。结合地图上如此多的错误和过时的信息,再加上其所针对的对象是基本民众,那么我们是否可以认为这些地图的主要功能实际上不在于获取地理知识,而是为了满足这些民众炫耀的心理,毕竟在绝大多数时代,社会对于高层次的知识分子都是尊敬的,因此试想一位只有基本识字能力,甚至不识字的普通百姓,如果在家中张挂一幅内容涉及古今、似乎是为高级知识分子准备的地图,其自尊心和虚荣心将会得到多大的满足。由此我们可以进一步推测,在基层人士以及粗通文字的普通民众中,这些地图的功能除了获得一些最为基本的历史、地理方面的知识之外,更主要的是被用来张挂,以凸显其所有者的"渊博学识"的功能。如同我们今日某些人家中摆放的从未真正阅读过的二十五史、四大名著,以及在 20 世纪 90 年代之前很多人家中张挂的世界地图和中国地图,其不仅被作为阅读材料,而且还被用作"炫耀"和"彰显"所有者"渊博的知识"和"世界的眼光"。这一系列地图中在图面上记载了大量对于普通人而言基本无用的域外的历史和地理知识,似乎也从另一层面证明了这一点,毕竟由此可以使其所有者看起来不仅"贯通古今",而且"通晓中外"。

不仅如此,地图的这种功能在西方也是存在的,如欧洲在文艺复兴时期某些权贵的图书馆中收藏的大开本的、有着豪华装饰的航海图集,这些地图集显然不会被用于航海,而主要被当作权贵们知识渊博的标志以及他们崇高地位的象征。

进一步引申的话,书籍和地图首先是一件物品或者商品,因此对于制作者、使用者、购买者、观看者而言,其功能是多样的,可以用于出售、展示、猎奇、炫耀、投资、学习,而传递知识只是功能之一,而承载知识只是达成其某些目的和功能的手段。基于此,我们通过地图揭示了一种以往被忽略的但又十分重要的文化现象。

第三,知识史的视角。以往知识史的研究一般都将书籍中蕴含的知识,认为就是书籍针对的对象所掌握的知识,这一点在民间类书的研究中尤其普遍[12]。但从上文文化史视角的分析来看,这一认知显然是存在问题的。作为知识载体的书籍、地图以及其他各类图像,传递知识只是它们的功能之一,或者只是服务于制作这些物品的某些目的的功能之一,因此在研究中,我们不能假定知识载体的制作者、使用者、购买者、观看者都希望并且能够理解或掌握这些知识,也不能假定知识载体的制作者、使用者、购买者、观看者都在意其上所承载的所有知识。民间类书中蕴含的知识可能更应当首先被看成是民间以及最初编纂者认为对于民间而言有价值的知识,当然这里的"价值"并不只是"学习价值"。因此,以往基于民间类书对于古代民间知识的研究其出发点就是完全错误的。

此外,从内容上来看,"古今形胜之图"系列地图所使用的数据基本上都来源于上层士大夫的已经系统化的知识,基于这些资料在当时的流行程度,因此在某种程度上也可以被称为是"经典化"的知识内容。这种用"经典化"的知识内容构建民间地图的活动,展现了

12　如吴慧芳《万宝全书:明清时期的民间生活实录》,花木兰文化出版社,2005 年;王尔敏《明清时代庶民文化生活》,岳麓书社,2002 年;方波《民间书法知识的建构与传播——以晚明日用类书所载书法资料为中心》,《文艺研究》2012 年第 3 期等。

一种从上至下的知识流动，代表了知识内容的普及化。而这一系列地图流传的时间，与明代后期日用类书的大量出现是同步的。虽然普通民众可能并不理解这套知识的内容，但通过这些地图和书籍的出版，他们确实有了解、掌握这套知识的内容的机会及可能。这一趋势从印刷术逐渐流行的宋代就已经开始，印刷日用类书使得知识流传的成本降低，流传范围拓展，人们接触知识的可能性增加[13]。

上述结论也是以往从知识史的角度进行日用类书研究的结论之一，但这样的分析方式忽略了一个更深层次的问题：既然这幅地图的知识的内容，主要来源于上层士大夫的已经系统化的知识，也即在知识内容上，其与上层士大夫中流行的知识是相似甚至相同的，那为什么这一系列地图，尤其是第二、三子类针对的受众就是普通民众，或者为什么它们只流行于普通民众之中（当然这里所说的流行的知识不等于是被掌握的知识）[14]。

这一问题的答案显然是在知识的内容之外。在分析之前首先要明确一个问题，"知识"的内容并不是凭空存在的，它需要通过文字、图像等要素以及各要素之间的空间、逻辑等关系表达出来，这些可以被归结为知识的表达形式；而且知识的"内容"以及表达形式又被置于龟甲、青铜、竹简、丝帛、石头以及纸张等载体之上，而这可以被归结为知识的承载形式。因此，知识的内容、表达形式和承载形式三者结合起来，才构成了"知识"。

13 参见成一农《印刷术与宋代知识发展方式的转型——以中国古代全国总图的发展为例》，《安徽史学》2018年第3期。
14 至少就目前掌握的资料来看，我们无法证明第二、三类图在高级士大夫中流传过。

　　而与本处所讨论的问题存在密切联系的可能就是知识的表达形式,大致而言知识的表达方式至少包括如下方面:表达内容时所用的语言,如汉语、法语等等;语言的组织方式,如白话文、文言文;措词,如是否典雅,是否掺杂大量俗语;刊刻或者手写的水平高低,如是否存在大量的错字,书法是否精美;各要素在载体上的布局是否美观,是否符合阅读习惯等。如前文所述,《古今形胜之图》系列地图,无论是地图还是文本,其内容都源自上层士大夫的已经系统化的知识,但三个子类地图所针对的对象则存在明显差异。第一类,即《古今形胜之图》,刊刻较为精良,且其中存在的文字错误极少,因此就目前所见在当时的一些所谓高级知识分子的著作中曾经作为插图存在。第二、三子类的某些地图虽然刊刻也较为精良,但大部分刊刻得较为粗糙,且存在大量显而易见的文字错误,这些错误应当不是最初的撰写者,而是刊刻者造成的,同时这些地图的购买者只是粗通文理,甚至不识字的普通民众,而且如前文所述,随着时间的流逝,两类地图在内容上也是过时的,甚至错误的。当然,需要说明的是,这里并不是说,知识的表达形式造就了地图针对的对象的差异,相反,很可能是因为销售对象,使得书商自觉或者不自觉地选择了水平不高的刻工、沿用了在内容上过时的知识。不过,需要强调的是,虽然地图设定的对象只是粗通文理,甚至不识字的普通民众,但不代表只有这些对象可以购买这类地图,不过如前文所述,这一系列地图的第二、三子类并没有在国内的高层知识分子中流传,由此也似乎说明知识的表达形式影响了知识传播的对象。当然,这并不是否定"知识"内容对其流行对象的影响,毕竟这一知识体系的内容"贯通古今中外",由此满足了只是粗通文理,甚至不识字的普通民众的心理需求。而且,我们也不能否定知识的承载形式对知识流行对象的影响,但在本文分析的对象中,这一影响并不清晰。

我们可以进一步得出如下结论:在知识缺乏分类、创新性不大以及知识总量有限的古代,在各个阶层之间流通的知识,在内容上确实会存在差异,但也有很大部分是重合的,尤其是那些儒家、佛教和道教的基本知识,尤其是在印刷术普遍运用的时代更是如此。不过这些知识在各阶层中流行时,其内容的表达形式和载体应当是存在差异的。由此,最终的结论是,决定了某种知识的流行群体的不仅是其内容,还有其表达形式,甚至载体等各种因素。由此,我们通过古地图的分析揭示了以往知识史研究中存在的一个重要错误认知,且对知识史研究中一个重要的问题进行了初步探讨。

这些视角也只是这一系列地图所蕴含的史料价值中的一小部分。打个不恰当的比喻,史料就类似于包裹在"史实"之外的不那么"晶莹剔透"的玻璃珠子,随着视角和光线的转换,我们通过玻璃珠子看到的"史实"也在不断地变化,有些时候是微妙的变化,有些时候则会看到完全不同的景象。

三、提出"正确"的问题

除了我们看待"地图"的视角需要改变之外,我们还应提出"正确"的问题,但所谓"正确"的问题,不是指问题本身是"正确"的,而是指提出的问题应当涉及当时历史学界关注的热点、前沿,或者是对学科具有颠覆性的问题,简言之,属于"重要的问题"。在此以前文提到的葛兆光和管彦波的研究为例进行分析。

葛兆光和管彦波的研究,基于某些全国总图和寰宇图图面内容,分析了中国古代的"天下观"和"华夷观",即中国古人认为天下是由"华""夷"两部分构成的,其中"华"在政治、经济和文化上居于主导地位,而"夷"则处于从属地位。当然,这样的结论在之前的研究中早就存在,因此他们的研究并没有使得古地图的史料价值凸显出来。

"中国历史上的疆域"长期以来是史学以及相关领域研究的重点。由于"中国"古代关于"国家""疆域"等术语的概念,与今天对这些术语的认知,分别建基于两套完全不同的话语体系以及对世界秩序的认知之上,因此存在根本性的差异,而以往的研究或者使用这些术语偏向现代的含义来认知古代,或者没有意识到这些术语古今概念的变化,因此,实际上目前急需从中国古代对世界秩序的角度来分析中国古代的"疆域观"。由于"疆域观"和"世界秩序"属于地理认知的范畴,通过文本来叙述和复原地理认知是相当困难的,但在这方面地图就有着天然的优势,下面对此进行简要论述。

除了几幅出土于墓葬的地图之外,中国古代保存下来的地图最早是宋代的,历史地图集也是如此。目前已知在清末之前大致绘制有7套历史地图集。在古代"天下观"和"疆域观"的研究中,以往都忽略了历代绘制的历史地图集。历史地图集在这一研究中的重要性在于,除了要表达现实政区之外,更要追溯以往,因此绘制历史地图集时,最基本的工作就是要选定一个空间范围,而这一被选定的空间范围在很大程度上代表了绘制者心目中认定的正统王朝所应"有效"管辖的地理范围。

　　我国现存最早的历史地图集就是成书于北宋时期的《历代地理指掌图》,共有地图47幅,除了几幅天象图和《古今华夷区域总要图》之外,所有地图绘制的地理空间范围基本一致,大致以《太宗皇帝统一之图》为标准,东至海,南至海南岛,西南包括南诏,西北至廓州、沙州,北至长城,东北至辽水。而《古今华夷区域总要图》,与《太宗皇帝统一之图》相比,在所表现的空间范围上,增加了辽东和西域部分,而且在整部《历代地理指掌图》中只有《古今华夷区域总要图》绘制有这两个地区,从图名中的"华夷"来看,这显然是绘制者所关注的"天下",但这并不代表宋人只知道这些"夷",也即并不是宋人的"天下"只有那么小,对此可以引唐晓峰的解释,即"他们知道,在天的下面,除了中国王朝,还有不知边际的蛮夷世界。只是对于这个蛮夷世界,中国士大夫不屑于理睬"[15]。此后直至清代后期的历史地理图集,甚至清末杨守敬的《历代舆地沿革险要图》的绘制范围大致都是如此。而这一地域范围,与"九州"范围非常近似。同时,一个显而易见的问题就是,在今人看来汉、唐、元极为广大的疆域,在中国古代的历史地图集中并没有得到明显地呈现。对此似乎只能解释为绘制者只关注于"九州"所对应的"华"地的历史变迁,由此可以认为中国古人实际上并不在意王朝对"夷"地的控制,在他们眼中正统王

15　唐晓峰:《从混沌到秩序:中国上古地理思想史述论》,中华书局,2010年,第295页。

朝应"有效"管辖以及应当在意的土地只是"华",也即"九州"和"中国",而对历代王朝是否控制"夷"地则并不在意,毕竟在中国古代的"天下观"中,只要"四夷来朝"就可以了。

除了历史地图集之外,中国古代还存在大量的"总图"和"天下图",对此笔者在《"实际"与"概念"——从古地图看"中国"陆疆疆域认同的演变》一文中已经进行过分析[16],该文虽然分析的是"疆域认同",但实际上分析的是"疆域观",即历史上正统王朝所应领有的土地,结论为:"通过对宋代以来'全国总图'的分析可以认为,从宋代至清代前期,虽然各王朝统治下的疆域范围存在极大的差异,但各王朝士大夫疆域认同的范围则几乎一致,基本局限在明朝两京十三省范围,只是在明代开始将台湾囊括在内。清代康雍乾时期,虽然先后在内外蒙古、台湾、新疆和西藏确立了统治,但疆域认同上的变化只是将清朝的发源地东北囊括在内,并且最终将台湾囊括在内,内外蒙古、新疆和西藏只是出现在以体现王朝实际控制范围为主要内容的官绘本地图中,较少出现在私人绘制的地图中,因此可以认为这些地区依然未被主流的疆域认同所囊括。疆域认同的转型开始于19世纪20、30年代,这一时期绘制的'全国总图'越来越多地将内外蒙古、新疆和西藏囊括在内,不过与此同时,'府州厅县全图'或以'直省'为主题的地图,依然将这些区域以及东北排除在外,由此显示在当时士人的疆域认同中,这些区域与内地省份依然存在细微差异。光绪中后期,新疆、台湾、东北地区先后建省,此后绘制的'全国总

---

16 成一农:《"实际"与"概念"——从古地图看"中国"陆疆疆域认同的演变》,《新史学》第十九辑,大象出版社,2017 年,第 254 页。

图'基本都将这些区域以及西藏、内外蒙古囊括进来,由此形成的疆域认同一直影响到了今天。"[17]

除了"全国总图"之外,中国古代还存在一些"天下图",如著名的明初的《大明混一图》和在清朝中后期流行的《大清万年一统地理全图》系列,以及上文提及的明代后期在民间广泛流传的不太著名的《古今形胜之图》系列地图和上文提及的《历代地理指掌图》的《古今华夷区域总要图》。它们的总体特点非常明确,即将正统王朝所在的"华"地放置在地图的中心,且按照今天科学地图的角度来看,其不成比例地占据了图面的绝大部分空间,绘制得非常详细,是全图的重点;同时将"夷"地放置在地图的角落中,绘制得非常粗糙、简略,同时,在两者之间并没有标绘界线。囊括了欧亚非的地图居然命名为"大明混一图",在今天看来是无法理解的,因为这远远超出了"大明"实际控制的地理空间范围,但放置在中国古代"华夷观"之下就完全是合理的,因为"大明混一图"体现了古人的"天下观",即由"华"居于主导地位之下的"华夷秩序"以及"普天之下莫非王土"。

综上而言,可以认为在中国"华夷"构成的"天下观"以及"普天之下莫非王土"的观念下,古人的"疆域观"实际上有三个层次,第一个层次就是囊括"华夷"的"普天之下",是正统王朝在名义上领有的地理空间范围;第三个层次则就是"九州""中国","九州""中国"是正统王朝所应当直接领有的地理空间范围。此外,在两者之间还存在一个实际的第二层次,即王朝实际控制的地理空间,大致而言,在

---

17 与其他论文相近,该文依然混淆了"疆域"一词在古今概念上的差异。

这一层次中,王朝应当(必须)占有"华"地,然后通常还占有一些"夷"地,或者与周边某些"夷"地存在明确的藩属关系。

由此,在中国古代的"天下观"下,"天下"只有一个正统王朝,即使是分裂时期,也必然只有一个"正统王朝",因此根本不可能存在现代国家秩序下有着平等关系的主权国家的概念,也就根本不可能存在现代意义上的"疆域"的概念,而只有多个层次的"疆域观",但要强调的是,这里的疆域是不具有主权概念的。以往关于中国古代疆域的研究实际上从出发点上就是存在问题的,即因为中国古代没有现代"疆域"的概念,那么也就不存在"中国历史上的疆域"这样的问题,所以论述近代之前"中国历史上的疆域"本身就是错误的[18]。

中国古代的疆域长期以来是学界关注的问题,更是近年来的研究热点,上述对中国古代"疆域观"的分析虽然依据的是地图的图面内容,但对于这一重要问题得出了完全不同于以往的认知。

上述这一事例中所使用的地图,并不是新史料,也不是稀见史料,这说明,史料的重要性及其价值不是"天生的",而是随着问题而变化的,这应当不算是难以理解的事情。

---

18 需要说明的是,目前"天下观"和"疆域观"研究中的很多术语都是外来的,如"国家""疆域""国界"等等。虽然这些词汇"中国"古已有之,但需要记住的是,正是在近代,在接触到西方的近现代形成的"主权国家"、主权国家意义下的"疆域"等概念时,试图用"中国"古已有之的,在概念上接近的词汇来翻译和表达这些术语,简言之,是用"中国"古代的词汇来表达西方现代的概念。这样的翻译,虽然表面上看起来没有问题,但运用到研究中则会带来混乱,即在研究"中国"古代的问题时使用这些术语,会让研究者和读者有意无意地认为这些词汇表达的现代含义在古代也是存在的,这显然是有问题的,而且这也是目前几乎所有关于"中国古代疆域"研究存在的根本性问题的最终根源。

四、总结

上述两个例证说明,史料不会自己说话,图像史料也是如此,我们看待它们的视角越多,它们能告诉我们的也越多。反言之,如果我们看待它们的视角是传统的、单一的、固化的,那么它们告诉我们的大概也只是那些我们已经知道的东西。当然,我们也要学会提出"正确"的问题,是"问题"决定了需要运用的"史料"、对"史料"的运用方式以及史料的价值,而不是相反。提不出"正确"的问题,再多的史料也是无用。而提出问题的以及判断问题"正确"与否的则是研究者,以及所有人。

此处没有谈到的就是史料的重要性也随着论证方法而变化,即使是在对同一问题的论述中,采用的方法变了,那么所需要的史料有些时候也会变化。举一个简单的例子,竺可桢先生的名篇《中国近五千年来气候变迁》,主要使用的是文献记载的资料;但今天随着技术的发展,关于气候变迁的研究越来越多地采用了自然科学的技术,由此使用的主要材料也变成了冰芯、孢粉等,而文献资料则成为了辅助工具。

当然,方法、问题和视角也并不是全部。

上述认知实际上不仅适用于图像史料,也适用于文本史料。与图像史料一样,文本材料除了字面内容之外,也蕴含着大量的"无法言传"的内容。

最后,历史研究的演变,史料的挖掘和累积永远只是基础,史料不可能引导史学的发展和革命,引导史学发展以及革命的只有我们自己,我们的思想和认知能力。

　　"史料不是救世主"!

· 第七章 ·

纯粹以"求真"为目的的史学存在吗？

　　笔者从未进行过史学史的研究，对于这一领域并不熟悉，甚至可以说是门外汉，因此本章并不是想对中国的史学史以及史学"理论史"进行全面的回顾，而只是想达到以下目的：简要且不那么正式地分析一下在传统史学中有着一定"地位"的《春秋》《史记》《资治通鉴》，看看它们的撰写目的是否是以"求真"为主要目的；分析一下通常认为是中国考据学代表的"乾嘉学派"的主流是否认为"考据"的最终目的就是为了"求真"，还是有着"求真"以外的目的；以及我们近代以来的史学在高喊"求真"的时候，是否真的以"求真"为最终目的。再次强调，本章不是一篇学术论文，因此对于各个问题仅仅是点到为止。

一、《春秋》

首先，虽然我们现代研究者将《春秋》看成是一部史学作品，但在我国传统的知识分类中，《春秋》并不属于"史"，而属于"经"，这本身就是颇有意思和值得思考的。这里应当说明，虽然《春秋》中记载了众多的"史实"，但显而易见的是，记载这些"史实"的目的并不仅仅是要记录这些"史实"，而是要阐述"微言大义"。这一认知并不新鲜，因为这也是长期以来对《春秋》一书的定位。而且，回顾一下我们的史学史著作中对于中国古代，尤其是先秦时期"史"的分析就可以看到，"史"从其产生开始，其目的就不是为了单纯地记载"史实"，而是要服务于以统治为代表的各种目的。

虽然《春秋》中没有直接表明孔子编撰该书的目的，但在《孟子·滕文公下》中就对其撰写目的有间接的表达，即"世衰道微，邪说暴行有作，臣弑其君者有之，子弑其父者有之。孔子惧，作《春秋》""昔者禹抑洪水而天下平，周公兼夷狄，驱猛兽而百姓宁，孔子成《春秋》而乱臣贼子惧"[1]，这两段话大致可以理解为，孔子编撰《春秋》的目的与警示"乱臣贼子"以及希望拯救乱世有关，也即有着"政治"，甚至"理念"方面的目的。

司马迁在《史记》的"太史公自序"中也以对话的形式，叙述了

---

[1] 杨伯峻译注：《孟子译注》卷六"滕文公章句下"，中华书局，第 1960 年，第 155 页。

《春秋》的撰写目的：

太史公曰："先人有言：'自周公卒五百岁而有孔子。孔子卒后至于今五百岁，有能绍明世，正《易传》，继《春秋》，本《诗》《书》《礼》《乐》之际？'意在斯乎！意在斯乎！小子何敢让焉。"

上大夫壶遂曰："昔孔子何为而作春秋哉？"太史公曰："余闻董生曰：'周道衰废，孔子为鲁司寇，诸侯害之，大夫壅之。孔子知言之不用，道之不行也，是非二百四十二年之中，以为天下仪表，贬天子，退诸侯，讨大夫，以达王事而已矣。'子曰：'我欲载之空言，不如见之于行事之深切著明也。'夫《春秋》，上明三王之道，下辨人事之纪，别嫌疑，明是非，定犹豫，善善恶恶，贤贤贱不肖，存亡国，继绝世，补敝起废，王道之大者也。《易》著天地阴阳四时五行，故长于变；《礼》经纪人伦，故长于行；《书》记先王之事，故长于政；《诗》记山川溪谷禽兽草木牝牡雌雄，故长于风；《乐》乐所以立，故长于和；《春秋》辨是非，故长于治人。是故《礼》以节人，《乐》以发和，《书》以道事，《诗》以达意，《易》以道化，《春秋》以道义。拨乱世反之正，莫近于《春秋》。春秋文成数万，其指数千。万物之散聚皆在《春秋》。《春秋》之中，弑君三十六，亡国五十二，诸侯奔走不得保其社稷者不可胜数。察其所以，皆失其本已。故《易》曰'失之毫厘，差以千里'。故曰'臣弑君，子弑父，非一旦一夕之故也，其渐久矣'。故有国者不可以不知《春秋》，前有谗而弗见，后有贼而不知。为人臣者不可以不知《春秋》，守经事而不知其宜，遭变事而不知其权。为人君父而不通于《春秋》之义者，必蒙首恶之名。为人臣子而不通于《春秋》之义者，必陷篡弑之诛，死罪之名。其实皆以为善，为之不知其义，被之空言而不敢辞。夫不通礼义之旨，至于君不君，臣不臣，父不父，子不子。夫君不君则犯，臣不臣则诛，父不父则无道，子不子则不孝。此四行者，天下之大过也。以天下之大过予之，则受而弗敢辞。故《春秋》者，礼义之大宗也。夫礼禁未然之前，法施已然之后；法之所为用者易见，而礼之所为禁者难知。"[2]

这样的论述在后世评价《春秋》的著作中以各种不同的形式出现，虽然文字不同，但主旨基本近似，即认为《春秋》是维持统治和社会秩序的礼仪的根本准则，也即通过具体的史实来表达了"礼"，即"故《春秋》者，礼义之大宗也"，且由此"《春秋》辩是非，故长于治人"，最终"拨乱世反之正"。当然，我们无法确定这是否就是孔子编撰《春秋》的本意，但至少是后世主流的认知。需要提及的是，我们没有看到其中对于"真实"和"史实"的强调。不过，如果孔子在《春秋》中所记载的不是"史实"的话，或者按照本书的观点，其中记载的"史实"不能服众的话，那么很难相信，在当时以及后来《春秋》一书

2　《史记》卷一百三十"太史公自序"，中华书局，1959 年，第 3296 页。

会被人信服，且有着那么长久的影响力。

二、《史记》

司马迁撰写《史记》的目的，在《史记》第一百三十"太史公自序"中表达得非常清楚，现抄录如下：

> 太史公执迁手而泣曰："……自获麟以来四百有余岁，而诸侯相兼，史记放绝。今汉兴，海内一统，明主贤君忠臣死义之士，余为太史而弗论载，废天下之史文，余甚惧焉，汝其念哉！"迁俯首流涕曰："小子不敏，请悉论先人所次旧闻，弗敢阙。"[3]

上述这段中司马谈给司马迁留下的"遗嘱"中论述了让后者继承其遗志，撰写《史记》的目的，即"今汉兴，海内一统，明主贤君忠臣死义之士，余为太史而弗论载，废天下之史文，余甚惧焉，汝其念哉"，颇有为了"歌功颂德"的意味。再往下则是前文引述的对孔子作《春秋》的目的的解释，并在这段解释的最后再次谈到了其撰写《史记》的目的，即：

> 壶遂曰："孔子之时，上无明君，下不得任用，故作《春

3　《史记》，第 3295 页。

秋》，垂空文以断礼义，当一王之法。今夫子上遇明天子，下得守职，万事既具，咸各序其宜，夫子所论，欲以何明？"

太史公曰："唯唯，否否，不然。余闻之先人曰：'伏羲至纯厚，作《易》《八卦》。尧舜之盛，《尚书》载之，礼乐作焉。汤武之隆，诗人歌之。《春秋》采善贬恶，推三代之德，褒周室，非独刺讥而已也。'汉兴以来，至明天子，获符瑞，封禅，改正朔，易服色，受命于穆清，泽流罔极，海外殊俗，重译款塞，请来献见者，不可胜道。臣下百官力诵圣德，犹不能宣尽其意。且士贤能而不用，有国者之耻；主上明圣而德不布闻，有司之过也。且余尝掌其官，废明圣盛德不载，灭功臣世家贤大夫之业不述，堕先人所言，罪莫大焉。余所谓述故事，整齐其世传，非所谓作也，而君比之于《春秋》，谬矣。"[4]

其在最后谈到"余所谓述故事，整齐其世传，非所谓作也，而君比之于《春秋》，谬矣"，强调的是《史记》不同于《春秋》之处，即其并不是为了表达"礼"，也不是为了维护王朝和社会秩序服务以及"拨乱世反之正"的，而是通过记载"史实"来避免"废明圣盛德不载，灭功臣世家贤大夫之业不述，堕先人所言，罪莫大焉"，虽然在今天看来属于"歌功颂德"。不过，撰写《史记》的目的还不止于此，"太史公自序"再往后记述了《史记》各部分的内容，由于篇幅很长，因此仅仅

4　《史记》，第 3299 页。

举出一些例子，如：

> 维昔黄帝，法天则地，四圣遵序，各成法度；唐尧逊位，虞舜不台；厥美帝功，万世载之。作《五帝本纪》第一。[5]
>
> 始皇既立，并兼六国，销锋铸镰，维偃干革，尊号称帝，矜武任力；二世受运，子婴降虏。作《始皇本纪》第六。[6]
>
> 汉兴五世，隆在建元，外攘夷狄，内修法度，封禅，改正朔，易服色。作今上本纪第十二。[7]

显然，本纪部分除了记载历代兴衰之外，褒贬之意非常明确。然后是"表"的部分，如：

> 幽厉之后，周室衰微，诸侯专政，春秋有所不纪；而谱牒经略，五霸更盛衰，欲睹周世相先后之意，作《十二诸侯年表》第二。[8]
>
> 秦既暴虐，楚人发难，项氏遂乱，汉乃扶义征伐；八年之间，天下三嬗，事繁变众，故详著《秦楚之际月表》第四。[9]

---

5 《史记》，第 3301 页。
6 《史记》，第 3302 页。
7 《史记》，第 3303 页。
8 《史记》，第 3303 页。
9 《史记》，第 3303 页。

> 诸侯既强,七国为从,子弟众多,无爵封邑,推恩行义,其势销弱,德归京师。作《王子侯者年表》第九[10]。

以上"表"的部分,同样蕴含了褒贬之意。

> 维三代之礼,所损益各殊务,然要以近性情,通王道,故礼因人质为之节文,略协古今之变。作《礼》书第一[11]。
>
> 乐者,所以移风易俗也。自《雅》《颂》声兴,则已好郑卫之音,郑卫之音所从来久矣。人情之所感,远俗则怀。比《乐书》以述来古,作《乐书》第二。
>
> 非兵不强,非德不昌,黄帝、汤、武以兴,桀、纣、二世以崩,可不慎欤?《司马法》所从来尚矣,太公、孙、吴、王子能绍而明之,切近世,极人变。作《律书》第三[12]。

"书"的部分类似于后代史书中的"志",虽然记载的是制度,但从司马迁的叙述来看,这些制度都与王朝的统治及其稳定有关,即"通王道""移风易俗""非兵不强,非德不昌",因此"可不慎欤?"显然其目的已经不是单纯记录"史实"了。世家和列传的部分,虽然可以看成是对本纪的补充以及对某些重要诸侯国和个人的记载,但司马迁在介绍中同样充满了褒贬之意,且有些也涉及王朝的兴

---

10 《史记》,第3304页。
11 《史记》,第3303页。
12 《史记》,第3305页。

衰。如：

依之违之，周公绥之；愤发文德，天下和之；辅翼成王，
诸侯宗周。隐桓之际，是独何哉？三桓争强，鲁乃不昌。嘉
旦金縢，作《周公世家》第三[13]。

楚人围我荥阳，相守三年；萧何填抚山西，推计踵兵，给
粮食不绝，使百姓爱汉，不乐为楚。作《萧相国世家》第二
十三[14]。

末世争利，维彼奔义；让国饿死，天下称之。作《伯夷
列传》第一[15]。

晏子俭矣，夷吾则奢；齐桓以霸，景公以治。作《管晏
列传》第二[16]。

自三代以来，匈奴常为中国患害；欲知强弱之时，设备
征讨，作《匈奴列传》第五十[17]。

夫事人君能说主耳目，和主颜色，而获亲近，非独色爱，
能亦各有所长。作《佞幸列传》第六十五。

布衣匹夫之人，不害于政，不妨百姓，取与以时而息财
富，智者有采焉。作《货殖列传》第六十九[18]。

---

13 《史记》，第 3307 页。

14 《史记》，第 3311 页。

15 《史记》，第 3312 页。

16 《史记》，第 3313 页。

17 《史记》，第 3317 页。

18 《史记》，第 3318 页。

而且,司马迁在"自序"的最后部分也对此进行了明确的表达,即:"罔罗天下放失旧闻,王迹所兴,原始察终,见盛观衰,论考之行事。"

"自序"的最后是"序略,以拾遗补艺,成一家之言,厥协六经异传,整齐百家杂语,藏之名山,副在京师,俟后世圣人君子",意思就是:序述大略,来拾遗补充六艺,成为一家之言,协调"六经"不同的传述,整齐百家杂说,正文藏在名山,副本留在京师,留待后世圣人君子[19]。其中出现了我们常说的"成一家之言",这里如果司马迁是追求"求真"的话,那么不应当谦虚地说"成一家之言";且"协调'六经'不同的传述,整齐百家杂说",虽然有着考订史实的意味,但其并没有强调"真相"。

总体而言,从"太史公自序"来看,司马迁撰写《史记》的目的,除了歌功颂德之外,还有着记载历代兴衰得失的目的,而不在于记录"真相"。

三、《资治通鉴》

关于《资治通鉴》修撰的目的,在司马光的《进资治通鉴表》中表达得非常清楚,即:

> 臣光言:先奉敕编集历代君臣事迹,又奉圣旨赐名《资治通鉴》,今已了毕者。

---

19 《二十四史全译·史记》第二册,汉语大词典出版社,第 1570 页。

伏念臣性识愚鲁,学术荒疏,凡百事为,皆出人下,独于
前史,粗尝尽心,自幼至老,嗜之不厌。每患迁、固以来,文
字繁多,自布衣之士,读之不遍,况于人主,日有万机,何暇
周览! 臣常不自揆,欲删削冗长,举撮机要,专取关国家盛
衰,系生民休戚,善可为法,恶可为戒者,为编年一书,使先
后有伦,精粗不杂,私家力薄,无由可成。

……臣既无他事,得以研精极虑,穷竭所有,日力不足,
继之以夜。遍阅旧史,旁采小说,简牍盈积,浩如烟海,抉擿
幽隐,校计豪厘。上起战国,下终五代……又参考群书,评
其同异,俾归一涂,为《考异》三十卷……

……伏望陛下宽其妄作之诛,察其愿忠之意,以清闲之
宴,时赐省览,监前世之兴衰,考当今之得失,嘉善矜恶,取
是舍非,足以懋稽古之盛德,跻无前之至治,俾四海群生,咸
蒙其福,则臣虽委骨九泉,志愿永毕矣。[20]

大致而言,司马光编纂该书是为了皇帝"监前世之兴衰,考当今
之得失,嘉善矜恶,取是舍非",文中也提到编纂该书时,对材料的取
舍,即"举撮机要,专取关国家兴衰,系生民休戚,善可为法,恶可为
戒者,为编年一书",但其选择材料的标准与该书的目的有关,而没
有涉及"史实"和"真相"。虽然"又参考群书,评其同异,俾归一
涂",颇类似于考据,有着"求真"的意味,但这显然并不是《资治通

20　司马光:《资治通鉴》,中华书局,1956 年,第 9607 页。

鉴》编纂的目的和重点。《四库全书总目提要》对《资治通鉴考异》也有着评论，即"此书于元丰七年随《通鉴》同奏上。高似孙《纬略》载：'光编集《通鉴》，有一事用三四出处纂成者。'《文献通考》载：'司马康所述有司马彪、荀悦、袁宏、崔鸿、萧方等，李延寿及《太清记》《唐历》之类。'洪迈《容斋随笔》所摘，有《河洛记》《魏郑公谏录》《李司空论事》《张中丞传》《凉公平蔡录》《邺侯家传》《两朝献替记》《后史补金銮密记》《彭门纪乱》《平剡录》《广陵妖乱志》之类。不过偶举其数端，不止是也。其间传闻异词，稗官既喜造虚言，正史亦不皆实录。光既择可信者从之，复参考同异，别为此书。辨证谬误，以袪将来之惑。昔陈寿作《三国志》，裴松之注之，详引诸书错互之文，折衷以归一是。其例最善，而修史之家，未有自撰一书，明所以去取之故者，有之，实自光始"，其中提到了"择可信者从之"，但需要注意的是，这里四库馆臣评价的是司马光撰写史书的方法，而不是其目的，由此实际上强调的是本书所论述的作为历史研究的力量的"可信"。

宋神宗在其所作的《资治通鉴序》中所表达《资治通鉴》的撰写目的也是如此，即：

> 朕惟君子多识前言往行以畜其德，故能刚健笃实，辉光日新。书亦曰："王，人求多闻，时惟建事。"《诗》《书》《春秋》，皆所以明乎得失之迹，存王道之正，垂鉴戒于后世者也。
>
> 汉司马迁绅石室金匮之书，据左氏《国语》，推《世本》《战国策》《楚汉春秋》，采经摭传，罔罗天下放失旧闻，考之行事，驰骋上下数千载间，首记轩辕，至于麟止，作为纪、表、

世家、书、传，后之述者不能易此体也。惟其是非不谬于圣人，褒贬出于至当，则良史之才矣。

若稽古英考，留神载籍，万机之下，未尝废卷。尝命龙图阁直学士司马光论次历代君臣事迹，俾就秘阁翻阅，给吏史笔札，起周威烈王，讫于五代。光之志以为周积衰，王室微，礼乐征伐自诸侯出，平王东迁，齐、楚、秦、晋始大，桓、文更霸，犹托尊王为辞以服天下；威烈王自陪臣命韩、赵、魏为诸侯，周虽未灭，王制尽矣！此亦古人述作造端立意之所繇也。其所载明君、良臣，切摩治道，议论之精语，德刑之善制，天人相与之际，休咎庶证之原，咸福盛衰之本，规模利害之效，良将之方略，循吏之条教，断之以邪正，要之于治忽，辞令渊厚之体，箴谏深切之义，良谓备焉。凡十六代，勒成二百九十六卷，列于户牖之间而尽古今之统，博而得其要，简而周于事，是亦典刑之总会，册牍之渊林矣。

荀卿有言："欲观圣人之迹，则于其粲然者矣，后王是也。"若夫汉之文、宣，唐之太宗，孔子所谓"吾无间焉"者。自余治世盛王，有惨怛之爱，有忠利之教，或知人善任，恭俭勤畏，亦各得圣贤之一体，孟轲所谓"吾于武成取二三策而已"。至于荒坠颠危，可见前车之失；乱贼奸宄，厥有履霜之渐。《诗》云："商鉴不远，在夏后之世。"故赐其书名曰"资治通鉴"，以著朕之志焉耳。[21]

21　《资治通鉴》，第29页。

简言之,在宋神宗眼中,《资治通鉴》是为皇帝治理国家作为参考而编纂的,且其还将这一目的赋予了《诗》《书》《春秋》和《史记》。而且其将司马迁誉为良史的标准是"惟其是非不谬于圣人,褒贬出于至当",也即在他看来,好的史学家要议论"是非"且要进行褒贬,也即是要做出主观判断的,但没有提到"求真"或者"秉笔实书"之类的评价。而其对司马光《资治通鉴》的褒扬则是"其所载明君、良臣,切摩治道,议论之精语,德刑之善制,天人相与之际,休咎庶证之原,威福盛衰之本,规模利害之效,良将之方略,循吏之条教,断之以邪正,要之于治忽,辞令渊厚之体,箴谏深切之义,良谓备焉",不仅强调了史书的功能,即要与"治理"有关,而且还突出了史书要梳理一些有利于统治的"规律""借鉴",即"休咎庶证之原""威福盛衰之本"等,同样没有谈到"史实"和"真相"的问题。

四、乾嘉学派

通常我们会将"乾嘉学派"与考据学联系起来,这当然没有问题,但问题在于,以往很多历史研究者和爱好者将"乾嘉学派"与考据学**等同**起来,或者认为通过"考据"对文献进行复原,甚至得到"真相"就是"乾嘉学派"治史的目的,这应当是极大的误解。

其实,在众多关于乾嘉学派以及相关学者的研究论著中对此都有涉及,大致可以认为,虽然"乾嘉学派"重视考据,但其依然没有脱离中国传统学术的脉络,即讲求学术研究的目的是为了理解"义理",从而服务于王朝和天下,只是在关于如何获得"义理"的方式上与前代在侧重点上不同，具体而言，就是重视"考据"的途径。如漆永祥就认为"一般认为，乾嘉考据学只重考据，不言义理，其学术思想并无特色甚至无思想可言。笔者认为，乾嘉考据学不仅有其思想，有其义理之学，而且其学术思想上承前代，下开来学，有继承有创新，也产生了较大的影响"[22]。下面就简要介绍几位传统认为的考据学大家的思想：

　　如戴震，"震自愧学无所就，于前儒大师不能得所专主，是以莫能窥测先生涯涘。然病夫六经微言，后人以歧趋而失之也。言者辄曰：'有汉儒经学，有宋儒经学，一主于故训，一主于理义。'此诚震之大不解也者。夫所谓义理，苟可以舍经而空凭胸臆，将人人凿空得之，奚有于经学之云乎哉？惟空凭胸臆之卒无当于贤人圣人之理义，然后求之古经；求之古经而遗文垂绝、今古悬隔也，然后求之故训。故训明则古经明，古经明则贤人圣人之理义明，而我心之所同然者，乃因之而明。圣人贤人之理义非它，存乎典章制度者是也。松崖先生之为经也，欲学者事于汉经师之故训，以博稽三古典章制度，由是推求理义，确有据依。彼歧故训、理义而二之，是故训非以明理义，而故训胡为？理义不存乎典章制度，势必流入异学曲说而不自知，其亦远乎先生之教矣"[23]，即在戴震看来，"故训"（大致相当于考据）和"理义"之间并不是隔绝的，无论是对典章制度的考据，还是对儒家经典的考据，都是要服务于理解"贤人圣人之理义"。

22　漆永祥：《乾嘉考据学研究》，中国社会科学出版社，1998 年，第 210 页。

23　戴震：《戴震文集》卷十一《题惠定宇先生授经图》，第 168 页；转引自漆永祥《乾嘉考据学研究》，第 212 页。

　　王鸣盛也是如此，即"夫天下有义理之学，有考据之学，有经济之学，有词章之学。譬诸木然，义理其根也，考据其干也，经济则其枝条，而词章乃其花叶也。譬诸水然，义理其原也，考据其委也，经济则疏引溉灌，其利足以泽物，而词章则波澜沦漪，潆洄演漾，足以供人玩赏也。四者皆天下之所不可少，而能兼是者，则古今未之有也"[24]，同样强调的是考据虽然重要，即属于"干""委"，但义理是考据的"根""源"，是更为重要的内容。

　　此外，无论是段玉裁、钱大昕，还是孙星衍、阮元等都有着相关论述，除了在具体观点上存在差异，整体上都认为考据与义理是存在联系的[25]。

　　在一些考据学的著作中也能看到一些这样的论述，如赵翼在"廿二史札记小引"中记"闲居无事，翻书度日。而资性粗钝，不能研究经学，惟历代史书，事显而义浅，便于流览……至古今风会之递变，政事之屡更，有关于治乱兴衰之故者，亦随所见附著之……或以比顾亭林《日知录》，谓身虽不仕，而其言有可用者，则吾岂敢"[26]，其在"历代史书，事显而义浅"中强调了"义"，在"身虽不仕，而其言有可用者"中也强调了包括史学在内的相关知识的"用"，因此被誉为考据学名著的《廿二史札记》也不是单纯地为了考据和复原"史实"。

24　王鸣盛：《西庄居士始存稿》卷十六《〈王懋思先生文集〉序》；转引自漆永祥《乾嘉考据学研究》，第 212 页。

25　具体可以参见漆永祥《乾嘉考据学研究》第八章"乾嘉考据学思想"，第 210 页。

26　赵翼著，王树民校证：《廿二史札记校证》（订补本）"廿二史札记小引"，中华书局，1984年。

　　通过上述几个例子，除了"乾嘉学派"之外，中国的史书在论述其撰写目的时，并没有强调"求真"或者通过"考据"来获得"真相"，而是强调"史"对于王朝统治的借鉴和警示作用；而"乾嘉学派"虽然强调"考据"，且也以"考据"闻名于世，但其并不认为"考据"是学术研究（包括史学）的最终目的。

　　虽然上述这些例子并不能代表中国传统史学赋予历史叙事（也即现代意义的历史研究）的全部目的，但也应当具有代表性。而且从中国传统知识的"四部分类法"来看，史学本身就是要为作为理解"世界"的根本的"经"服务的。虽然"四部分类法"作为知识分类方式的确立时间目前依然存在争议，但基本可以认为定型于隋唐时期，由此也代表了中国古代很长时期对于"史"的功能的认知。

　　当然，并不是说中国古代的史学不讲求"求真"，至少"乾嘉学派"是希望通过"考据"来复原经部、史部著作的原貌及其记述的历史"真相"的；这里强调的是，即使如此，"求真"也只是中国传统史学实现其目的的手段之一。

　　此外，还可以举出一直以来被作为中国古代史学评论家的刘知幾的《史通》。在《史通》中，刘知幾从他自己认知的角度分析了史书的各种利弊，但其中大概只是在"采撰"一节中论述了"信"的问题（但实际上"信"与"真相"并不完全相同），其他部分对此基本没有提到或者只是偶尔提及，可见"真实"在刘知幾的心目中并不占据主导地位。同时，后世一再强调的刘知幾提出的史家"三长"的"才、学、识"中，也没有"考据"或者"求真"的位置。

五、近代以来的史学

关于以"求真"为主要目的史学在近代中国的建立,研究者颇多,不过通常认为,以"求真"为目的的史学在近代的出现大致有两个源头,一是清代以来的乾嘉学派的考据学,另一个则是清末以后兰克史学的传入,以及一些史学大家如傅斯年对兰克史学的推崇。

如卓立、杨晶《从"直书"到"求真"——清季民初"新史学"知识论转型的观念史考释》:"由于中国传统史学与西方史学的观念基础不同,导致前者形成了记实史学传统,后者则是知识论的解释史学传统。近代时空观念的转型瓦解了中国传统的伦理世界观,中国传统'天人感应'式伦理世界观转变为近代西方的牛顿时空世界观,'客观自然世界'的观念取代了伦理化的'天下',从而引发了以梁启超'新史学'为代表的中国史学知识论转型,其理论内核从古代的'直书'转变为现代史学的'求真'观念。中国实证史学具有远比西方实证史学坚实的合法性基础,具有更强的'反理论'倾向。历史求真观念最初以进化论的方式通过严复的译著传入中国,并在中国式语境下转化为一种追求绝对真理的信仰。但第一次世界大战后,中国'新史学'便从追求普遍'公例'的实证主义立场,转变为追求历史事实客观性的实证史学立场,并与传统记实观念结合形成一种历史主义思想,其知识合法性依据则从'鉴往知来'转变为'知其所以然'。"[27]而张广智的

27　卓立、杨晶:《从"直书"到"求真"——清季民初"新史学"知识论转型的观念史考释》,《天津社会科学》2018 年第 4 期,第 139 页。

《傅斯年、陈寅恪与兰克史学》一文认为"傅斯年与陈寅恪是 20 世纪中国的史学大师,他们关系甚密,其史学思想都对后世产生了深刻的影响。前贤与时彦对他们两人的史学、异同及两人之间的关系多有论述,本文则换一个角度,注重傅斯年、陈寅恪史学思想形成的西学资源,侧重于他们两人与兰克的比较,以阐明傅斯年与陈寅恪所受到的近世西方史学尤其是兰克史学的深刻影响"[28]。

除此之外,还应当注意时代背景,即近代以来对"科学"的推崇,使得史学研究中基于严格的史料批判、严密的逻辑推理而获得"史实"的研究途径,显得要比那些带有明显的目的和主观的"解释性"的研究更符合"科学"。

不过,上述问题并不是此处所关注的对象。此处希望提出的问题是,近代以来的史学虽然高呼"求真""复原史实"的口号,但在实际研究中真的如此吗? 且不说近代时期的历史研究与"救亡图存""民族自信"之间的关系,典型者如钱穆的《国史大纲》,即使讲求"史学便是史料学"且推崇兰克史学的傅斯年也是如此,如他的未完稿《民族与古代中国史》;1949 年以来的中国史学的历次热点以及重要成果的背后,无不有历史研究和史学之外的目的,如以中国历史分期、资本主义萌芽问题为代表的"五朵金花",到"宋元变革论""夏商周断代工程"以及谭其骧主编的《中国历史地图集》等等。

不过,不可否认的是,在此期间,一些历史研究者确实在研究中缺乏甚至没有历史研究之外的目的,纯粹是出于自己的爱好来对历

28　张广智:《傅斯年、陈寅恪与兰克史学》,《安徽史学》2004 年第 2 期,第 13 页。

史进行"复原",且随着历史学科就读人数的增加,这样的研究者的人数也在增加。但如果注意一下这几年在高校考核指标以及职称评定中有着重要"价值"的国家社科基金项目中历史类的选题的话,那么是否可以注意到历史研究与现实之间的密切关系呢? 这也是国家重视历史研究的目的吧。

而且,今天不同于古代的一个重要方面是,当前以研究历史为谋生手段的历史研究者是这一领域研究者中的主流,而包括笔者在内的这些研究者都是国家用纳税人的钱来资助的,那么从这一角度而言,出于自己的爱好来对历史进行"复原"似乎也是不合适的,专业的研究历史者必然要有对国家、社会、民众的考虑。而且纯粹出于"爱好",本身已经是史学之外的一种目的了。还可以追问这些研究者:你们为什么爱好这些"史实",而不爱好另外一些"史实"?

总体而言,虽然不能否认我国历史悠久的史学中,有着一些以"求真"为目的的研究者,但一方面这些人的数量应该不多,至少不占据主流;另一方面,即使是这些人,他们的研究,或者出于无意,也有着史学之外的目的。在我看来,纯粹以"求真"为目的的史学,从未真正成为历史研究的主流,甚至可以说从未真正存在过。

第八章

读侯旭东《宠:信—任型君臣关系与
西汉历史的展开》有感

一

　　本章不算上是一篇严肃的书评,因为我对制度史和政治史并不熟悉,更不用说西汉的历史了,且本章也不关注于对该书具体内容的评述,而是希望对其方法和目的提出一些自己的认知。

　　记得上学的时候,在一些先生开设的课上学习过政治史和制度史。上课之余,也读过一些制度史和政治史的著作,如祝总斌先生的《两汉魏晋南北朝宰相制度研究》、吴宗国先生的《中国古代官僚政治制度研究》、阎步克先生的《从爵本位到官本位》《士大夫政治演生史稿》等和邓小南先生的《祖宗之法：北宋前期政治述略》等，以及众多的针对某一制度、某一王朝的制度史或者政治史的研究。在我主要从事的历史地理的领域中，"制度"和"政治"也是核心关注点，这方面的代表作就是周振鹤先生的《体国经野之道》和《中国地方行政制度史》等，而且在传统的历史地理的研究中，也强调"政治"和"制度"对"地理"，即空间分布的影响。不仅如此，在本科学习中国通史的时候，课程重点讲授的是各王朝"重要"的政治事件、政治人物以及制度，且通常将王朝的兴衰与这些内容联系起来，其暗含的主题就是政治和制度在很大程度上决定和影响了中国历史的走向；虽然会涉及经济、文化和社会方面的内容，但通常都比较简单。我想在很多学校历史系开设的课程中都存在上述现象，甚至今天可能也依然如此。

2003 年博士毕业后，我到中国社会科学院历史研究所（现在改名为古代史研究所）工作。历史研究所规模不算大，本身也是一个法人单位，了解当前中国事业单位制度的人应当清楚，这意味着研究人员几乎所有日常的事务性活动都可以在所里完成，且当时"制度"本身也比较简单，因此我那时对"制度"还没有太多的体会。

2017 年，我到云南大学工作之后，突然面对着一个复杂和庞大的行政体系，不仅制度繁多，而且涉及的机构也颇为复杂；再加上云南大学属于部省共管的高校，不仅受到教育部制度的制约，而且还受到云南省制度的制约，因此无论是教育部，还是云南省制度的变化，都会反映到云南大学中。于是，我第一次亲身体验到了"制度"的复杂性。这还只是一个方面，另外一个方面就是感觉到了制度的"灵活性"：同样去办一件事情，不同的人去办理得到的结果可能不一样,同样的人遇到不同的办事人员得到的结果可能也不一样,同样的人亮出身份以及不亮出身份去办理同一件事情得到的结果可能也不一样。由此,我深切地体会到了"制度"中的"人事"。

虽然我非常重视"制度",初到云南大学的时候,就打印了财务处的相关手册,以及认真学习了一些部门的"制度",但遇到具体事情的时候依然一头雾水。所以,我给学生上课时会发出这样的感慨:研究制度史最麻烦的不是制度条款的问题,而是制度的执行和具体运作的问题;不要说唐宋的制度了,一所大学的制度有谁能真正搞得清?

二

虽然最近 20 多年来,制度史的研究本身已经有所转型,比如邓小南先生提出的"活的制度史""作为过程的制度史"以及关注制度之间关系的"制度史"等,已经对传统的制度史的研究产生了强烈的冲击。与此同时,学界也开始强调制度的实际运作问题,即作为纸面上的制度与实际执行的制度之间的关系和差异。不过,在所有研究中,最能解答我疑惑的就是侯旭东先生的《宠:信—任型君臣关系与西汉历史的展开》[1]一书以及他刚刚出版的《什么是日常统治史》[2]。通过他的分

1　侯旭东:《宠:信—任型君臣关系与西汉历史的展开》,北京师范大学出版社,2018 年。
2　侯旭东:《什么是日常统治史》,生活·读书·新知三联书店,2020 年。本章主要评价的是《宠:信—任型君臣关系与西汉历史的展开》,但从内容上来看,这两本著作存在内在的联系;且作者在《宠:信—任型君臣关系与西汉历史的展开》中所提出的,"关系"不止是研究对象,更是一种观察过去的视角或思维方式,对此在《什么是日常统治史》中进行了更为系统的论述,因此下文有时也会引用一些《什么是日常统治史》中的内容。

析,我在云南大学遇到的那些事情可以归纳为广义的"宠:信—任型关系",也就是该书在第七部分讨论的内容,或者简单来说就是各种"关系",这也是他在刚出版的《什么是日常统治史》一书中所讨论的。

这样一来,我在云南大学遇到的各种事情就好理解了。同样去办一件事情,不同的人去办得到的结果可能不一样,这是因为去办事的不同的人与负责处理这件事的人的关系不一样,可能是朋友关系、同学关系、领导与被领导的关系等等,于是事情就可以在制度允许的情况下,从宽处理;而如果去办事的人与负责处理这件事的人没有关系,或者没有密切关系,或者没有可被识别出来的"重要"关系,或者甚至是"仇视"关系,那么很可能就会在制度框架中,从严处理,或者"该怎办就怎办"。

同样的人去办理事情时遇到不同的负责人得到的结果可能也不一样,这也是因为"关系",这点与上一种情况是近似的。同样的人亮出身份以及不亮出身份去办同一件事情得到的结果可能也不一样,从"关系"的层面也是很好理解的,因为"身份"在任何地方,都是确认和确定"关系"的一个重要条件。

所以,在学校之中,除了白纸黑字的"制度"以及那些只可言传的"制度"之外,学校的"制度",尤其是其运作中,还有着"关系"的一个层面。而且,"制度"的制定本身有的时候也会考虑"关系",虽然在现代讲求公平公正的社会中,这样的现象有所减少。

不仅如此,无论是古代,还是现代社会,都有着各种有形或无形,正式或不正式的"制度"[3],但在其执行的时候,无论是多么"公正"

3　如规矩、规则、契约等,在广义上也可以被视作制度。

"严格"的社会,都存在制度之外的因素的"干扰",比如中国人经常说的"人情",这些大致都可以归为侯旭东所说的"关系"。而且,很多人去办一些颇为复杂的事情的时候,经常想到的一个事情就是"有没有关系""可以不可以找关系"。

正是因为在中国社会以及在任何社会中,"关系"之重要,且绝大多数人都看到了,在制度的制定和执行中,"关系"的重要性,因此建立、维持和经营"关系"也就成了一种"日常"活动。虽然,不同社会中"关系"发挥作用的程度,以及"关系"与制度、规范之间的关系存在差异,但"关系"都是存在的,"关系"不发挥作用的社会是难以想象的,因此这一视角也适用于几乎所有社会。所以,在这一层面理解侯旭东的这本书应该是不难的。

当然,虽然对于这种"关系",我们或多或少地都有所体会、了解,甚至在某些研究中也有所涉及,但基本局限于个案,缺乏将其作为"制度史"或者"政治史"的一种构成因素来看待,而至多是将其看成是"制度"的补充,或者干扰因素,是"政治史"中非常规的因素,甚至被看成是"政治"和"制度"腐败的诱因。但侯旭东的《宠:信—任型君臣关系与西汉历史的展开》一书应当是第一次将皇帝与大臣之间的"宠:信—任"作为"制度史"或者"政治史"的一部分,且是重要的组成部分和内在部分来看待的,且也是第一次对这一问题进行了系统的论述;侯旭东在最新出版的《什么是日常统治史》中更是将皇帝与大臣之间的"宠:信—任"关系扩展为日常的"关系",且进行了更为系统的论述[4];由此,

---

4　该书可以被看作《宠:信—任型君臣关系与西汉历史的展开》一书第九部分"家与国/私与公"的展开。

在这一视角下,"关系"已经脱离了"政治史"和"制度史"的范围,从而成为了一种研究过去、研究历史的视角,可以说不再属于任何当前的研究领域[5]。这应当是《宠:信—任型君臣关系与西汉历史的展开》(和《什么是日常统治史》)的第一个重要的贡献。

三

传统的历史学,只要涉及"叙述",那么必然就涉及"叙事",而正如本书所强调的,所有的叙事,实际上都是从讲述者的各种需要、观念、思想和习惯等出发,对之前历史的"研究",然后为了说服其他人甚至自己信服讲述者的观点,因此在讲述的时候,会尽量挑选那些能为其观点服务的"史实",在对它们进行各种加工之后,用因果、继承、发展、延续等关系将它们组织起来。在读者看来,讲述者构建的就是一种前后相继,最终必然或者应当如此的故事(历史)。这样的故事(历史)也就形成了具有明确或者不明确的主观性的,且是基于某种或者多种构建[6]而成的关系而形成的线性的历史叙述。这点是毋庸多言的,只要看看我们传统的制度史、政治史等众多的专门史以及各种通史的论著,就能明了。

这种叙事方式,实际上暗含了两种史观:

---

5 确实,正如侯旭东所说,制度史、政治史其实都是 20 世纪按照西方逻辑建立的对象,并不是一个必然如此、绝对成立的研究对象。

6 要强调的是"构建"一词,并不等同于"虚构"。"构建"可能等于"史实",可能不等于,但我们无法验证。

　　一种是"辉格的历史解释"，这一术语是由英国历史学家巴特菲尔德（Herbert Butterfield）最早创造的，其最初指的是 19 世纪初期，英国一些支持辉格党的历史学家，将历史作为工具来支持辉格党的政见，依照现在的需要来解释过去和历史。1931 年，巴特菲尔德出版了《历史的辉格解释》一书，在该书中，巴特菲尔德将"辉格式的历史"（或称"历史的辉格解释"）界定为直接参照今日的观点和标准来进行选择和编织历史的方法，并认为这种方法对于历史的理解是一种障碍，即这意味着把某种原则和模式强加在历史之上，必定使写出的历史完美地会聚于今日。这一界定，在我看来实际上分为两部分，一部分是"直接参照今日的观点和标准来进行选择和编织历史的方法"，这颇类似于后文一再提及的"后见之明"，只是"参照今日的观点和标准"改为"参照叙述者所持有的观点和标准"可能更合适一些，这种"历史的辉格解释"应当是广义的；而"这意味着把某种原则和模式强加在历史之上，必定使写出的历史完美地会聚于今日"，也即认为今日或者叙述者认为的时间是其所叙述的历史发展的顶峰或者终点，其涉及的范围更为狭窄，因此这可以被看作狭义的"历史的辉格解释"。

　　另外一种则是"线性史观"，按照王汎森的观点，"线性历史观"是一个不太容易界定但却很容易理解的概念，他进一步将其概括为"它（即线性历史观）认为历史发展是线性的、有意志的、导向某一个目标的，或是向上的、不会重复的、前进而不逆转的"[7]。"线性史观"

7　王汎森：《近代中国的线性历史观——以社会进化论为中心的讨论》，《新史学》第 19 卷第 2 期，2008 年，第 2 页。

这两年在中国学界受到的批评比较多,典型者如王汎森,我在对于中国古代地图的研究中对此也有所批评。

"历史的辉格解释"和"线性史观"的共同之处在于,都是基于叙述者的观点和目的来解释过去,并且将历史理解为朝向某个"目标"的单线的必然或应当如此的发展,而且很多时候这种"发展"是一种明确的进步。或者可以说,"线性历史"是"历史的辉格解释"的一种最为直白的表达方式,两者都将历史作为一种工具。

侯旭东的《宠:信—任型君臣关系与西汉历史的展开》一书在其代序"告别线性历史观"中对这两者进行了批评,从而也就指出了该书在研究理论和方法上希望达到的目的,即摆脱"历史的辉格解释"和"线性史观"的"后见之明",而要回到"历史的现场"去"顺时而观",且基于认为历史自身的复杂性,从而提出"展示'复数的历史'应是当下史家的职责之一"[8]。

可能是为了避免"线性史观",所以侯旭东的《宠:信—任型君臣关系与西汉历史的展开》一书虽然在第三章"信—任型君臣关系的展开"等部分是按照时间先后叙述的,但没有去阐述各个事例、事件之间的关系;可能也是为了避免"历史的辉格解释",所以该书同样尽量避免将各个事例、事件与西汉的"历史"或者王朝的兴衰联系起来,甚至也没有与通常认为的西汉历史中的那些重要事件联系起来,即没有形成一部典型意义上的"通史"[9];甚至也没有对"宠:信—任

---

8   侯旭东:《宠:信—任型君臣关系与西汉历史的展开》,第13页。
9   当然,在书中的第八章有所涉及,但没有构成我们通常理解的一部"通史",即按照"关系"展开的西汉的历史。

型君臣关系"与西汉历史的关系进行直接的叙述,即如同通常的历史叙述那样,将"宠:信—任型君臣关系"与西汉的兴衰联系起来,而只是在第八部分"信—任型关系与西汉历史"对两者作了一些理论化的表达,揭示了这种"关系"在西汉历史"展开"中的"作用",也即两者之间的关联,而不是在西汉历史"演进""发展"中的作用。当然,上述这些属于我读后的推测。

对"历史的辉格解释"和"线性史观"的颇有说服力的反思和批判,以及将这些反思和批判运用到具体研究中,而不是仅仅停留在理论和方法层面,应当是侯旭东的《宠:信—任型君臣关系与西汉历史的展开》一书的第二个贡献。

四

如上文我所推测的,可能是为了避免"历史的辉格解释"和"线性史观",侯旭东的《宠:信—任型君臣关系与西汉历史的展开》的撰写方式颇让我出乎意料,可能也体现了他在"代序"最后部分所表达的"基于以上考虑,以一种不同寻常的方式来编排书中的内容"[10]。在阅读该书前言的时候,我心中构想的该书的正文可能应当类似于一部《芈月传》(虽然我没有看过这部"名剧",但对其所有耳闻)或者类似于《康熙大帝》(我看过其中一部分),也即通过各种史学家看起来偏向于"八卦"[11]的历史事件,来讲述西汉的历史,或者西汉的政

---

10 侯旭东:《宠:信—任型君臣关系与西汉历史的展开》,第14页。
11 "八卦"在这里不是贬义词,注意我说的是"史学家看起来"。

治史,且由于"宠:信—任"主要涉及王朝的中枢,因此应当就是一部"宫斗剧",当然不是局限于宫内的宫斗,而是宫廷内外的"宫斗"。但阅读正文的时候,我这颗"八卦"的心颇为失望,虽然其中记载的一些事例满足了我的"八卦情结",但没有让我看到传统意义上的"西汉历史的展开",且除了少量个案之外[12],没有涉及太多王朝的兴衰起伏与这些"八卦"事件之间的直接关系。从这一点讲,该书确实达到了它的一个主要目的,即避免了"线性史观"[13]。

虽然笔者也曾撰文和著书反对过线性史观,但是现在,在这一问题上,我与侯旭东先生的看法产生了分歧。简言之,他是通过希望避免"线性史观"和"历史的辉格解释"来减弱或者消除现代人对历史的建构,而我的看法则是,我们作为有主观意图和目的的人,而且正如本书所一再强调的,历史研究不仅不可能避免"主观性",而且其意义正是在于"主观性",因此作为主观性表达的狭义的"历史的辉格解释"虽然是可以避免的[14],但不是必须要回避的,且也不像巴特菲尔德所认为的其对于历史的理解是一种障碍,以及是将某种原则和模式强加在历史之上[15];由此,作为"历史的辉格解释"以及其他"解释"的常用方式的"线性史观"虽然也是可以避免的,但同样不是

---

12 如对哀帝朝的分析,指出王莽之所以能代汉,根源在于哀帝暴亡,实际也指出王莽代汉并非必然,哀帝时存在继续汉统的契机,只是哀帝的作为及其暴亡,使其可能性流失了。这与传统的解释不同。

13 但至少就我看来,并未能避免"历史的辉格解释",具体参见后文。

14 广义的"历史的辉格解释"在我看来是无法避免的。

15 因为只有当一种或者少数几种"历史的辉格解释"以及历史解释占据主导时,它们才成为我们理解历史的一种障碍,具体可以参见后文;同时所有的历史研究都是将某种原则和模式强加在历史之上。

必须要回避的。下面即对侯旭东先生一书中一再强调的各种观念逐步展开分析。

首先，为了避免"历史的辉格解释"和"线性史观"，侯旭东强调要回到"历史的现场""顺时而观"，而不是像以往的史学那样有着"后见之明"。其所表达的意思，似乎依然强调的是历史研究者要避免"主观性"，或者尽量避免"主观性"。看过本书前面部分的读者应当明了，在我看来，研究者是不可能真正回到"历史的现场"的，无论是通过史料，还是时光机器，而且即使能回到"历史的现场"，当我们"顺时而观"的时候，"观"什么以及"观不到"什么，都受到我们自己意识到的以及没有意识到的主观性以及所能接触到的材料的制约，即我们不可能成为一名没有任何自己意识的历史的旁观者，我们的感官和我们的观察工具就已经决定了我们所能看到的以及所看不到的，由此也就影响了我们对历史的认知。因此，从这点而言，侯旭东的这种认知还是颇为"理想化"的。对于《宠：信—任型君臣关系与西汉历史的展开》一书而言，当其将"宠：信—任"作为主旨来进行叙述，且为此挑选事例的时候，实际上已经是一种"后见之明"；或者更为简单地说，当他"顺时而观"的时候，已经决定了他所看到的，以及他无法看到或者有意无意忽略的那些"史实"。

其次，紧随而来的就是，我们是否可以避免"历史的辉格解释"。由于不可能真正地"回到历史现场"，也不可能真正地作为"中立者""顺时而观"，我们回望历史总是有着各种各样或明或暗的目的，因此虽然我们可以避免那种将历史发展叙述为指向当前或者撰写者认定的某一时刻为顶点或者重点的狭义的"历史的辉格解释"，但"直接参照叙述者所持有的观点和标准来进行选择和编织历史的方法"这种广义的,实际上代表着"后见之明"的"历史的辉格解释"则是无法真正避免的。回到《宠:信—任型君臣关系与西汉历史的展开》一书,虽然侯旭东一再避免"历史的辉格解释",但实际该书整体上依然没有脱离这种解释方式,即为了阐述"宠:信—任"的重要性,该书所展开叙述的都是这方面的事例,而且他也必然希望读者相信"宠:信—任"在西汉甚至中国、世界制度史和政治史中的重要性。

而且,我们还可以进一步梳理侯旭东先生撰写该书以及《什么是日常统治史》的思路。在《宠:信—任型君臣关系与西汉历史的展开》的"代序"中,除了希望破除"线性史观"和"历史的辉格解释"之外,我们可以看出侯旭东实际上还希望能在史学理论或者方法层面有所突破,这在他的《什么是日常统治史》一书的结语中表达得更为明确[16]。为了达成这一目的,其在《宠:信—任型君臣关系与西汉历史的展开》和《什么是日常统治史》中使用了特殊的撰写方式,研究了被以往制度史和政治史所忽略的问题,且对中国古代(世界古代)政治史的"构成"或者制度的运作方式进行了重新的认知,结论也非常具有说服力。由此,很多读者也表达了对该书的认可和赞同。这里我们是否可以看到一种更高层次的"历史的辉格解释",一种超出具体历史问题之外的"历史的辉格解释"? 即认为以往的制度史和政治史的研究方法(甚至整个中国史学在研究理论和方法上)存在问题(不是错误),并举出了"史实"(在该书的代序中);然后该书的论证通过确立新的

16　侯旭东:《什么是日常统治史》,第309、310页。

认知，从而再次证明了这一点，而这些叙述同样可以被认为是"史实"，由此最终强调了我们现在需要新的研究方法和理论的正确性。

总之，就我来看，广义的"历史的辉格解释"是历史研究不可避免的，也是人对历史的认知所不可避免的。

再次，与上述两者不同，"线性史观"是可以避免的，至少在写作层面，侯旭东的《宠：信—任型君臣关系与西汉历史的展开》就是一个"成功"的案例。在讨论之前，先举一个例子。

我到了云南大学之后，参加过一次博士毕业论文的开题，作者选择的主题是春秋战国时期妇女在政治中的作用，这是一个典型的妇女史或者性别史的议题。作者选择的写法是列举妇女在当时政治活动中发挥了不同作用的例子。我对这篇论文的建议是，如果按照这样的写法，作为旁观者来看，是无法动摇传统的男性在政治活动以及各类活动中的主导地位的。因为，我可以将所有这些事例都解释为，一方面这些事例都是男权之下的特例，毕竟万事都会有例外和偶然；另一方面，虽然在这些事件中妇女发挥了作用，但从整体来看，历史和政治依然是由男权主导的，女性在这些事件中所发挥的"重要作用"，只是男权的补充。如果要推翻传统的从男性角度叙述、由男权主导的历史的话，就要真正地从女性主导历史和政治史的视角来看待历史，将女性放置在历史叙述的核心，且相关的历史是围绕女性展开的，即虽然男性站在了各种历史活动的前台，但都是女性手中的棋子或者木偶。虽然关于女性的史料留存很少，但一方面可以将个别事件进行扩展，说明它们的代表性，且尽量连续成线，另一方面可以将她们所主导的历史事件界定为是关键性的。《芈月传》可能就是这方面的代表吧。需要强调的是,这不涉及历史"真相"的问题,而是看待历史的"视角"的问题,也是"顺时而观"时我们心中所思所想的是什么的问题。

侯旭东的《宠:信—任型君臣关系与西汉历史的展开》也是如此,如果我是一位传统的政治史或者制度史的拥护者,那么依然可以说,虽然侯旭东先生说得很对,他的研究揭示了我们研究中被长期忽视的一个方面,但"宠:信—任"或者说"关系"只是制度史的一个补充,即制度是主线,制度史依然是围绕制度本身展开的,"关系"只是在制度框架内运作,虽然偶有突破制度的框架的特例,但也仅是特例而已。对此,为了应对这样的评价,或者就我来看,真正完成"宠:信—任型君臣关系与西汉历史的展开"这一主题,那么必须要从"宠:信—任"或者"关系"的角度重新书写西汉的历史,并凸显"宠:信—任"或者"关系"在西汉王朝兴衰中的重要性。虽然制度重要,但制度的制定和执行,受到"宠:信—任"和"关系"的制约,在历史的进程中,不断持续发挥作用的是"宠:信—任"以及各种"关系",制度只是各种"关系"的工具而已,只是一种"表象"。或者,在完成"宠:信—任型君臣关系与西汉历史的展开"这一主题时,从制度本身和"宠:信—任"或者"关系"之间的"关系"入手,重新书写西汉的历史,并凸显两者及其之间的"关系"在西汉王朝兴衰中的重要性。侯旭东所言的"或可将西汉历史大致区分为事务过程、关系过程,以及两者的关系"[17]。这些叙述同样并不涉及历史的"真相",依然是观看

17　侯旭东:《宠:信—任型君臣关系与西汉历史的展开》,第218页。

历史的"视角"的问题。

　　之所以强调"线性史"，是因为在我看来，"线性史"是一种强有力的说服工具，不仅在历史中是如此，在现实生活中也是如此。这可能与"线性史"符合人类记忆事件的方式有关。绝大多数人很难直接记忆众多的事情，将众多毫无头绪的事情记忆下来的方式就是通过某种或者某些（不管正确与否）"关系"将它们串联起来，构成由一组有着内在"关系"的事情构成的脉络，且由于有着"关系"，因此这一脉络通常也有着一定的"目的"。可能正是由此，具有内在关联的事件构成的叙事，也往往具有说服力。当然，需要强调的是，"线性史"并不是简单地将事件按照时间先后放置在一起，而是要为了某种目的构建起这些事件的内在联系[18]。

　　这里举一个日常生活中的例子，即我们希望说服别人相信某某人"品行不端"。如果我们按照如下方式陈述：某某人小时候没有和父母生活在一起，缺少父母的教育；小学期间学习不好，撒过谎，转过几次学，老师不喜欢；初中的时候，考试时帮着别人作弊；高二的时候打过架，还住了院；大学，经常不去上课，不认真学习。所以，该人"品行不端"。假设这些都是"真相"，也许由此能说服一些人，但头脑灵活一些的人，则会提出质疑，毕竟这些事情很多人都干过或者遇到过，但这些人并没有被认为"品行不端"，因此这样的"举例说明"并不具有说服力。

18　当然，正如侯旭东所言，"线性史"并不是一种人的本能，也不是在所有文明或者文明的每一阶段都是一种强有力的叙述方式，比如历史时期的印度，因此其是一种后天习得的思维习惯，只是在众多文明以及在当前占据了主导。

于是我们换一种说法:某某人小时候没有和父母生活在一起,缺少父母的教育;正是因为缺少父母教育,所以他小学期间撒过谎,且学习不好,可能正是这样,所以转过几次学,这些学校的老师都不喜欢他;因为品德不好,初中的时候,考试时居然帮人作弊,你想想这人的品行能怎么样;到了高中,他更是变本加厉,居然和人打架,打得那么厉害,都住院了;大学就别提了,经常不去上课,学习就更别说了,不认真,混日子。经过这样的因果串联后,这种"历史的辉格解释"下的"线性历史"是不是说服力强了不少?

这个某某人是谁呢?就是笔者我,惊不惊喜,意不意外!虽然,我不是正人君子,但也说不上"品行不端"。这个例子不仅说明了"线性史"的威力,而且还再次解释了前几章中提到的用"真相"说谎。解释一下:小时候我虽然没有和父母生活在一起,但幼儿园是全托,小学的前几年是和外婆、外公以及舅舅住在一起,不是没有人管和缺乏家教,只是缺乏父母的教育。小学转学,是因为不断搬家的结果;老师不喜欢,也只是"不喜欢",没有讨厌,因为成绩确实不那么好。初中作弊,那个没话讲,哥们儿义气,但没有提及的就是,我初中成绩非常好。高中打架,是校外的两个小混混找茬,我算是正当防卫。大学呢,正如本书"缘起"部分所说,虽然经常不去上课,不认真学习,但不认真学习的是历史学,而其他"乱七八糟"的课程我是学了很多的。

最后,我在分析了侯旭东先生该书关于历史方法的认知之后,我非常赞同其所主张的"展示'复数的历史'应是当下史家的职责之一";且也非常赞同,他认为历史学家的责任在于认知到历史本身的

"无目的性"以及历史过程的无数种可能性之后,将这样的复杂性表达出来。不仅如此,我们也都认为虽然历史本身的"无目的性"以及历史过程的无数种可能性,但历史学家在撰写时是无法避免"目的性"的,且也无法将历史过程的无数种可能性表达出来;且如果所有历史学家以及个人的思考不是一元化的、单一视角的,那么由此各自笔下呈现的历史则是多元的、目的多歧的,因而历史整体上将呈现出多样性,最终也就表现出了无特定目的的历史。因此,在这里强调的是,读者需要认识到侯旭东的《宠:信—任型君臣关系与西汉历史的展开》依然只是表达了历史过程的有限的可能性,读者不应将其视为超越于其他历史叙述之上的一种历史叙述,否则也就违背了他的本意。

回到此处,我想说的就是,在我看来,至少在当前,"动摇"一种"线性的历史叙述"最有力的方式就是另外一种"线性的历史叙述","撼动"一种广义的"历史的辉格解释"最有力的方式就是另外一种广义的"历史的辉格解释"。那么,我认为面对"线性的历史叙述"和"历史的辉格解释",且达到"展示'复数的历史'应是当下史家的职责之一"的目的,为此今后的历史学以及历史研究者应当做到以下三点:

第一,我们作为现代史学家,应当做到的是让更多的人意识到,我们的所有历史叙述都是"历史的辉格解释",都是有意图的,都是经由希望"基于现在,认知过往,影响未来"而构建的,都不是关于过去的"真相",由此一来便可以降低某种和某些"历史的辉格解释"的"破坏力",且在阅读历史论著时,要有意识地去识别其中的"意图";

同样,对于"线性史观"而言,则希望更多的人意识到和识别出各种"线性史"的目的,且意识到其中的史实是为了达成这种目的而经过挑选的,事件之间的关联也是如此。由此,无论是历史学家本身还是其他人,都不会轻易地被一种(一些)"线性史"和一种(一些)"历史的辉格解释"所蒙蔽,因为在他们心目中已经知道历史叙述不可能是客观的,且已经明确地知道历史本身就是"复数的"[19]。

第二,我不否认甚至支持"历史的辉格解释",无论是狭义的还是广义的,但希望在识别出其中的"意图"之后,将相信和支持哪些"历史的辉格解释"的权力掌握在我们自己的手中。虽然"线性历史"是一种强有力的历史书写方式,但希望读者知道我们所认知的历史可以是多线性的,而且是无限多的线性的,也即是"复数"的,同样将相信和支持某种或者某些"线性史"的权力掌握在我们自己手中。当然,还要认识到,历史本身并不一定是线性的,历史本身就像一堆毫无头绪的沙子,沙子之间的关联是由人主观构建的。

第三,基于上述两点,要让所有人都明确地意识到且相信,认知历史和构建历史的权力掌握在自己的手中,即"人人都是自己的历史学家"。

如果能达成上述三点目的,尤其是达成了"人人都是自己的历

---

19 需要强调的是,不仅客观的历史是"复数"的,而且我们对于"历史"的认知更是"复数"的,这点我与侯旭东的观点是一致的。如在《什么是日常统治史》(第310页)中,侯旭东提出"同时,反思既有的提问方式与使用的概念,真切地立足这片土地上的人类经历,发现内在于过往生活实际的问题,归纳现象,提炼概念,构筑解释,在与古人、今人的反复对话中构建史学认识。认识一定是复数的,不同角度的观察带来的是多元的结果,在对话中减少偏蔽、增进认识"。

史学家",那么历史也就不再会轻易成为某种主流意识和权力的强有力的工具,虽然成为工具是历史研究的必然结果和目的。不过上述三点目的的达成,是以牺牲作为一个学科的历史学为代价的,那时作为一个学科的历史学也就被终结了,因为其完成了自己的使命,"死得其所"。

为了达成上述三点目的,除了类似于本书的偏向于方法和理论的介绍之外,还应当有着众多的在目前史学主流看起来"非主流"的"离经叛道"的历史叙述,在我看来,这也是历史学自我解构的过程。就这点而言,侯旭东的《宠:信—任型君臣关系与西汉历史的展开》是一个具有里程碑意义的开端。

下编

经典的塑造与历史书写

——以《广舆图》为例

罗洪先的《广舆图》在明代中后期广泛流传,成为一些书籍、地图集和书籍中的插图的"模板"。近代以来的中国地图学史的研究,基于《广舆图》所使用的"计里画方"的绘图方法及其代表的所谓的"准确性",将其认定为中国古代地图绘制的顶峰之一,并潜在地认为其在明末清初的广泛流传是其绘图方法造成的。不过,无论是《广舆图》后续版本的刊刻者,还是以其为"模板"的作品的作者都在序跋中试图消除罗洪先《广舆图》的价值,甚至对其只字不提,在一些书目中对《广舆图》的作者也只有模糊的认识。总体而言,明末清初,时人对于《广舆图》的广泛流传缺乏明确的认知,因此在当时《广舆图》没有被认为是"经典"。《广舆图》在当时流传的主要原因是其优秀的内容,而不是绘图方法。基于此,可以认为,民国以来的在"科学主义"之下对中国古代地图学史的书写,造就了《广舆图》的"经典"地位,但显然也"扭曲"了我们对于历史的认知。由此推而广之,"人类的历史,可以在它已经发生后才被决定是怎样发生的!"

下篇收录这篇小文的目的非常简单:简明扼要地说明随着时代的变化,我们对于历史构建方式的变化,这种变化反应了时代需求和时代的思想。还需要注意的是,在同一时代需求和时代思想之下,这种构建的历史通常被认为是真实的,这种构建方式也被认为是理所当然的;而随着时代的变化,之前时代构建的历史以及构建历史的方式也就受到了挑战。

文本没有涉及太多对"影响未来"的介绍。不过,熟悉中国科技史的读者应当很容易想到其对未来的影响。在"科学主义"的时代精神下,通过对以《广舆图》等地图为核心材料的中国地图学史的构建,进一步强化了"科学"的主导地位;而且在那个需要加强民族自尊心和自信心的年代,这样的历史叙述不仅满足了这些时代需要,而且也激发和巩固了众多国民的爱国情怀,并推动了他们振兴中华民族的信心。

随着中华民族的崛起,笔者认为以往的这种将"民族

自尊心和自信心"建立在优秀传统文化基础上的时代需要
逐渐减弱而且会产生反作用,现在这个时代转而需要将
"民族自尊心和自信心"建立在当代人的杰出贡献上,因此
这也是我撰写这篇论文的目的,且也是我即将出版的对中
国地图学史进行了重新书写的著作的目的。而我确实希望
通过我的这些研究,不仅对未来中国古代地图以及相关领
域的研究方向产生根本性的影响,而且我希望影响未来中
国的发展方向。

第一节 问题的提出

在以往的中国传统舆图的研究中,基于各种原因,如绘制技
术、珍稀程度等,某些地图,如《禹迹图》《华夷图》《历代地理指
掌图》《大明混一图》《广舆图》等,在研究中得到了更多的重视。
同时,以往还对某些地图对中国古代地图绘制的影响进行过大
量的研究,甚至对某些地图的谱系进行了梳理[1]。结合上述两者,
在以往构建的中国古代地图学史中,有一些地图被认为具有划
时代的意义[2],并进而形成一种认知,即由于这些地图在当时具有
极大的影响力,因而在中国地图学史中成为"经典"。虽然很多

1　如关于《大明混一图》,可以参见刘迎胜主编《〈大明混一图〉与〈混一疆理图〉研究——
　　中古时代后期东亚的寰宇图与世界地理知识》(凤凰出版社,2010年)中的研究等。
2　如在王庸的《中国地图史纲》中强调的是,裴秀的《禹贡地域图》、贾耽的《海内华夷
　　图》、罗洪先的《广舆图》、利玛窦绘制的世界地图以及《康熙皇舆全览图》和《乾隆内府
　　舆图》。参见王庸《中国地图史纲》,生活・读书・新知三联书店,1958年。

著作中并没有刻意强调某些地图的"经典"地位,但从论述的角度而言,它们往往会给予读者以这样的认知。如任金城在《〈广舆图〉的学术价值及其不同的版本》中认为《广舆图》"因此能在我国得到广泛的流传,影响极为深远,在我国地图学史上堪称为承前启后之佳作"[3]。

先不论这样的认知是否正确[4],这种认知本身,也是我们今人的认知,即通过研究认为这些地图在当时非常流行、具有影响力,因而属于"经典"。但由此带来的问题是,所有的"经典"都不是"与生俱来",而是塑造的结果,那么我们今天认为的"经典"在当时是否被认为是"经典",即这些我们今天看来是"经典"的地图,在当时虽然非常流行且可能确实影响很大,但当时人是否认识到了这一点,从而将它们奉为"经典";以及,如果在当时被认为是"经典",那么其被确定为"经典"的标准,与后来以及今天是否相同?

这些问题虽然不一定会推翻目前构建的地图学史中的相关认知,但却能让我们更多元地看待中国古代地图学史,认识到历史书写的多元和动态。

《广舆图》在以往的中国地图学史中长期以来被奉为中国古代地图史上的"名作",堪称"经典",因此本文以《广舆图》为例,试图对中国古代地图学史中"经典"的塑造与历史书写的形成及其对历史认知的影响进行探索。

---

3   任金城:《〈广舆图〉的学术价值及其不同的版本》,《文献》1991 年第 1 期,第 118 页。
4   对于以往这方面论述的讨论,参见成一农《"非科学"的中国传统舆图——中国传统舆图绘制研究》,中国社会科学出版社,2016 年。

第二节 《广舆图》的资料来源

罗洪先在《广舆图序》中强调这套图集是在朱思本地图的基础上编绘的,即"于是悉所见闻,增其未备,因广其图,至于数十,其诸沿革统驭不可尽载者,咸具副纸。山中无力傭书,积十余寒暑而后成",不过虽然实际上这套图集与朱思本的关系应当并不太大[5],但其中的原创成分也确实非常之少,笔者在《〈广舆图〉史话》一书中,基于前人的研究对其资料来源进行了分析[6],可以参见表3。

表3 嘉靖初刻本《广舆图》的内容及其参考的资料

地图分类	图名	幅数	资料来源		
政区图	舆地总图	1	可能参考了朱思本《舆地图》以及《大明混一图》《杨子器跋舆地图》等地图。	文字部分引用了桂萼《皇明舆图》等材料。	地图集的形式来源于之前的地图集。"计里画方"来源自朱思本《舆地图》。地图符号可能参考了《杨子器跋舆地图》。
	北直隶舆图	1	可能参考了一些当时的分省舆图。		
	南直隶舆图	1			
	山东舆图	1			
	山西舆图	1			

---

5 罗洪先的这段论述确实也影响了明代直至现代对朱思本《舆地图》和罗洪先《广舆图》的认知,但这种认知是错误的。由于这一错误的认知,实际上可以将后世对朱思本《舆地图》的褒扬看成实际上是对《广舆图》的褒扬。

6 参见成一农《〈广舆图〉史话》,国家图书馆出版社,2017年。

（续表）

地图分类	图　名	幅数	资料来源		
政区图	陕西舆图	2			
	河南舆图	1			
	浙江舆图	1			
	江西舆图	1			
	湖广舆图	1			
	四川舆图	1			
	福建舆图	1			
	广东舆图	1			
	广西舆图	1			
	云南舆图	1			
	贵州舆图	1			
九边图	九边总图	1	可能引用了他人绘制的地图。		
	辽东边图	1	以许论《九边图说》中的地图为基础,加上了"计里画方"的方格网。		
	蓟州边图	2			
	内三关边图	1			
	宣府边图	1			
	大同外三关边图	1			
	榆林边图	1			
	宁夏固兰边图	1			
	庄宁凉永边图	1			
	甘肃山丹边图	1			

（续表）

地图分类	图名	幅数	资料来源	
诸边图	洮河边图	1		
	松潘边图	1		
	建昌图	1		
	麻阳图	1		
	虔镇图	1		
专题图	黄河图	3	地图抄录自郑若曾绘制的《黄河图议》中的地图。	文字抄自刘天和《黄河图说》。
	海运图	2	地图有可能参考了郑若曾的《海运图说》中的地图。	图后所附文字中的大部分文字来自明初的《海道经》。
	漕运图	3		
邻国和周边地图	朝鲜图	1	图文皆摘引自郑若曾编绘的《朝鲜图说》。	
	东南海夷图	1		
	西南海夷图	1		
	安南图	1	图文皆摘引自郑若曾编绘的《安南图说》。	
	西域图	1		
	朔漠图	2		

第三节 《广舆图》的广泛传播

成书之后,《广舆图》很快便广为流传,通过各种形式的增补和修订,形成了众多版本,目前至少有 7 个版本存世,它们的承袭关系以及内容上的差异见表 4：

表 4 存世的《广舆图》版本以及承袭关系[7]

版本	收藏地	所依据的版本	特　点
嘉靖三十四年（1555）前后的初刻本	中国国家图书馆、辽宁省博物馆、山西省图书馆		图 48 幅,文字、表格 68 页。每页高 33.7 厘米,宽 33.4 厘米。《舆地总图》中没有绘长城,将黄河源绘为三个湖泊。
嘉靖三十七年（1558）南京十三道监察御史重刊本	中国第一历史档案馆、美国国会图书馆	初刻本	在 117 页上刻有"嘉靖戊午南京十三道监察御史重刊",其他与初刻本同。
嘉靖四十年（1561）胡松刻本	河南省图书馆、浙江省图书馆,日本东京内阁文库藏有手抄本	初刻本	在初刻本基础上,增加了日本和琉球两图（这两图没有画方,也没有使用统一的图例符号）,并在某些图的空白处增加了上百字的评论性文字。

7　该表来源于成一农《〈广舆图〉史话》,第 129 页。关于《广舆图》的版本还可以参见任金城《〈广舆图〉的学术价值及其不同的版本》,《文献》1991 年第 1 期,第 118 页,以及任金城《广舆图在中国地图学史上的贡献及其影响》,曹婉如等编《中国古代地图集（明代）》,文物出版社,1994 年,第 73 页。

（续表）

版本	收藏地	所依据的版本	特　点
嘉靖四十三年（1564）吴季源刻本	浙江省图书馆	可能是初刻本	卷首有"嘉靖甲子春崇安后学止山丘云霄借序"，将《舆地总图》的画方减少了3/4，但图文中仍标为"每方五百里"。
嘉靖四十五年（1566）韩君恩刻本	中国历史博物馆、南京图书馆、美国哈佛燕京图书馆等	胡松刻本	开本缩小，每页高24.5厘米，宽17厘米，每幅地图由两个半版组成，图数和内容与胡松刻本相近，增加了桂萼的《舆图记叙》和许论的《九边图论》，全书分为两卷，卷一97页，卷二105页。《漕运图》的网格为长方形。
万历七年（1579）钱岱刻本	中国国家图书馆、上海图书馆、河南省图书馆、美国国会图书馆	韩君恩刻本	分为两卷，原为正方形的"画方"变成了长方形。《舆地总图》中增加了长城，黄河河源绘成葫芦形，并增加了行政治所的符号。地图的总数和内容与韩君恩刻本基本相同。去掉了《黄河图》上的图说。在最后增补了《华夷总图》和"华夷建置"的表格
嘉庆四年（1799）章学濂刊本	目前所见大都是这一版本	钱岱刻本	万历本的翻刻本，因避乾隆（弘历）的讳，将文字中的"曆"改为"歴"。缺少北夷和东北夷的表格2页。《漕运图》中将"看丹闸""济涅闸"和"开闸"错误地刊刻为"看舟口""济宁闸"和"闸闸"。

除了上述 7 个版本之外,还存在一些或只见于文献记载,或收录于其他著作中的版本,如:邵懿臣《四库全书简明目录标准》载《广舆图》还有一个隆庆六年(1572)遂初书房的重刊本(7 卷)[8];王重民《中国善本书提要》载有一个天启之后明末的抄本,这一版本共 4 册142 页,没有胡松所增加的内容,不过也以"附考""附详""附载""补考""补注"等形式增加了不少内容[9],等等。

不仅如此,明代后期出现的大量地图集以及一些附带有地图的著作中,很多或受到《广舆图》的影响,或是基于《广舆图》改编而成的,如明朝后期绘制的《大明舆地图》;明嘉靖三十六年(1557)成书的张天复的《皇舆考》;万历六年(1578)假借何镗之名刊刻的《修攘通考》中的《广舆图记》;明万历三十九年(1611),汪缝预撰、汪作舟刊的《广舆考》;崇祯六年(1633),潘光祖汇辑,其去世后由傅昌辰邀请李云翔续写、编订的《汇辑舆图备考全书》;明崇祯八年(1635),陈组绶编绘,崇祯九年刊刻的《皇明职方地图》;明末朱绍本、吴学俨等编制,黄兆文镂板、李茹春作序,南明福王弘光元年(1645)刊刻的《地图综要》;明陆应阳辑、清蔡方炳增辑,康熙二十五年(1686)成书的《增订广舆记》,等等[10]。

不仅文字如此,《广舆图》中的某些地图也成为后世一些书籍中的地图的范本,如《广舆图》中的"舆地总图"至少被 18 部著作抄录

8　参见任金城:《〈广舆图〉的学术价值及其不同的版本》,《文献》1991 年第 1 期,第 129页。

9　王重民:《中国善本书提要》,上海古籍出版社,1983 年,第 187 页。

10　其他受到《广舆图》影响的著作及其介绍,可以参见成一农《〈广舆图〉史话》,第 64 页。

或者改绘作为插图,参见表5。

表5　抄录或者改绘《广舆图》"舆地总图"作为插图的著作[11]

书　　名	图　　名
《重镌罗经顶门针简易图解》	补三干所节各省郡州及附近四夷图
《方舆胜略》	舆地总图
《禹贡汇疏》	舆地总图
《月令广义》	广舆地图
《大明一统文武诸司衙门官制》	舆地总图
《三才图会》	华夷一统图
《筹海图编》	舆地全图
《海防纂要》	舆地全图
《武备志》	舆地总图
《地理大全》	中国三大干山水总图
《一统路程图记》	北京至十三省各边路图
	南京至十三省各边路图
	舆地总图
《夏书禹贡广览》	禹贡广舆总图
《删补晋书》	两晋十六国割据图
《武备地理》	七国争雄图
《戎事类占》	州国分野图
《图书编》	历代国都图
《禹贡古今合注》	禹贡九州与今省直离合图
	九州分野图
《读史方舆纪要》	舆地总图

11　参见成一农《中国古代舆地图研究》,中国社会科学出版社,2018。

　　此外，明代后期的两套历史地图集，即明崇祯十六年（1643）沈定之、吴国辅编绘的《今古舆地图》和王光鲁的《阅史约书》也都是以《广舆图》"舆地总图"为底图编绘的。

　　而且，《广舆图》中的"九边总图"也被后来的大量书籍抄录或者改绘作为插图，据不完全统计至少有19种，参见表6。

表6　抄录或者改编《广舆图》"九边总图"作为插图的著作[12]

书　　名	图　　名
《九边图论》（兵垣四编本）	九边图略
《全边略记》	"九边图"
《舆地图考》	九边总图
《师律》	九边图
《武备要略》	九边总图
《方舆胜略》	九边总图
《禹贡古今合注》	镇戍总图
《新镌焦太史汇选中原文献》	"九边图"
《三才图会》	九边总图
《海防纂要》	镇戍总图
《登坛必究》	一统总图
《武备志》	一统总图
《大明会典》	镇戍总图
《禹贡汇疏》	镇戍总图
《武备地利》	一统总图
《大明一统文武诸司衙门官制》	九边总图
《存古类函》	九边总图
《图书编》	天下各镇各边总图
《八编类纂》	天下各镇各边总图

12　参见成一农《中国古代舆地图研究》。

从上述情况来看，《广舆图》在明末清初确实非常流行，而且就目前掌握的材料来看，在中国古代未曾有任何一幅(套)地图曾有着那么广泛的流行度和影响力。

那么，现在还要讨论的一点就是，为什么《广舆图》在这一时期极为流行[13]？对此需要就《广舆图》的优点进行分析。巡抚山东地方户部右侍郎兼都察院右佥都御史霍冀在为嘉靖四十五年(1566)韩君恩刻本所作的《广舆图叙》中将《广舆图》的优点归纳为4条，即："其义有四焉：其一，计里画方也。计里画方者，所以较远量迩、经延纬衺、区别域聚、分析疏数，河山绣错、疆里井分，如鸟丽网而其目自张……其二，类从辨谱也。类从辨谱者，所以揣体命状，综名核实，明款标识，删复就省，书不尽言。象立意得，州县视府，屯所视卫，险易相谙，兵农间处。墩若枯丘，堡如覆土，款识交章，各以形举，鸟迹之余，此唯妙制矣……其三，举凡系表也。举凡系表者，所以横装方图，衍为副帙，使官署相承，壤赋并列，间及利病，爰采风俗、边镇、屯牧、草粟、士马，鳞次相从……其四，采文定义也。采文定义者，所以集思广益，陈谟阐烈，推往达变，趋时适用，谋王断国，殊词同致……"也即：1. 使用了"计里画方"的方法；2. 使用了非常形象的地图符号；3. 用表格的形式列出了政区的沿革、相互之间的统属关系等，简单扼要，容易阅览；4. 收录了一些名臣关于国家治理方面的议论，由此可以"集思广益"。

13　需要说明的是，这一时期除了《广舆图》之外，《广舆图叙》"大明一统图"和《大明一统志》中的"大明一统之图"也被一些书籍所抄录以及改编作为插图，因此《广舆图》并不是居于垄断地位。对此可以参见本书第六章。

确实这四点是《广舆图》不同于之前和当时其他作品的特点。
而且就内容来看,其所收录的专题图和相关文字都是当时政府和士
大夫最为关心的问题:政区图中,在全国总图之后罗列了全国府州县
和都司卫所的数量以及户口、税收等数据;在各分省图之后,分别罗
列了所管辖的府州县和都司卫所的上述数据,并以表格的形式列出
府州县的建置沿革、等级和与上级治所的距离等资料,这些都是了解
王朝基本情况的材料;"九边图"和"诸边图"自不待言,针对的是明
朝日益严重的边境军事问题;黄河图、漕运图和海运图中的图文材料
针对的是当时长期延续的严重的河患和由此引发的漕运问题,以及
当时某些大臣提出的解决方式之一——海运。而且如表 3 所示,罗
洪先《广舆图》中所引用的文字材料和地图,基本都是当时相关领域
有影响力的论述。由此,《广舆图》也就成为当时针对时弊的地图和
文字的权威资料汇编[14]。

那么《广舆图》的"绘图方法"是否是其广泛流传的原因呢? 这
点霍冀所论似乎并不正确,因为单纯的"计里画方"并不能将地图绘
制得更为准确,而且《广舆图》实际上绘制得很不准确,罗洪先不仅
知道自己绘制的地图不准确,且也不追求地图的准确性[15]。《广舆
图》的各种后续版本和受到《广舆图》影响的地图集、书籍中的插图
基本不在意所谓的准确性和"计里画方",经常删除方格网,任意对

---

14 成一农:《〈广舆图〉史话》,第 12 页。当然,《广舆图》的影响力与其刻本的形式也密不可
   分。与绘本相比,刻本使得其广泛流传和长期延续成为了可能。
15 参见成一农《〈广舆图〉绘制方法及数据来源研究(一)》,《明史研究论丛》第十辑,故宫出版
   社,2012 年,第 202 页;成一农《〈广舆图〉绘制方法及数据来源研究(二)》,《明史研究论
   丛》第十一辑,故宫出版社,2013 年,第 211 页。

图幅进行不成比例的缩放[16]。当然,不可否认的是"计里画方"和符号的运用带来的表面上"准确"的假象,确实让当时的人在各种地图中更偏向于选择《广舆图》中的地图,如在某些受到《广舆图》影响的作品中就提到了"计里画方"。不过,无论如何,"计里画方"和符号的使用,只是《广舆图》在当时流行的条件之一,但绝不是重要的条件。

总体而言,由于其优秀的且符合当时政治需要的内容,以及其"计里画方"的绘图方式所呈现的表面上的准确,《广舆图》在明末清初十分流行。

第四节 流行但不是"经典"

按照以往的研究,上述材料似乎已经足以说明当时士大夫对于《广舆图》的认同,众多的版本以及被作为"模板"的大量使用,非常有理由认为其在当时具有重要的影响力,属于"经典"。然而,如果我们审视当时的材料,就会发现一个与上述情况相反的现象,即无论是《广舆图》后续版本的增订者,还是以其作为"模板"编纂自己著作的那些作者,似乎都不愿意承认罗洪先《广舆图》的贡献。下面对此进行分析。

首先,就是《广舆图》后续版本的刻印者。从表4来看,虽然《广

---

16 参见成一农《对"计里画方"在中国地图绘制史中地位的重新评价》,《明史研究论丛》第十二辑,故宫出版社,2014年,第24页。

舆图》存世至少有7个版本,但后续6个版本与初刻本之间并没有本质上的差异,基本上就是对罗洪先《广舆图》初刻本的少量增补、修订而已,即使是初刻本——胡松——韩君恩——钱岱——章学濂这一版本脉络,虽然经历了4次增补翻刻,依然没有什么重要的变化。不过在这些后续翻刻者撰写的序跋中,我们则看到了不同于此的描述。由于章学濂的刻本中保存了这一脉络中之前各个版本的序跋,因此下文直接从中进行引用[17]。

在"嘉靖辛酉夏日浙江布政使胡松识"中,胡松介绍了他刻印《广舆图》的过程和因由,即"会念庵罗子以其二十年前所辑见寄,且病阙轶,见摘舛误,俾余刊补。余欣然报之曰:'此吾子所以期报国家者,心力殚矣。松虽不敏,敢不是力。'乃谋诸左辖石屏胡君,君亟加赏替,于是为补倭及琉球两图,刊厥讹误而增诸遗,间有论述。凡唐虞以来大都会,若春秋而降,会盟征伐之所,与其名山川岩险悉与标表,殚力所及。至力所弗及,若近世钱谷、兵甲之赢弱,文武藩国之增损,边镇营堡之废置,则其详不可得闻,姑阙以竢矣"。从这段论述来看,罗洪先交付他的《广舆图》并不是一部太好的著作——这也是罗洪先自己的认知,而且正是因为存在这些问题,罗洪先委托其进行修订增补,对此他除了增补之外,还做了大量勘误,并补充了一些"论述",也即对《广舆图》进行了大量的调整。这显然不符合目前对《广舆图》版本的研究。

17　下文使用的是京都大学人文科学研究所藏的嘉庆刻本《广舆图》,馆藏目录中将其定为万历本。但从"万历"的"历"避讳为"厯"来看,这显然是嘉庆刻本。关于《广舆图》万历本与嘉庆本的差异,参见表4。

　　而胡松的这一论述,在其刊刻的版本"嘉靖辛酉秋七月望日余姚芝南山人徐九皋序"中得到了证实,即"吾同年友念庵罗子,早志经世,又辑《广舆图》一书,简而要,详而核,典则之略具存。近以寄右辖柏泉胡子,胡子乃复补遗刊误,间为论述,精练晓□,可按而行"。虽然徐九皋的序没有贬低罗洪先的贡献,但从其叙述来看,《广舆图》能成为一部优秀的著作,胡松作出了重要的贡献。

　　到了韩君恩的刊本中,情况又发生了变化,在霍冀为其所作的《广舆图叙》中,推崇了韩君恩的贡献,即"而我吉水念庵罗公更推广之(指的是朱思本所作的地图),太宰柏泉胡公宦浙时,附以日本、琉球诸图,论著尤详。今侍御月溪韩君又采辑当代臣献所尝奏疏若干篇及九边图刊补之。天下虽大,指掌千里,经纶之迹,若是乎具在是也"。但实际上根据当前的分析,韩君恩只是增加了桂萼的《舆图记叙》和许论的《九边图论》而已,"又采辑当代臣献奏疏若干篇及九边图刊补之"显然是夸大之词,而且这种叙述方式,让读者误以为韩君恩对"天下虽大,指掌千里,经纶之迹,若是乎具在是也"作出了很大的贡献。

　　在这一版本中,作为胡松"门下士"的韩君恩,在他所作的"刻广舆图叙"中,除了彰显自己的功绩,也褒扬了胡松的功绩,即"念庵罗先生考订增定,从而广之,家藏未传。冢宰我柏泉胡夫子,刊补著论,始传于浙,犹歉未广。夫子以恩为门下士付刊本命翻刻焉"。由此,虽然韩君恩成为了弥补胡松本《广舆图》"犹歉未广"缺憾的功臣,但将《广舆图》从"家藏未传"的状态推广出来的功劳则属于胡松。从韩君恩、胡松以及徐九皋的叙述来看,他们与罗洪先应当是认识的,不知道罗洪先曾刊印过《广舆图》，似乎是不太可能的事情，而且从他们的刊本来看，他们应当看到过初刻本，因此"家藏未传"的说法似乎有些欠妥。

钱岱刻本中钱岱所撰的"重刻广舆图叙"虽然没有贬低之前的《广舆图》，但同样突出了自己的功绩，虽然与前人相比较为"谦虚"，即"眠旧本稍加展拓增建，而未入者入之，图说有未详者详之。虽方部错更，新故殊号，而山川形势千载不易，故一批阅而域中天际地角河源，不出户庭，瞭然在目"。但实际上，其对之前刊本的增补并不大。

由此，我们得到的认知是，《广舆图》后续版本的增补者都在夸大自己的贡献，由于当时人不像今天这样能便利地看到《广舆图》的所有刊本并加以比较，因此对于当时的阅读者而言，从《广舆图》不同版本的序跋中了解到的是后续版本增补者的功绩，而对初刻本的"价值"留不下太深的印象。

当然，这并不是一个致命的问题，毕竟后世的改绘、引用针对的都是作为整体的《广舆图》，因此上述情况虽然会影响对《广舆图》初刻本的评价，但其被广泛引用和改绘依然是其"经典"地位的有力支柱。问题在于那些引用和以《广舆图》为基础改绘的作品中，上述贬低《广舆图》的现象依然存在，甚至很多时候根本没有提及《广舆图》。

从内容上来看，汪缝预的《广舆考》[18]与《广舆图》是非常接近的，但书中在"族子得时"所作的《题校考舆图》中，并未提到《广舆图》；而在汪缝预撰的《叙广舆考》时，确实提到了其参考了之前的一套地

18　此处《广舆考》使用的是京都大学总合博物馆藏明万历本，后同。

图，但记载为"……适觉山洪老出所得计里画方之图以示余，余□图而披览，则见其间虽山河秀错，城连径属，形□□据，然而近历兵甲、钱谷之盈朒，文武藩卫之□□，边镇营堡之废置，诸唯之系家国重轻者未及标表，则不可以言庙算之周详"，并没有直接指明所依据的是《广舆图》，只是提及参考了"计里画方之图"，既没有谈到地图的数量，也没有谈及其中的内容；且对《广舆图》作出了较低的不符合事实的评价，即"诸唯之系家国重轻者未及标表，则不可以言庙算之周详"；而其目的是很明显的，即彰显自己著作的价值，即"于是，遥探要领，随所在风气利害有关于治乱安危者，檃括机宜，各为论著；至若河套、大宁、哈密、交趾，皆我车图中所不可外，而圣朝宽宥至今者，其施为缓急之序，亦窃附管见，因命之《广舆考》"。而汪缝预的儿子，也即刊刻该书的汪作舟所作的《跋广舆考》中，则更将该书的功劳归于汪缝预，即"至甲午冬十月，先君抱羸病，立余于床旁，呼余而嘱之曰：是《舆考》也，盖余生平之志，而十季之力也……及旬月余，始披图而览，则见其间山川有险易，里道有迂直，城堠有疏密，河槽有概，贡赋有准，九边有条，而臣子所以经纶康济……"。

《地图综要》中使用了《广舆图》的大量地图，而且在体例上也参考了《广舆图》，但在李茹春为其所作的《序》中只字未提《广舆图》，只是强调其作者"新安朱支百，天才卓轶，文章玄穆，如深山道流。壬午年闱中，几为予网所获，及晤其人，昂藏侠骨，殆不可测。既出地图一书，乃与敬胜、咸受、大年留心当时之业……"[19]，也即将该书的

19 此处《地图综要》使用的是国家图书馆藏明刻本。

功绩完全归于朱绍本。而在该书的凡例中,虽然重点强调了地图,但并未说明地图的出处和来源。

潘光祖的《汇辑舆图备考全书》收录了《广舆图》中的大量地图,同时增补了大量内容,但在该书之前顺治七年李长庚的《舆图备考全书序》中没有提到《广舆图》,崇祯癸酉宗敦一的《舆图备考全书序》也是如此,只是在李云翔的序中提到了《广舆图》,但其对《广舆图》的评价是"明有《大一统志》,嗣是者《广舆图》诸纪述莫不梨然备矣,然仅载都省郡邑之会、山川风俗、华夷人物已耳。至于阨塞、要害、户口、钱谷,有裨国事者,漫弗及焉"[20],显然这不符合《广舆图》的情况,是作者为了突出自己的贡献而对《广舆图》的贬低。

明万历时期陆应阳辑,清蔡方炳增订的《广舆记》,在蔡方炳所撰的《增订广舆记序》中,只是谈到了陆应阳的功绩,只字未提到罗洪先和《广舆图》。

《修攘通考》收录了作者何镗认为具有重要意义的地图集,在何氏所作的《修壤通考序》中虽然提到了《广舆图》,但与明代桂萼的《皇明舆图》、许论《九边图》并列,也即认为《广舆图》虽然是一部优秀的作品,但同时代还有其他地图集可以与其比肩。

除了这些基于《广舆图》的图集或者著作之外,其他对《广舆图》中某幅地图直接抄录或者以某幅地图为基础改绘作为插图的书籍也基本都没有提到《广舆图》,《今古舆地图》和《阅史约书》这两套历史地图集也是如此。

---

20 潘光祖、李云翔辑:《汇辑舆图备考全书》,《四库禁毁书丛刊》史部第二册,北京出版社,1997 年,第 460 页。

　　通过上述分析可以认为,当时的作者似乎都在有意无意地贬低《广舆图》的价值,甚至避免提及对其进行的参照和引用。由此可以推断出,当时人很可能没有认识到《广舆图》有着那么广的流传范围,以及那么广泛的影响力。这一推断的一个证据是,对于一部在当时流传范围如此之广的著作而言,在当时的一些书目中,对其作者的认识相当模糊,如:《明史·艺文志》中对《广舆图》的记载是"罗洪先增补朱思本《广舆图》二卷"[21],即是《广舆图》是对朱思本图的增补,而不是将《广舆图》看成是一种新作品。《钦定续通志》也是如此,即"明罗洪先增补广舆图"[22]。在清代黄虞稷《千顷堂书目》卷六中记载了《广舆图》的多个版本,但却有着不同的作者,即:"罗洪先增补朱思本广舆地图四卷;罗钦顺广舆图;胡松广舆图二卷;朱思本广舆图二卷"[23],其中罗钦顺的《广舆图》内容不详。这种作者模糊的情况,似乎说明,当时的人对于《广舆图》并不十分了解。

　　到了这里,我们似乎遇到了一个悖论,即:确实在明末清初,大量书籍、地图集以及书籍中的插图或多或少地参考了《广舆图》,且其也存在一些后来的增补本,但这些著作的绝大部分作者并不公开承认其抄录或者参考了《广舆图》,甚至对《广舆图》进行贬低以突出自己的贡献。正是由于在相关文献中,看不到对《广舆图》的推崇甚至提及,因此虽然《广舆图》实际上非常流行,但这种流行很难被感知

21　《明史》卷九十七《艺文志》。
22　《钦定续通志》卷一百六十六"图谱略·地理",光绪浙江书局本。
23　黄虞稷:《千顷堂书目》卷六,上海古籍出版社,2001年。

到,更难以得到广泛承认,甚至对其作者也存在不同认识,由此《广舆图》在当时显然难以被认为是一部"经典"。《广舆图》的"经典"地位应当是后来被确立的。那么,下一个问题是,这种地位的确立是在什么时候,以及基于什么原因?

第五节 《广舆图》经典地位的塑造

从清代初年之后,《广舆图》不再成为书籍和地图集的"模板",甚至在《四库全书》以及《四库全书总目提要》中都没有提及,其中所收录的地图也不再频繁地被用于各种书籍之中,其原因应当比较复杂,可能与《广舆图》所涉及的很多论题,如"九边""海运"等已经过时有关,再加上其可能涉及当时的一些敏感问题等,这点与本文的主旨无涉,因此不作深入论述。此外,虽然嘉庆年间章学濂重印了《广舆图》的万历本,但影响力并不大。

民国时期,在王庸和李约瑟这两位中国古地图学史构建中的奠基人物撰写的经典著作中,在提到的为数不多的中国古代的地图中,对朱思本的地图,以及按照传统理解基于其编绘而成的《广舆图》进行了详尽的描述,推崇备至,甚至被作为划分发展阶段的作品,如王庸的《中国地图史纲》中第八章的标题"朱思本舆地图和罗洪先广舆图的影响"[24];李约瑟《中国科学技术史》中的小标题"元明两代的制图学高峰",其中虽然强调的是朱思本绘制的地图,但实际上使用的

---

24 王庸:《中国地图史纲》,1958 年。

是《广舆图》的材料[25]。不过,需要注意的是王庸和李约瑟对《广舆图》的推崇,强调的是《广舆图》的绘图方法,即"计里画方"及其所代表的地图的准确性。

毋庸置疑,这种对于绘制方法的强调,在民国时期强调"科学"的背景下,有着强烈的时代烙印;而且在一个感觉处处落后于世界的时代,这样的论述显然有助于提高民族自豪感,对此可以参见笔者《"科学"还是"非科学"——被误读的中国传统舆图》一文[26]。正是由于这一时代背景,王庸和李约瑟以"科学"为标准构建中国古地图学史并不是特例,而是一种"标准模式",他们甚至不是这种叙述模式的开创者。如在王庸之前,陶懋立在《中国地图学发明之原始及改良进步之次序》[27]中就是如此构建中国古地图学史的,其标题中的"改良进步之秩序"实际上已经表明了作者的标准,且在行文中着重强调了朱思本的《舆地图》以及《广舆图》[28]。在王庸和李约瑟之前的,还有李贻燕的《中国地图学史》[29],再如与王庸和李约瑟的著作差不多同时的褚绍唐《中国地图史考》[30]。对于这些著作叙述方式的介绍参见本书第六章。

————————

25 [英]李约瑟著,《中国科学技术史》翻译小组译:《中国科学技术史》第五卷《地学》第22章,科学出版社,1976年,第144页。

26 成一农:《"科学"还是"非科学"——被误读的中国传统舆图》,《厦门大学学报(哲学社会科学版)》2014年第2期,第20页。

27 陶懋立:《中国地图学发明之原始及改良进步之次序》,《地学杂志》1911年,第二卷第11号和第12号。

28 但他并没有看到罗洪先的《广舆图》,并认为"罗图今不可见",只是看到了康熙本的《增补广舆记》,由此似乎也说明《广舆图》在清代中后期之后已经不再流行。

29 李贻燕:《中国地图学史》,《学艺》,1920年,第2卷第8号和第9号。

30 褚绍唐:《中国地图史考》,《地学季刊》,上海大东书局,1934年,1卷4期。

民国以来,"科学主义"和激励"民族自豪感"的需求在中国社会长期延续,直至今日也是如此,因此民国时期学者建立的对于地图学史的认知也被后世的学者所继承,在各种中国地图学史著作中都会着重强调《广舆图》,叙述的重点依然是它们绘制的精准,如陈正祥的《中国地图学史》第六章"《舆地图》和《广舆图》"[31]。而且,确实在明清地图中,除了《广舆图》和《皇舆全览图》之外,就准确性[32]和绘图方法而言,难以找出能与欧洲近代地图比肩的地图,由此,更使得《广舆图》显得与众不同。

同时在这些研究中,逐步梳理出了明末清初以《广舆图》及其收录的地图为模板编绘的各种地图集、书籍以及书籍中的插图,由此确实揭示出其在当时是被最为广泛使用的"模板",由此也完成了对其"经典"的塑造。

第六节　结　　论

通过上述分析可以看到,《广舆图》在其最为流行且被广泛作为"模板"的时代,并没有被认为是"经典";反而是在近代之后,在其早已不再流行和作为"模板"的时代,才被塑造为"经典"。虽然近现代的"经典"的塑造者们大都没有强调《广舆图》在明末清初就被视为"经典",但他们的叙述无意之中会给读者留下这样的印象;且这些作者一再强调《广舆图》的重要性,但没有意识到正是他们

31　陈正祥:《中国地图学史》,商务印书馆香港分馆,1979 年。

32　虽然是表面上的准确性。

才开始注意到了这种重要性,也正是他们才逐渐揭示了《广舆图》在明代晚期的流行。而且,更需要强调的是造成其在明末清初流行的重要原因之一,即优秀的内容,在民国以来对其"经典"地位的塑造中并没有被强调;在对其"经典"地位的塑造中强调的是造成其在明末清初流行的原因之一,甚至只是次要原因的"计里画方"的绘图方法。这种视角的变化,与近代以来崇尚"科学主义"的社会背景密不可分。

所有经典都不是与生俱来的,而是塑造的结果,有的是在当时,有的是在后世,能被塑造为经典,其自身的条件,如内容等等并不一定发挥了主导作用,毕竟对于何为"优秀",不同的时代、不同的群体有着不同的认知,《广舆图》就是典型。一部作品能成为"经典",是各种因素促成的结果,其中社会背景是最为重要的,符合社会背景需求的著作才有可能被选择出来塑造为经典。此外,要成为经典,还需要权威的推崇,如王庸和李约瑟对《广舆图》的推崇,当然权威的塑造以及被选择成为"权威"很大程度上也是基于社会背景。

不仅如此,由于我们书写的历史都是由各种各样的"经典"人物、时间、作品等构成的,因此经典的塑造又影响了历史的书写,《广舆图》与中国古代地图学史的书写即是代表。虽然《广舆图》在明末清初确实非常流行,但其流行是因为其内容以及"计里画方"带来的感觉上的"准确",同时这种流行并不代表其在当时被认为是"经典"。但民国以来中国古代地图学史的各种历史书写,都基于其绘制技术"计里画方"而将其推崇为"经典"。由于这种对"经典"的塑造显然不符合"史实",因此这种历史书写也无意之中从多方面扭曲了我们对于历史的认知:认为绘制技术和地图的准确性在当时的地图绘制中,以及在士大夫的眼中是重要的[33];并认为《广舆图》在当时就已经成为了"经典"。

如果将上述论述结合在一起,那么可以得出如下认知,即书写历史和塑造经典的时代背景以及权威等因素,决定了被选择出来作为"经典"的人、物和事;而"经典"的确立又塑造了历史的书写;历史的书写又影响和决定了我们对于历史的认知。

这样的现象在历史研究中比比皆是,比如在以往中国古代城市的研究中通常会强调唐宋时期的城市革命,其基础在于强调与唐代相比,宋代城市的各种变化,由此将唐宋之际城市的各种变化确立为"经典";而唐宋之际的城市变革,又成为中国城市史书写的重点之一,由此塑造了我们对于中国古代城市的认知。但与《广舆图》类似,目前似乎没有太多的文献能证明,宋代及其之后的人明确地认知到这一变革,即使存在凤毛麟角的认知,也不具有代表性,且其被确立为"经典"的变化与我们今日也可能是不同的。由此,我们对于中国古代唐宋城市史的认知,是我们今天的认识,而不是古人的认知,也不一定是历史事实[34]。

上述认知的意义在于,历史对于我们的影响,是通过"历史认知"来形成的,而广义上的"历史书写"又是形成"历史认知"的核心

---

33 但事实上,中国古代直至清代末期之前,日常使用的地图都不在意绘制的准确;参见成一农《"非科学"的中国传统舆图——中国传统舆图绘制研究》。

34 对"中世纪城市革命"的讨论,参见成一农《"中世纪城市革命"的再思考》,《清华大学学报》2007年第2期,第77页。

方式,而"历史书写"又随着时代、价值取向的不同而不同,因此我们通过"历史书写"而达成的"历史认知"也是不断变动、因人而异的。由此推而广之的一个结论是,"人类的历史,可以在它已经发生后才被决定是怎样发生的!"

· 第十章 ·

"中国疆域沿革史"历史书写的发展脉络

　　受到传统"天下观"和"疆域观"的影响,中国古代并不存在现代意义的"疆域沿革史"。民国时期,基于中国传统的"政区沿革"的研究,形成了真正意义上的以王朝疆域为描述对象的"中国疆域沿革史"的历史书写,其目的在于唤起民族自豪感进而实现救亡图存的宗旨。1949 年之后,曾存在多种"中国疆域沿革史"的历史书写,差异在于涉及的"历史上中国疆域"的范围。最终谭其骧提出的方案占据了主导,因为其满足了对内强化民族团结、激发爱国主义精神,对外抵制各种对我国领土无理要求的时代需求。

　　与上一章类似,本章清晰地表达了时代的变化对历史书写的影响。我想,在谭其骧的《中国历史地图集》的影响下,国人对于中国历史上的疆域范围应当已具备基本了解,这在众多热点问题中都体现得非常清楚。

一、问题的提出

"中国疆域沿革史"长期以来都是我国史学领域的研究热点之一,相关论著可谓汗牛充栋,其中有影响力的如顾颉刚和史念海的《中国疆域沿革史》[1]、葛剑雄的《中国历代疆域的变迁》[2]以及李大龙的《从"天下"到"中国":多民族国家疆域理论解构》[3]等,但本章的目的并不是对这些研究进行评析,而是希望讨论一个长期以来被忽视的问题。

本章所要讨论的问题是:众所周知,中国现代的很多学科都是近代以来随着中国社会的近代化和现代化而逐渐形成的,与此同时也形成了对某些研究对象历史变化过程的众多"历史书写",那么"中国疆域沿革史"是否同样如此? 如果也是如此的话,那么今天在学界占据主流的"中国疆域沿革史"的"历史书写"是什么时候形成的,在形成过程中是否存在过观点上的重要变化,这些观点上的重要变化的背景又是什么? 对于这些问题的思考和探索,会让我们在当前

1　顾颉刚、史念海:《中国疆域沿革史》,长沙:商务印书馆,1938 年。重印本:顾颉刚、史念海:《中国疆域沿革史》,商务印书馆,1999 年。
2　葛剑雄:《中国历代疆域的变迁》,商务印书馆,2012 年。
3　李大龙:《从"天下"到"中国":多民族国家疆域理论解构》,人民出版社,2015 年。

中国经济、文化、社会以及国际政治地位正在发生深刻变化的"新时代"重新考虑"中国疆域沿革史"的"历史书写"。

之前虽然也有一些"中国疆域沿革史"的研究综述,如刘清涛《60 年来中国历史疆域问题研究》[4]和晏昌贵等《近 70 年来中国历史时期疆域与政区变迁研究的主要进展》[5]等,但基本都是对各种观点的综述,没有考虑这些观点与时代之间的关系,且综述中涉及的研究论著基本都集中在 1949 年之后,因而上述这些涉及"中国疆域沿革史"学科根本的问题,在以往的研究中基本被忽视。

需要说明的是,本章所讨论的"中国疆域沿革史"的"历史书写"的分析对象,除了文本之外,还包括历史地图集,因为历史地图集可以被看作是一种用图像形式进行的"中国疆域沿革史"的"历史书写"。

二、中国古代"疆域沿革史"的历史书写

在顾颉刚和史念海于 1938 年出版的《中国疆域沿革史》第二章"中国疆域沿革史已有之成绩"中,对以往的"研究成果"进行了回顾。按照今人的理解,在这一部分,作者应当介绍以往的研究成果,但令人惊讶的是,在这一部分,顾颉刚和史念海只是介绍了中国古代绘制的地图(包括少量历史地图)、编纂的地理总志和正史地理志。

4　刘清涛:《60 年来中国历史疆域问题研究》,《中国边疆史地研究》2009 年第 3 期。

5　晏昌贵等:《近 70 年来中国历史时期疆域与政区变迁研究的主要进展》,《中国历史地理论丛》2019 年第 4 期,第 17 页。

中国古代的地理总志和正史地理志的重点在于政区沿革,其间当然涉及之前朝代的情况,如"《括地志》《元和郡县图志》则皆言今而兼述古"[6],不过某一王朝政区的总和虽然确实可以反映该王朝的疆域,但政区沿革并不能直接反映疆域的沿革变化,且其描述的对象也只是王朝的疆域,对此可参见下文分析。顾颉刚和史念海还提到了清代"朴学"中与历代地理有关的研究,其中一些著作的名称使用了"疆域"一词,如刘文淇的《楚汉诸侯疆域志》和谢钟英的《三国疆域表》等,但这些所谓"疆域表""疆域志"的重点实际上也是政区沿革,并不是对王朝疆域的表述,如谢钟英的《三国疆域表》,主要记录的是魏蜀吴三国的政区沿革以及这些政区对应于清朝政区的地理位置;虽然在叙述魏蜀吴的政区沿革之前,作者也对各国的疆域进行了介绍,如"蜀疆域,先主取巴蜀,定汉中,后主得阴平、武都,其时巴分为四,犍为、广汉分为二,南中分置云南、兴古,有州一、郡二十、属国一、县一百四十有六"[7],但重点依然在于政区,而没有具体介绍蜀国的疆域范围。"中国疆域沿革史已有之成绩"中提到的唯一具有"疆域沿革"意味的就是中国古代绘制的"历史地图集",参见后文介绍。综合来看,根据顾颉刚和史念海的介绍,似乎中国古代没有今天意义的"中国疆域沿革史"的历史书写。最后,还需要提及的是,通过他们对材料的选择,可以看出在顾颉刚和史念海的观念中,政区沿革与疆域沿革密不可分,这确实也是近代以来很长一段时期内"中国疆域沿革史"的书写方式,具体参见本章第三部分的分析。

6　　《中国疆域沿革史》,第10页。

7　　谢钟英:《三国疆域表》下,《二十五史补编》第三册,中华书局,1956年,第2985页。

　　就今人的理解而言，"疆域沿革史"这样的叙述很有可能出现于
中国古代的地理总志以及正史地理志中。但通过分析可以发现，中
国古代的地理总志和正史地理志，或缺乏对疆域的描述，如《续汉
书·郡国志》《新五代史·职方考》《元和郡县图志》《太平寰宇记》
《元丰九域志》《大明一统志》和《嘉庆重修大清一统志》；或只是记
述了其所论及的王朝的疆域，如《隋书·地理志》《宋史·地理志》
《辽史·地理志》《金史·地理志》《元史·地理志》《明史·地理志》
以及《清史稿·地理志》；或只是记载了其所论及的王朝以及少量之
前王朝的疆域，如《旧唐书·地理志》在介绍历代政区沿革和政区数
量的过程中描述了秦朝、隋朝和唐朝的疆域，类似的还有《汉书·地
理志》《晋书·地理志》和《新唐书·地理志》。另外，在《四库全书》
电子版中以"疆域沿革"为关键词检索，只检索到出自《四库全书总
目提要》的《朝鲜志》的内容，而以"地理沿革"为关键词检索，也只检
索到15条。

　　总体来看，在中国古代的文本文献中，虽然存在少量对王朝疆域
的表述，偶尔也有对之前王朝疆域的描述，但都不系统且缺乏连贯
性，难以构成完整的"疆域沿革史"。

　　除了文本之外，中国古代还绘制有一些历史地图集，按照今人的
理解，这些历史地图集对历朝的政区和疆域进行了描绘，似乎构成了
一种"疆域沿革史"图像版的历史书写，下面逐一进行分析。

　　我国现存最早的历史地图集就是《历代地理指掌图》[8]，其中收录

8　本章使用的《历代地理指掌图》版本为上海古籍出版社 1989 年在《宋本历代地理指掌图》
　　中影印出版的日本东洋文库所藏南宋初年刻本，这也是该图集目前存世最早的版本。

地图 47 幅。按照"历代地理指掌图序",其功能是作为"书"的辅助
工具,即"图也者,所辅书之成也";且有助于士大夫谈论天下大势和
了解政区的沿革,即"夫不考方域、审形势而欲精穷载籍、高谈时务,
顾不鄙哉?又况区域之建肇,自古初以迄于今,上下数千百载间,离
合分并增省废置,不胜烦挈……载籍所传不可不辨,蒙尝历考分志,
参验古昔,始自帝喾迄于圣朝,代别为图,著其因革,刊其同异,凡四
十有四";并介绍了选择绘制 44 幅历史地图的原因,但没有谈及疆
域。全书各图都附有图说,但仅仅在"古今华夷区域总要图"所附大
量图说之一的"古今地理广狭"中谈到了历朝的地域范围,内容基本
引自正史地理志;在各图的图说中记录的基本是相应王朝的政区沿
革。就绘制范围而言,除了几幅天象图和"古今华夷区域总要图"之
外,所有地图基本一致:东至海,南至海南岛,西南至南诏,西至廓州,
西北至沙州,北至长城,东北至辽水。

　　除了《历代地理指掌图》之外,宋代很可能还存在另外一套在以
往研究中被完全忽视的历史地图集。这套历史地图集的原书已经散
佚,作者也不清楚,不过在现存的五部宋代著作,即《十七史详节》
《陆状元增节音注精议资治通鉴》《音注全文春秋括例始末左传句读
直解》《永嘉朱先生三国六朝五代纪年总辨》和《笺注唐贤绝句三体
诗法》中存在一系列轮廓、内容和绘制方法非常近似的地图,具体参
见表7。它们的特点就是:皆在宋金政区的基础上,以极为简要的方
式勾勒出历代高层政区的轮廓,但不讲求准确性,只是示意;图中除
了历代都城等少数内容外,基本没有其他行政治所的信息;没有太多
域外的信息,只是在少量地图上标注了"西域""大宛"等;除了黄河、

长江之外,基本没有其他自然地理信息;各图绘制范围基本一致,大致东至海,南至海南岛,西至四川,西北至永兴路,北至燕山路,东北至河北东西路。总体而言,与《历代地理指掌图》相比,这套历史地图集对于地理信息的描绘是非常概要、抽象的。

表7 宋代五部著作中所收历史地图列表

编号	《十七史详节》[9]	《音注全文春秋括例始末左传句读直解》[10]	《陆状元增节音注精议资治通鉴》[11]	《永嘉朱先生三国六朝五代纪年总辨》[12]	《笺注唐贤绝句三体诗法》[13]
1	五帝国都地理图				
2	夏商国都地理图				
3	周国都地理图				
4		十二战国图			
5	秦□国都地理图				

9　本章使用《十七史详节》的版本为《四库存目丛书》所收北京图书馆、上海图书馆藏元刻本,其中"唐书详节"用北京图书馆藏明正德十一年刘弘毅慎独斋刻本配补。

10　本章使用《音注全文春秋括例始末左传句读直解》的版本为《续修四库全书》所收中国国家图书馆藏元刻明修本。

12　本章使用《陆状元增节音注精议资治通鉴》的版本为《四库存目丛书》所收北京大学图书馆藏明末毛氏汲古阁刻本。

12　本章使用《永嘉朱先生三国六朝五代纪年总辨》的版本为《四库存目丛书》所收南京图书馆藏清钞本。

13　本章使用《笺注唐贤绝句三体诗法》的版本为《四库存目丛书》所收中国社会科学院文学研究所藏明嘉靖二十八年吴春刻本。

（续表）

编号	《十七史详节》	《音注全文春秋括例始末左传句读直解》	《陆状元增节音注精议资治通鉴》	《永嘉朱先生三国六朝五代纪年总辨》	《笺注唐贤绝句三体诗法》
6	国都地理之图		西汉国都之图		
7			东汉国都之图		
8	三国疆理之图		三国地理之图	三国国都攻守地理之图	
9	两晋地理之图		两晋国都之图		
10	南北国都地理之图		南北朝国都图	南北国都攻守地理之图	
11	隋地理之图		隋国都图	隋国国都攻守地理之图	
12	太宗分十道图				唐分十道之图
13	高祖开基图				唐高祖开基图
14	太宗混一图				唐太宗混一图
15	唐地理图		有唐国都之图		唐地理图
16	唐藩镇图		唐藩镇及十五道图		唐藩镇图

（续表）

编号	《十七史详节》	《音注全文春秋括例始末左传句读直解》	《陆状元增节音注精议资治通鉴》	《永嘉朱先生三国六朝五代纪年总辨》	《笺注唐贤绝句三体诗法》
17			帝王国都之图		
18	五代分据地理之图		五代国都之图	五代国都攻守地理之图	
19				五代诸国僭伪之图	

　　由于原图集已经散佚，这套历史地图集的绘制目的并不清楚，但从收录这些历史地图的书籍的性质来看，这套历史地图集似乎同样是用来作为阅读历史著作、了解天下形势的辅助工具的，疆域似乎并不是它们关注的重点。

　　明代前中期，在各类著作中出现的地图依然源自上述两套历史地图集，直至明末崇祯年间才出现新的历史地图集，即《今古舆地图》和《阅史约书》。

　　《今古舆地图》[14]，明崇祯十六年（1643）沈定之、吴国辅编绘，1册，纸本，朱、墨双色套印，纵20厘米，横28厘米。该图集分上、中、下3卷，共包括58幅舆图，采用"今墨古朱"的表示方法，即当时（即明朝）的府县用墨书标注，而明代以前历代政区的沿革则用朱色标

14　本章使用《今古舆地图》的版本为日本东方文化学院京都研究所收藏的崇祯刻本。

注,各图中均附有图说。《今古舆地图》是参照《历代地理指掌图》的体例编绘的,有些图说也抄自《历代地理指掌图》,且一些图名也直接沿用了《历代地理指掌图》,但所有地图都是以《广舆图》"舆地总图"为底图绘制的,只是去掉了方格网。虽然图集的所有地图中都绘制有长城,但与万历本《广舆图》"舆地总图"所绘长城并不一致,最典型的差异就是图集中的长城向西延伸到了肃州,因此这有可能是《今古舆地图》的作者自行添加的。关于《今古舆地图》的绘制目的,在陈子龙"今古舆地图序"中有明确的记述,基本类似于《历代地理指掌图》。

《阅史约书》[15],王光鲁撰,5卷,该书专为读史者考订之用,其中《地图》1卷,收图35幅,用朱色表示今地名,用黑色表示古地名。从底图来看,《阅史约书》使用的应当也是《广舆图》"舆地总图"。虽然图中长城的绘制方法与《今古舆地图》相似,不过其与《今古舆地图》之间似乎并无直接的承袭关系,理由如下:第一,在一些自然地理要素的呈现上存在区别,如黄河河源,《阅史约书》中的黄河源被绘制为一个椭圆形,而在《今古舆地图》中则被表现为西南—东北向的长条状,且在长条状南侧有两条河注入。第二,具体历史内容的表现上也存在差异,如两者的"春秋列国图"中对列国疆域的表现,"元十二省图"中对各省边界的表现以及具体政区名称的标写等。由于《今古舆地图》和《阅史约书》使用了相同的底图,因此绘制范围大致近似,即:北至大漠;西北至大漠以北的哈密和吐鲁番;西至河源;西

---

15 本章使用《阅史约书》的版本为《四库存目丛书》所收复旦大学图书馆藏明崇祯刻本。

南包括了今天的云南;南至海南岛;东南海域中未标绘台湾;东北地区则一直描绘到"五国城"。

清代前中期的几部历史著作中包括了表现不同时期王朝政区的一些历史地图,这些历史地图可以被视作构成了历史地图集。这些著作主要有以下几种:

朱约淳《阅史津逮》[16],不分卷,成书于明末清初,朱约淳认为阅读史书必须要熟悉地理状况,因此该书附有大量地图,其中属于历史地图的有 21 幅。在这些历史地图中,黄河被表现为几字形,且绘制出了长城,而两者又在几字形顶部偏右的位置交叉,这是典型的万历版《广舆图》"舆地总图"的特点;但其与万历本《广舆图》"舆地总图"也存在明显的区别,如《阅史津逮》中所有地图都没有绘制存在于《广舆图》"舆地总图"中的黄河源。因此,《阅史津逮》所使用的地图应与万历版《广舆图》"舆地总图"有关,但或经过改绘,或采用的是某幅以万历版《广舆图》"舆地总图"为底图改绘的地图。

马骕的《绎史》[17],成书于康熙时期,160 卷,是一部广采各家著作而成的纪事本末体史书,其中收录有从上古直至秦代的历史地图 8幅。李锴的《尚史》[18],107 卷,是根据马骕的《绎史》改编而成的纪传体史书,收录有从上古直至战国时期的历史地图 7 幅。从黄河入渤海以及黄河的形状来看,这两套历史地图集所使用的底图应当与《广舆图叙》"大明一统图"谱系的地图近似,从图中突出表现了汉水

16　本章使用《阅史津逮》的版本为《四库存目丛书》所收中国科学院图书馆藏清初彩绘钞本。
17　本章使用《绎史》的版本为文渊阁《四库全书》本。
18　本章使用《尚史》的版本为文渊阁《四库全书》本。

和长江来看,其尤与《广舆图叙》"大明一统图"谱系中以《分野舆图》"全国总图"为代表的子类近似。上述两套历史地图集所绘对象基本相同,只是《尚史》中某些地图所绘地理要素比《绎史》稍多一点,但《绎史》中一些地图的图面上有大量的文字注记,而《尚史》中所收录的各图基本没有文字注记,且《绎史》比《尚史》多了"秦置郡县图"。因此可以认为,李锴对马骕的《绎史》进行改编时对地图进行了精简,但也稍有增补。

上述这三套历史地图集的绘制范围基本近似,即:北至河套,东北至渤海湾北侧,东南和南至海,西北至"三危",西至河源、江源,西南至交趾(但不包括交趾)。由于它们都出现在历史著作中,因此功能都是读史的辅助工具。

汪绂的《戊笈谈兵》[19],10 卷,成书于清代中期,是对兵书图籍的汇辑和评论,书中有历史地图 10 幅。该图所用底图涵盖地理范围是目前所见中国古代历史地图集中最为广大的,北至和宁,南至暹罗,西至撒马尔罕,东至日本。根据图中西北地区沙漠的形状以及黄河在渤海入海等要素来看,其与明崇祯八年(1635)陈组绶编绘的《皇明职方地图》"皇明大一统地图"近似。

清代后期出现的历史地图集主要有以下几种:

李兆洛晚年编绘,后经校刊而成的《新校刊李氏历代舆地沿革图》。该图以李兆洛基于《皇舆全览图》和《内府舆图》所绘的《皇朝一统舆地全图》为底图绘制,上至《禹贡》,下至明代,共有地图 16

19　本章使用《戊笈谈兵》的版本为《四库未收书辑刊》所收清光绪二十年刻本。

种。六严绘、马征麟订正的《历代地理沿革图》,上起"禹贡九州图",
下至"明地理志图"。厉云官编的《历代沿革图》,共有地图 20 幅,上
起"禹贡九州图",下至"明地理志图"[20]。在厉云官《历代沿革舆图》
(即《历代沿革图》)同治九年版的叶仁序中记述"仪征厉方伯(即厉
云官)有历代舆地沿革图二十,云本之江阴六氏,而六氏实本之李养
一先生兆洛皇朝舆地图而缩摹者也"[21],由此来看上述三者有着明确
的承袭关系。

此外,国家图书馆还藏有傅崇矩所绘《中国历史地图》,存地图
14 幅;万卓志所绘《鉴史辑要图说》,收录地图 14 幅[22]。在中国科学
院图书馆还藏有一套"中国历代沿革图",共 40 幅,纸本彩绘,原图
集无图题,根据孙靖国的分析,该图集绘制于道光元年(1821)之
后[23];从底图来看,该图与马骕《绎史》存在一定的相似性,但所绘内
容差异颇大,其底图很可能也是基于明代的地图,可能与《广舆图
叙》"大明一统图"谱系中的地图有关。

在清代后期众多的历史地图集中,最为著名的就是杨守敬以刊
行于同治二年(1863)的《大清一统舆图》为底图编纂的《历代舆地沿
革险要图》。这套图集从清光绪三十二年至宣统三年(1906—1911)
陆续刊行,共 44 个图组,分订成 34 册,纸本朱墨双色套印。

20 上述三套历史地图集的介绍和版本情况,参见北京图书馆善本特藏部舆图组编《舆图要
    录》,北京图书馆出版社,1997 年,第 87 页。

21 《舆图要录》,第 87 页。

22 《舆图要录》,第 89 页。

23 孙靖国:《舆图指要:中国科学院图书馆藏中国古地图叙录》,中国地图出版社,2012 年,第
    32 页。

杨守敬的《历代舆地沿革险要图》在成书之前曾经编纂过一个
光绪五年的版本，"一函一册，朱墨套印，东湖饶氏家刻本。该图为
杨守敬与饶敦秩合作，以之前杨守敬与邓承修在同治年间编绘的
《历代舆地沿革险要图》为基础，增补了梁、陈、周、齐四代疆域图，并
重绘了东晋、东西魏、五代、宋南渡疆域及两汉、南北朝、隋、唐、宋、
元、明七幅四裔图。应有地图六十七幅，由于其中'宋四裔图'未刻，
实际共有六十六幅"[24]。该版本出版后，曾被多次翻刻印行。就底本
而言，"集中前六十幅图是依清代李兆洛的《皇清舆地图》缩摹为底，
而后六幅四裔图采用画方之法绘制的《大清一统图》为底本"[25]需要
提及的是，这套地图集的绘制参考了六严绘制的《历代地理沿革
图》。此外，还存在光绪二十四年王尚德基于光绪五年版重绘的《历
代舆地沿革险要图说》。

大致而言，清代晚期的这些历史地图集大部分都有着传承关系，
绘制的地域范围也是近似的，也即"杨图各时代都只画中原王朝的
直辖版图，除前汉一册附有一幅西域图外，其余各册连王朝的羁縻地
区都不画，更不要说与中原王朝同时并立的各边区民族政权的疆域
了。所以杨守敬所谓《历代舆地图》，起春秋讫明代，基本上都只画
清代所谓内地 18 省范围以内的建置，不包括新疆、青、藏、吉、黑、内
蒙古等边区"[26]。

总体而言，从绘制范围来看，自宋代《历代地理指掌图》开始，

---

24 孙果清：《杨守敬〈历代舆地沿革险要图〉版本述略》，《文献》1992 年第 4 期，第 264 页。

25 孙果清：《杨守敬〈历代舆地沿革险要图〉版本述略》，《文献》1992 年第 4 期，第 265 页。

26 谭其骧：《历史上的中国和中国历代疆域》，《中国边疆史地研究》1991 年第 1 期，第 34 页。

直至清末,除了汪绂《戊笈谈兵》之外,所有历史地图集绘制的空间范围基本相同:东至海、南至海南岛、西至河西走廊、北至长城或稍北,基本与《禹贡》中所载"九州"的范围相当[27]。而且需要强调的是,这些历史地图集的绘制目前主要在于展现政区沿革、作为读史和谈论天下大势的辅助工具,且展现了地理险要之地、古今军事上的得失等,而疆域沿革并不是它们所关注的重点。更为重要的是,由于这些历史地图集的绘制范围都是一致的,而不太考虑王朝实际的控制范围,因此实际上也无法展现王朝的"疆域沿革史"。

通过上文对中国古代相关文本和地图集的分析,可以认为,中国古人确实没有太明确的"疆域沿革史"的概念,少有的对历代疆域的记述也附属于政区沿革,也即中国古人重视的是政区沿革,而不是疆域沿革,且关注的空间主要集中在"九州"范围内。

三、民国时期"疆域沿革史"的历史书写

民国时期,才出现了真正意义上的以"中国疆域沿革史"为标题和对象的论著。除了具有影响力的前文提及的顾颉刚和史念海合撰的《中国疆域沿革史》[28]之外,一些著名的历史学家和地理学家也都撰写

27　更为详细的论述可以参见成一农《"实际"与"概念"——从古地图看"中国"陆疆疆域认同的演变》《新史学》第十九辑,大象出版社,2017年,第254页。

28　《中国疆域沿革史》,商务印书馆,1938年。

过这方面的论著,如童书业于 1946 年出版的《中国疆域沿革略》[29]以及张其昀于 1936 年发表的《中国历代疆域的变迁》[30]。一些今天看来不太著名的学者也撰写过这方面的内容,如丁绍桓的《我国历代疆域和政治区划的变迁》[31]等。

大致而言,这些对于"中国疆域沿革史"的历史书写在细节上虽然存在些许差异[32],但在历史书写的方式上基本是一致的,即在统一王朝时期,挑选这些王朝疆域扩张的历史事件进行叙述,并且通常也对这些王朝疆域最为广大时期的范围进行描述;而分裂时期,则叙述当时并存的各王朝的疆域。在叙述中往往与王朝行政区划的演变,也即政区沿革放置在一起。

如关于汉代的疆域。顾颉刚和史念海的《中国疆域沿革史》,在这一部分的第一节中介绍了汉初的封建制度,第二节则是"西汉之郡国区划及其制度",第三节的标题是"西汉地方行政制度",这三节实际上介绍的是西汉的地方行政区划制度的演变,与疆域并无直接的关系;第四节的标题为"西汉对外疆土之扩张",介绍了收复河南地、置河西四郡、张骞通西域以及对西域的经略、设真番等四郡、对南越及西南夷的征服,正如其标题所述,介绍的都是西汉对外疆土的扩

---

29 童书业:《中国疆域沿革略》,开明书店,1946 年。

30 张其昀:《中国历代疆域的变迁》,《地理教育》第 1 卷第 8 期(1936 年),第 3 页;张其昀:《中国历代疆域的变迁(续)》,《地理教育》第 1 卷第 9 期(1936 年),第 4 页。

31 丁绍桓:《我国历代疆域和政治区划的变迁》,《地学季刊》第二卷第一期(1935 年),第 55 页;丁绍桓:《我国历代疆域和政治区划的变迁(续)》,《地学季刊》第二卷第二期(1935 年),第 58 页。

32 这些细节上的差异并不是本章关注的重点。

张,而没有介绍西汉后期疆土的丧失。

首先需要说明的是,童书业的《中国疆域沿革略》只在第一篇"历代疆域范围"中涉及疆域,其第二篇为"历代地方行政区划",第三篇为"四裔民族",同样包括了行政区划的内容。书中涉及汉代疆域的为第一篇第七章"秦汉之疆域范围",介绍的是收复河南地、设河西四郡、张骞通西域以及对西域的经略、置真番等四郡、对南越以及对西南夷的征服,并将西汉的疆域描述为"于是汉地东有朝鲜(今朝鲜南部)东,并东海;南至南海,兼交阯(今安南东北部);西达玉门关,傍今中国本部边界而统属西域;北扩秦疆,扼沙漠……盖中国本部全疆,汉几全有之,而朝鲜、安南之地,更超出今之中国疆域焉"[33]。其与顾颉刚和史念海著作的相同之处在于强调的都是王朝疆域最大的范围;不同之处在于,童书业在当时持有"中国本部"的概念,这也是其将"四裔"与"历代疆域范围"分开的原因。

张其昀的《中国历代疆域的变迁》主要是两篇论文,所以内容比较简单,汉朝部分首先叙述了两汉的政区,然后介绍了秦汉时期修筑的长城,最后极为粗略地介绍了汉朝在朝鲜、西南夷、河西和西域的拓展,显然强调的是汉朝最为强盛时期的疆域。

再如关于唐代的疆域。顾颉刚和史念海《中国疆域沿革史》这一部分的第一节"唐代疆域之区划及其制度"、第二节"府制之确立及其种类"、第三节"节度使区域之建置"和第四节"唐代地方行政制度",属于行政区划制度,只是在第一节介绍了唐代开元时期的道府

---

33 《中国疆域沿革略》,第30页。

州县之后,还对唐代的疆域范围进行了概述,即"论唐代疆域者,每称开元之时为极盛,《旧唐书·地理志》所言'东至安东府,西至安西府,南至日南郡,北至单于府'"[34]。在第五节"唐代疆域之扩张及羁縻州县之建置"中,首先介绍了唐朝设立的安西都护府及其地域范围,对漠北和辽东地区的军事征服;然后介绍了对"自波斯以至东海"各异族的统治方式,也即"羁縻州";最后简单介绍了天宝之后疆土的丧失。因此也基本以唐朝疆域的盛期为介绍的重点。

　　童书业的《中国疆域沿革略》,则首先介绍了太宗、高宗时期对薛延陀、吐谷浑、高昌、西域、高句丽、百济的征服,"于是国境所及:东至海,西逾葱岭,南尽林州(即林邑),北被大漠","而声威所被,则北服漠北,西府波斯,东臣新罗、日本,南震南洋、印度"[35],然后简单介绍了唐代中后期疆土的丧失。最后部分,不仅将唐代的疆域与中国"本部十八省"进行了比较,且再次介绍了唐代疆域最广时的范围。需要提到的是,其认为"唐破其军,然仍嫁以宗女,吐蕃恭顺于唐。唐之声威西南始达西藏一带,且征服印度之乌苌国"[36],此处似乎认为"吐蕃恭顺于唐"相当于西藏属于唐朝的一部分。

　　张其昀则称"唐之帝国开中国历史上未有之盛况",并简单介绍了唐代设立的安东都护府、安南都护府、安北都护府、安西都护府、单于都护府和北庭都护府的治所和控制范围,也即唐朝极盛时期的疆域,随后又介绍了唐朝的地方行政区划。

34　《中国疆域沿革史》,第 185 页。

35　《中国疆域沿革略》,第 38 页。

36　《中国疆域沿革略》,第 39 页。

宋辽金时期。顾颉刚和史念海《中国疆域沿革史》中分"宋""辽国"和"金源"三部分进行介绍。"宋"的第一节是"北宋之疆域区划及其制度",基本只是介绍了北宋的地方行政区划,二十三路的路名和所属府州军监,而没有对北宋疆域进行明确的描述;第二节"宋室南渡后之疆域"也基本只是介绍了南宋的行政区划,十六路的路名和所属府州军监;第三节"宋代地方行政制度"则简要介绍了宋代地方机构的设官分职以及府州县的等级。"辽国"的部分,则介绍了辽国的五京、道名及其所属州军城,南北官制以及州军城的等级,且还依据《辽史·地理志》描述了辽国的疆域范围。"金源"部分,则介绍了金朝的五京,十九路的路名及其所属府州,以及一些地方官制,且对金朝的疆域范围进行了简要描述。童书业的《中国疆域沿革略》则分别介绍了北宋、南宋、辽国、西夏、金国的疆域范围,且都与十八省的范围进行了对照描述。张其昀虽提及了辽、西夏、南诏和金,但只是对辽和金的疆域范围进行了介绍,对于西夏和南诏,则只是提到它们对宋朝疆域的侵占。这三部论著,实际上都没有对当时并存的各政权的疆域进行全面的描述。

这些"中国疆域沿革史"的历史书写大致有两个本章所关注的特点:第一,在统一王朝时期,基本上关注的是这些王朝疆域最为广大的时期;第二,几乎没有涉及当时中华民国境内的不属于王朝直接管辖的政权和民族的控制范围,如唐代,几乎没有涉及吐蕃和渤海国;而宋辽金时期,也很少关注南诏、西域、青藏高原,甚至西夏[37]。

37　比较特殊的是童书业的《中国疆域沿革略》,参见下文叙述。

撰写"疆域沿革史"的目的。顾颉刚和史念海《中国疆域沿革史》一书的"绪论"在关于疆域的部分,论及"在昔皇古之时,汉族群居中原,异类环伺,先民洒尽心血,耗竭精力,辛勤经营,始得今日之情况。夏、商以前,古史渺茫,难知究竟;即以三代而论,先民活动之区域,犹仅限于黄河下游诸地;观夫春秋初年,楚处南乡,秦居西陲,而中原大国即以戎狄视之,摈不与之会盟,他可知矣。春秋战国之际,边地诸国皆尝出其余力,向外开扩,故汉族之足迹,所至渐广。汉族强盛之时,固可远却所谓夷狄之人于域外;然当其衰弱之日,异族又渐复内侵;故有秦皇、汉武之开边扩土,即有西晋末年之五胡乱华;其间国力之强弱,疆域之盈亏,先民成功与失败之痕迹,正吾人所应追慕与策励者也"[38];"吾人处于今世,深感外侮之凌逼,国力之衰弱,不惟汉、唐盛业难期再现,即先民遗土亦岌岌莫保,衷心忡忡,无任忧惧! 窃不自量,思欲检讨历代疆域之盈亏,使知先民扩土之不易,虽一寸山河,亦不当轻轻付诸敌人,爰有是书之作"[39]。由此来看,一方面该书主要关注王朝(主要是汉族)所控制的疆域范围,另一方面旨在激发读者的爱国热情、救亡图存。

童书业的《中国疆域沿革略》没有明确交代其撰写目的,但在第一篇"历代疆域范围"末尾对其描述的空间进行概述,即"总观中国历代之疆域范围:战国以前,可见中国疆域之如何形成:由夏至商,商至周,以至春秋、战国;汉族卒有今中国本部之大部。战国以后,可见历代疆域之消长;其大小之次序大略如下……。元、清

38　《中国疆域沿革史》,第1页。

39　《中国疆域沿革史》,第3页。

以新民族之势,利用中国天然富源,故能保持极盛大之疆域;次则汉、唐,秉本族极盛之势,外征四夷,疆域亦广;而以分裂时代之五代疆域为最小。此实可证一国之宜统一而不宜分裂也。至汉族本疆,秦、汉以后所以不能有大扩张者,乃因农业经济之限制及国人狃于《禹贡》之观念所致"[40]。大致而言,其所关注的依然是王朝所控制的地域范围,且同样以汉族为中心,但强调的是国家统一的重要性。不过需要注意的是,童书业的《中国疆域沿革略》,其在第三篇"四裔民族"中对云贵高原、海藏高原、蒙新高原和东北地带一些民族的历史和风俗进行了介绍,间或介绍了这些地区收入中国版图的时间,如"清康熙间,西藏合准噶尔抗清,清派大军入藏平之,自此,西藏乃收入中国版图"[41]。当然,由于童书业将这一篇独立于"历代疆域范围"之外,且其没有对该书这一篇章结构的设计目的作说明,因此可以认为其对历史上中国疆域范围的认知似乎处于一种过渡阶段。

与此同时,中国古代绘制历史地图集的传统也延续了下来:

如上海中外舆图局于 1915 年出版的童世亨的《历代疆域形势一览图(附说)》[42],图集的开始部分为《禹迹图》和《华夷图》的拓片,然后是从呈现了《禹贡》至清代疆域的 18 幅地图,最后附有"历代州域形势通论"10 篇。"历代州域形势通论"基本是对历朝行政区划演变和政区数量的介绍,与疆域没有直接的关系,其间虽然偶有对王朝

40　《中国疆域沿革略》,第 48 页。

41　《中国疆域沿革略》,第 108 页。

42　童世亨:《历代疆域形势一览图(附说)》,中外舆图局,1915 年。

疆域范围的描述,但非常简单,如汉代疆域描述为"东海、右渠搜、前番禺、后陶涂,东西九千三百二里,南北万三千三百六十八里"[43],基本抄自古代文献,且没有介绍民国疆域范围内的王朝周边政权和部族的疆域或活动范围。各幅历史地图虽然绘制在一幅"现代"地图上,但并没有展现太多中华民国的政区,只有大致的河流、地形。就地图上呈现的空间范围而言,既包含了王朝的范围,还包含了一些周边民族的空间范围,因此地图往往以"某某朝及四裔图"命名。但需要注意的是,所谓"四裔"并非指在中华民国疆域范围内的王朝周边的"四裔",而是文献里记载的与王朝存在密切联系或者对王朝的历史产生过重要影响的"四裔",因此其绘制的往往是远至中亚、西亚的"四裔"。如《前汉疆域及四裔图》,除绘制西至今天新疆地区的汉朝的疆域外,还绘制了西域和中亚的乌孙、大宛、大月氏和安息,而对匈奴、东北和西藏各族则没有太多的表示。《唐代疆域及四裔图》也是如此,绘制了包括西藏、东北、西域在内的唐朝极盛时期的疆域,但还绘制了天竺、大食。"宋金分疆图"中,除绘制了宋辽西夏之外,还绘制了西域的回鹘、位于今天越南的大越,但对漠北、西藏则没有表示。按照该图集的前言,其所用资料采用的是顾祖禹的《历代州域形势论》,因此也就必然以王朝所辖地域空间为核心,只是除此之外还关注"塞外民族之盛衰,江淮河济之变迁,长城运道之兴废,亦并见诸图,冀为读史者参考之",也即作为读史之参考。

---

43 《历代疆域形势一览图(附说)》,第10页。

又如武昌亚新地学社1930年出版的欧阳缨编《中国历代疆域战争合图》[44]，这套地图集包含了从五帝时代直至民国时期的46幅地图。这些地图虽然绘制在一幅民国时期的底图上，但主要表现的是某一王朝的疆域或者分裂时期并立王朝的疆域范围，因此在地理空间上各图之间并无一致性，如《前汉图》只是表现了西汉各诸侯国以及各州的范围，而没有表示匈奴、西域、西藏各地的情况；《唐代图》则表现了唐王朝极盛时期控制的疆域，但对漠北、西藏以及东北则缺乏表达。

再如中国文化馆1935年出版的魏建新著、李大超校的《中国历代疆域形势史图》[45]，该图册上起《夏代疆域形势图》，下至《第一次世界大战与第三次瓜分中国图》，共有地图22幅。图集绘制得极为简单，基本就是在一幅呈现了中华民国疆域轮廓的底图上添加了历朝的疆域范围以及少量其他地理要素。如《两汉疆域形势图》，呈现了两汉疆域极盛时期的范围，以及长安和各州的治所，并用线条将这些各州治所与长安连接起来，但没有表达周边部族和政权。而《唐代疆域形势图》呈现了西藏的吐蕃、东北的室韦以及北方的回纥、延陀，且将这些政权和部族都纳入到了唐朝疆域中。《宋辽分疆形势图》中则只是呈现了辽、西夏和北宋的疆域，而没有呈现南诏，更没有呈现漠北和青藏高原的情况。

总体而言，民国时期"疆域沿革史"的历史书写是基于"政区沿革"发展而来的，且认为"中国疆域沿革史"的书写对象应当是历史

44　欧阳缨编，邹兴巨校：《中国历代疆域战争合图》，亚新地学社，1930年。

45　魏建新著、李大超校：《中国历代疆域形势史图》，中国文化馆，1935年。

时期各王朝的疆域,这显然受到中国传统史学强调王朝史的影响。但在民国后期,也出现了一些变化,即开始关注中华民国疆域内历史上各王朝疆域之外各民族的历史,但这样的著作数量极少。

四、中华人民共和国成立以来"疆域沿革史"的历史书写

中华人民共和国成立后,除了不断再版的顾颉刚和史念海《中国疆域沿革史》之外,也出现了"中国疆域沿革史"的新的文本论述,其中现在常用的以及影响力最大的当属邹逸麟编著的《中国历史地理概述》的中篇"历代疆域和政区的变迁"之第五章"历代疆域变迁"[46],这一部分也被收入了《中国历史人文地理》[47]一书中;具有影响力的还有葛剑雄的《中国历代疆域的变迁》[48]。

与民国时期的历史书写相比,这两部"中国疆域沿革史"最大的变化在于:除强调王朝的控制范围之外,通常还花费大量笔墨对当时不属于王朝直接管辖的周边国家、政权和部族的疆域和活动范围进行了介绍。如《中国历史地理概述》中关于汉时期的疆域,首先简单介绍了汉初的疆域,即"不仅小于秦始皇时代,亦小于战国末年"[49];然后花费大量笔墨介绍了汉武帝时期对"北方的开拓""断匈奴右

46　邹逸麟:《中国历史地理概述》(初版),福建人民出版社,1993 年。该书在 1999 年出版了第二版;2005 年由上海教育出版社出版了第三版,此后不断重印至今。

47　邹逸麟主编:《中国历史人文地理》,科学出版社,2001 年。

48　葛剑雄:《中国历代疆域的变迁》,商务印书馆,2012 年。

49　《中国历史地理概述》(初版),第 89 页。

臂,置河西四郡""南方的扩展""西南七郡的设置""东北乐浪四郡
的设置"以及"西域都护府的设置",结论就是"可见汉武帝时汉朝疆
域空前辽阔:东抵日本海、黄海、东海暨朝鲜半岛中北部,北逾阴山,
西至中亚,西南至高黎贡山、哀牢山,南至越南中部和南海"[50];接着
又介绍了汉武帝之后随着国力的衰弱,汉朝疆域的逐渐缩小;最后,
花费大量篇幅介绍了匈奴、乌桓、鲜卑、夫余、高句骊、沃沮、羌族以及
"西南夷"的兴衰和活动范围。而对于唐代,则重点介绍了唐朝在太
宗、高宗时期的疆域扩展,即"北方疆域的开拓""西北疆域的扩展"
"东北疆域的变迁"以及"西部和西南部疆域",其中在介绍"东北疆
域的变迁"时还简单介绍了渤海国的兴衰和控制范围,以及契丹、奚
族和靺鞨的活动范围;在介绍唐后期和五代时期疆域的变化过程时,
简要介绍了吐蕃、南诏的兴衰以及控制的地域范围。不过在介绍明
代疆域时,没有介绍西域的情况。

    总体而言,与民国时期"中国疆域沿革史"的历史书写基本只关
注于王朝疆域不同,该书虽然以王朝疆域为重点,但同时尽可能地涉
及了当时周边各政权、部族和民族的兴衰和活动的地域范围。虽然
在细节上存在差异,但葛剑雄的《中国历代疆域的变迁》也基本遵照
这样的书写方式,甚至在叙述了正统王朝的疆域变迁后,明确列有
"边疆政权"的部分,对"边疆政权"的兴衰和控制范围进行了介绍。
这种描述的空间范围的变化,与历史地图集绘制中,以 1840 年之前
的清朝疆域作为绘制范围成为标准存在密切联系,具体参见下文。

---

50 《中国历史地理概述》(初版),第93页。

现代绘制的历史地图集数量较少,主要有以下几种:

顾颉刚和章巽主编的《中国历史地图集(古代史部分)》[51],共绘制有地图 31 幅,附图 16 幅,时间上自原始社会,下至鸦片战争,图册后有说明性的"附注"以及"地名索引"。"东汉帝国和四邻图"中用黄色标绘了汉帝国的控制范围,用黄白相间的颜色标绘了西域地区;用其他颜色标绘了匈奴、鲜卑、乌孙、大月氏等,但没有在今天西藏地区标绘除了山川之外的其他内容。"唐帝国和四邻图"用深黄色标绘了唐朝十道的范围;而图中浅黄色部分所代表的范围,在图例中有所说明,即"公元751年以前唐帝国势力曾到达的区域",注意其使用的是"势力"一词;并用其他颜色标绘了"天竺""大食""日本"等周边国家。"宋金对立图"中用不同颜色标绘了"高丽""金""南宋""西夏""大越""西辽""天竺""呼罗珊"等,但"吐蕃""大理"和"缅甸"没有用任何颜色标识。显然该图集依然以历代王朝疆域为绘制的核心内容,没有将王朝疆域与中华人民共和国的疆域或者某一时期的疆域联系起来。

影响力最大的当属谭其骧主编的 8 卷本《中国历史地图集》,这套历史地图集的各册和各图的绘制有着统一的地理范围,即1840年之前清朝的疆域,由此各图除表现各王朝的疆域之外,还对上述地理范围内,王朝周边的各族、政权的疆域或活动范围进行了描绘。

郭沫若主编的《中国史稿地图集》[52],按照其前言所述,这套历史

51　顾颉刚、章巽主编:《中国历史地图集(古代史部分)》,地图出版社,1995年。

52　郭沫若主编:《中国史稿地图集》(上册),中国地图出版社,1980年。郭沫若主编:《中国史稿地图集》(下册),中国地图出版社,1980年。

地图集的编纂目的主要是在阅读《中国史稿》时作为参考,参与其绘制的一些工作人员也参与了谭其骧主编的 8 卷本《中国历史地图集》的编绘,且谭其骧对该图册的编绘也曾经作过指导。此外,谭其骧主编的 8 卷本《中国历史地图集》所确立的以 1840 年之前的清朝疆域作为历史地图集应当呈现的地域范围,当时已经成为一种主导意见,因此该图集也采用了这一原则。

由谭其骧主编的《简明中国历史地图集》[53]基本是对 8 卷本《中国历史地图集》的缩编,"删去了原来主体部分分幅图,专收历代的全体,使读者手此一册,就能窥见中国几千年中历代疆域政区变化的概貌"[54]。在各图之前或之后附有图说,所介绍的内容多为政区沿革和统属,偶有对疆域的描述;在王朝政区的介绍之后,还有对 1840 年之前清朝疆域内各族的介绍,如西汉的图说中就介绍了东蒙古高原、东北地区、"漠南北"、青藏高原、云南、海南岛的各民族。

需要说明的是,除了谭其骧的观点之外,对于"中国疆域沿革史"应当涉及的范围,一直存在不同认知,如孙祚民[55]、周伟洲[56]等认为应当以各王朝的疆域为准;而白寿彝[57]、何兹全[58]则认为应当以中华人民共和国的领土范围为准,但这些观点都不具有主导地位,尤其是在 8 卷本《中国历史地图集》出版之后。

53　谭其骧主编:《简明中国历史地图集》,中国地图出版社,1991 年。

54　《简明中国历史地图集》"前言"。

55　孙祚民:《中国古代史中有关祖国疆域和少数民族的问题》,《文汇报》1961 年 11 月 4 日。

56　周伟洲:《历史上的中国及其疆域、民族问题》,《云南社会科学》1989 年第 2 期。

57　白寿彝:《论历史上祖国国土问题的处理》,《光明日报》1951 年 5 月 5 日。后来其主编的《中国通史》也采取的是这一原则。

58　何兹全:《中国古代史教学中存在的一个问题》,《光明日报》1959 年 7 月 5 日。

总体而言,中华人民共和国成立以来,"中国疆域沿革史"的历史书写发生了根本性的变化,即将1840年之前的清朝疆域作为"中国疆域沿革史"历史书写所要涉及的空间范围。在谭其骧主编的8卷本《中国历史地图集》出版后,这一标准在中国大陆几乎成为了定论,且影响到了"中国疆域沿革史"历史书写的文本。还需要注意的是,这一时期文本的"中国疆域沿革史"的历史书写摆脱了与政区沿革之间长期以来的密切关系,单独成篇或者成书。

五、结论

大致而言,虽然中国古代有着对"疆域"的描述,但不存在真正意义的"疆域沿革史";在现代人看来历史地图集是一种"疆域沿革史"的图像表达,但在当时表达"疆域沿革史"并不是历史地理集的绘制目的,且其所涉及的空间大致局限于"九州"也使其无法成为一种"疆域沿革史"。真正意义上的"中国疆域沿革史"的历史书写形成于民国时期,脱胎于中国传统的"政区沿革",其最初目的在于唤起民族自豪感、实现救亡图存。而以1840年之前的清朝疆域作为"中国疆域沿革史"所应涉及的空间范围则是在中华人民共和国成立后晚至20世纪80年代才确立的标准。

就所描述的空间范围而言,"中国疆域沿革史"的历史书写有大致四种形式,按照出现的时间排列如下:

第一种,以杨守敬的《历代舆地沿革险要图》为代表的中国古代的历史地图集,绘制范围基本相当于"九州"。

　　第二种，虽然绘制了绘图时代的山川形势，但在政区和疆域方面并不一定进行古今对比，而只是呈现了统一王朝和分裂时期并立王朝的疆域，民国时期的大部分历史地图集以及文本都是如此。

　　第三种，以中华民国或者中华人民共和国的领土作为绘制范围，前者以魏建新著、李大超校的中国文化馆1935年出版的《中国历代疆域形势史图》为代表，后者以白寿彝和何兹全为代表。

　　第四种，以清朝1840年之前的疆域作为范围，代表性的就是谭其骧主编的8卷本《中国历史地图集》。

　　上述这四种绘制范围，其核心差异实际上在于对"中国"的不同认知。

　　中国古代，也就是王朝时期，对于世界秩序的认知受到传统"华夷观"的影响。关于中国古代的"华夷观"，唐晓峰的《从混沌到秩序：中国上古地理思想史述论》[59]中有着精辟的叙述。首先，"华夷"两分的"天下观"："在周朝分封地域范围的四周，全面逼近所谓的'夷狄'之人。于是，在中国历史上第一次出现了华夏世界作为一个整体（王国维称其为'道德之团体'）直接面对夷狄世界的局面。居于中央的华夏与居于四周的夷狄的关系遂成为'天下'两分的基本人文地理格局"[60]；"对夷狄是绝对的漠视，反之，对华夏中国是绝对的崇尚。华夏居中而土乐，夷狄远处而服荒，这种地域与文化的关系被推广到整个寰宇之内，唯有中国是圣王世界，其余不外是荒夷或岛

59　唐晓峰：《从混沌到秩序：中国上古地理思想史述论》，中华书局，2010年。

60　《从混沌到秩序：中国上古地理思想史述论》，第209页。

夷,越远越不足论。如此全世界二分并以华夏独尊的地理观念在随后的千年岁月中一直统治着中国人的头脑"[61]。

关于"华""华夏"的空间范围:"不知最早从什么时候开始,'禹迹'成为华夏地域的表述名称"[62];"禹之迹,就是大禹平奠治理过的地方。经过大禹治理的地方就是文明之区,有别于蛮夷之地。在人们用大禹的名义说明自己的地方时,已经包含了华夷两分的意义,夷狄均在禹迹之外,而宣称居于'禹迹'之内,则成为华夏人地理认同的重要方式"[63];"《左传》(襄公四年)引用了《虞人之箴》中的一句话'茫茫禹迹,画为九州'……它道出了华夏空间世界的进一步发展,将'禹迹'与'九州'相联系"[64]。

在这种"天下观"之下,王朝的领土必然要尽可能全面地包含"华"所在的"中国"和"九州",这是王朝正统性的来源之一,也是王朝控制"天下"的"法理"基础[65]。受到这些思想的影响,王朝时期基本只关注"华"和"九州",对于"夷"地则显然是漠视的,因此中国古代的历史地图集只关注"九州"也就是顺理成章的了。

进入到了近代,现代国家以及现代的疆域意识逐渐形成了,只关

---

61 《从混沌到秩序:中国上古地理思想史述论》,第 211 页。

62 《从混沌到秩序:中国上古地理思想史述论》,第 214 页。

63 《从混沌到秩序:中国上古地理思想史述论》,第 214 页。

64 《从混沌到秩序:中国上古地理思想史述论》,第 216 页。

65 即李大龙在《有关中国疆域理论研究的几个问题》中所说的"'中国'代表王权所在地的这一含义最终促成了:'中国'是'天下'的中心,占有'中国'即可以成为号令四夷的'正统王朝'的观念"(《西北民族论丛》第八辑,中国社会科学出版社,2012 年,第 7 页)。具体的实例还可以参见黄纯艳对南宋政权在失去"中国"之后统治合法性的解释,参见黄纯艳《绝对理念与弹性标准——宋朝政治场域对"华夏""中国"观念的运用》,《南国学术》2019 年第 2 期。

注"九州"显然无法证明中华民国疆域形成的历史脉络,也无法激发人民的爱国主义,且在新的"万国平等"的国际秩序下,旧有的"华夷观"已经过时,因此这一时期"中国疆域沿革史"的历史书写在地域上摆脱了"华夷观"和"九州"的局限。当然,这一时期,以正统王朝作为叙述中国历史发展脉络的主线的思想依然具有影响力,且在当时的中国通史的撰写中,依然以王朝的沿革为线索,如出版于1923年的吕思勉的《白话本国史》、出版于1939年的周谷城的《中国通史》、出版于1940年的钱穆的《国史大纲》和出版于1941年的范文澜的《中国通史简编》,等等,且这样的中国通史撰写方法直至今日依然具有影响力,因此这一时期的"中国疆域沿革史"的历史书写也是以历代王朝所控制的疆域为核心。但在民国时期,随着"中华民族"[66]的概念以及"统一的多民族国家"思想的逐渐兴起,只关注于王朝的历史书写显然难以满足现实的需要。吕思勉在《白话本国史》第一篇"上古史"的第七章"汉族以外的诸族"中就已经提出"中国人决不是单纯的民族。以前所讲的,都是汉族的历史,这是因为叙述上的方便,不能把各族的历史,都搅在一起,以致麻烦……"[67]在这一部分其也对獯粥、东胡、貉、氐羌、粤和濮的历史进行了介绍。且当时将中华民国疆域作为历史书写的空间范围的情况也已出现,但数量很少,也不成熟。

　　1949年之后,学界对于"历史上中国疆域的范围"进行过长期的讨论,大致有三种观点,一种就是认为应当以各王朝的疆域为准,如

66　这一概念可以认为是梁启超在1902年的《论中国学术思想之变迁之大势》中提出的。

67　吕思勉:《白话本国史》,商务印书馆,1923年,第86页。

孙祚民、周伟洲；一种认为应当以中华人民共和国的领土范围为准，如白寿彝、何兹全；一种认为应当以 1840 年前的清朝疆域作为标准，代表者为谭其骧[68]、陈连开[69]、葛剑雄等。对这一问题的讨论，更多的信息可以参见刘清涛的《60 年来中国历史疆域问题研究》[70]。大致而言，第一种观点的支持者越来越少，至今几乎已不可见；第二种观点虽然也存在，但缺乏影响力；而第三种观点目前可以说是学界和官方的主流。

　　以谭其骧为代表的观点之所以占据主流，我们可以回顾一下谭其骧在《历史上的中国和中国历代疆域》一文中的观点："我们是如何处理历史上的中国这个问题呢？我们是拿清朝完成统一以后，帝国主义侵入中国以前的清朝版本，具体说，就是从 18 世纪 50 年代到 19 世纪 40 年代鸦片战争以前这个时期的中国版图作为我们历史时期的中国的范围。所谓历史时期的中国，就以此为范围。不管是几百年也好，几千年也好，在这个范围之内活动的民族，我们都认为是中国史上的民族；在这个范围之内所建立的政权，我们都认为是中国史上的政权。"[71]采用这种标准的理由一是因为"'中国'这两个字的含义，本来不是固定不变的"，由于"我们是现代人，不能以古人的'中国'为中国"[72]；二是因为"我们认为 18 世纪

68　谭其骧：《历史上的中国和中国历代疆域》，《中国边疆史地研究》1991 年第 1 期，第 34 页。

69　陈连开：《论中国历史上的疆域和民族》，《中央民族学院学报》1981 年第 4 期。

70　刘清涛：《60 年来中国历史疆域问题研究》，《中国边疆史地研究综述》，黑龙江教育出版社，2014 年，第 110 页。

71　谭其骧：《历史上的中国和中国历代疆域》，《中国边疆史地研究》，1991 年第 1 期，第 34 页。

72　《历史上的中国和中国历代疆域》，1991 年第 1 期，第 35 页。

中叶以后,1840年以前的中国范围是我们几千年来历史发展所自然形成的中国,这就是我们历史上的中国。至于现在的中国疆域,已经不是历史上自然形成的那个范围了,而是这一百多年来资本主义列强、帝国主义侵略宰割了我们的部分领土的结果,所以不能代表我们历史上的中国的疆域了"[73]。在文章的结尾,谭其骧实际上点明了确定这一标准的原因:"所以历史发展到今天,我们全国各个民族是在一个大家庭里,我们应该团结起来,共同抗击外来的侵略,共同建设社会主义祖国,为了社会主义祖国的四个现代化而奋斗。今天我们写中国史,当然应该把各族人民的历史都当成中国历史的一部分,因为这个中国是我们各族人民共同缔造的,是五十六个民族共同的,而不是汉族一家的中国。我们今天的命运是相同的,兴旺就是大家的兴旺,衰落就是大家的衰落,我们应该团结起来共同斗争。"[74]

谭其骧主编8卷本《中国历史地图集》的时候,我国国力并不强大,在之前的百年中丧失了大片的领土,且当时中印、中苏以及中越边境矛盾持续存在。在这种环境下,当时需要通过这样的叙述,即通过学术论证,确立当前中国领土的历史合法性以及各民族长期以来的密切关系,由此对内强化民族团结、激发爱国主义精神,对外抵制各种对我国领土的无理要求。因此这种"中国疆域沿革史"的历史

---

73 谭其骧:《历史上的中国和中国历代疆域》,《中国边疆史地研究》,1991年第1期,第35页。

74 谭其骧:《历史上的中国和中国历代疆域》,《中国边疆史地研究》,1991年第1期,第42页。

书写成为主流是当时国内和国际环境的需要。

　　总体而言,中国古代缺乏"中国疆域沿革史"的历史书写,且历史地图集只关注于"九州",反映了中国古代"天下观"和"疆域观"。近代时期"中国疆域沿革史"历史书写的产生,以及后来的变化,都是对时代以及时代思想的反映,同时也是时代的需要。

第十一章

中国古代的"天下观"和"疆域观"及其转型

——跳出概念陷阱,在研究中回归"中国"话语

本章与上一章实际上是姊妹篇。上一章强调的是,我们今天习以为常的对"中国疆域沿革史"的叙述方式,并不是"自古以来"就是这样的,而是我们近代以来逐步构建,并在 20 世纪七八十年代才最终定型的,是时代需要的结果。本章所说的是,随着中国的强大,环境和需求发生了根本性的变化,以往的"中国疆域沿革史"的叙述方式开始逐渐不符合新时代的需要,如在需要建立中国话语权的今天,以往的叙述方式实际上是在用西方现代的概念来论述中国古代,不仅学理上不成立,其所建立的也不是中国话语。因此,在我来看,在新的时代,我们需要回归到"中国"古代的

话语体系,重新建一套符合传统文化、学理上成立,由此符合时代需要的历史书写方式。如果我的这一论述今后被采纳,或者被部分国人所采纳的话,其对未来的影响是可期的。

"中国历史上的疆域"长期以来是史学以及相关领域研究的重点。不过在以往各种对我国古代"疆域"发展历程的解释中,总是有一些难以自圆其说的矛盾[1]。由于"中国"古代关于"国家""疆域"等术语的概念,与今天对这些术语的认知,分别建基于两套完全不同的话语体系以及对世界秩序的认知之上,因此存在根本性的差异,而以往的研究或者使用这些术语偏向现代的含义来认知古代,或者没有意识到这些术语古今概念的变化,是导致难以自圆其说的根源。

为了论述这一问题,首先我们需要从影响我国古代"疆域"认知的"天下观"入手进行分析。需要强调的是,本章的主旨在于指出以往研究中存在的问题,并力图明确今后的研究方向,因此在后文的叙述中,会对以往的相关研究成果进行梳理,但只要不影响本章的观点,不会对各类观点中的细微差异进行分析,同时也不会纠缠于细节。

在几乎所有关于"中国历史上的疆域"的研究中,研究者基本上都没有对"疆域"这一术语进行界定。不过从绝大多数研究来看,由

于研究者通过各种角度来论述"中国"古代的"疆域"对今日中国领土的影响,因此这些研究所用的"疆域"一词的含义与"领土"一词的含义是相近的。而且,在今天通常的认知中,就概念而言,"疆域"一词也基本等同于"领土"。"领土"一词被用于描述某个国家所拥有的、主权管辖的全部的陆地、河流、湖泊、内海、领海以及它们的底床、底土和上空(领空),其中的核心概念就是现代意义上的"国家"和"主权"。

目前所见,在"中国历史上的疆域"的研究中对"疆域"概念进行了深入讨论的是葛剑雄的《中国历代疆域的变迁》一书。在书中,葛剑雄指出"本书所说的疆域,基本上就等于现代的领土,但由于历史条件不同,具体的含义也不完全相同。所谓疆域,就是一个国家或政权实体的境界所达到的范围,而领土则是指在一国主权之下的区域,包括一国的陆地、河流、湖泊、内海、领海以及它们的底床、底土和上空(领空)。两者的主要差别在于:领土是以明确的主权为根据的,但疆域所指的境界就不一定有非常完全的主权归属"[2]。显然,葛剑雄已经意识到中国古代语境下的"疆域"一词,与今日"领土"一词,在概念上存在着差异,因此试图在传统的研究框架下,通过对概念的重新界定,来解决古今概念存在差异的问题。不过,葛剑雄虽然指出"疆域""不一定有非常完全的主权归属",也认为疆域不完全等同于领土,而仅仅"是一个国家或政权实体的境界所达到的范围",但这种界定方式本身已经暗示着作者有意无意地认为中国古代存在现代

---

2   葛剑雄:《中国历代疆域的变迁》,商务印书馆,1997年,第6页。

意义的"国家"和"主权"的概念,其背后的思维方式仍然是现代主权国家的思维方式,并未更进一步意识到"疆域"一词概念上的古今差异。正因为此,他对"中国疆域"变迁的叙述仍然主要是传统的框架。

一、中国古代的"天下观"和"疆域观"

在进行讨论之前,首先需要对"天下观"和"疆域观"进行界定。"天下观"指的是某一文化或者某一人群对于世界构成的认知,这种对于世界构成的认知并不纯粹是地理的,而是在相应的文化、政治和经济等基础上,构建的对于世界政治、文化以及经济秩序的地理认知。"疆域观"指的是某一文化或者某一人群对其所应占有的空间范围的认知,因此本章所用的"疆域观"与现代的"国家"和"主权"等概念没有关系。"天下观"和"疆域观"这两个概念虽然存在差异,但有着内在的联系,尤其是在"中国"古代。

关于"中国"古代的"天下观",前人研究成果众多,但对其思想来源、后续影响以及地理空间进行相对深入分析的当属唐晓峰的《从混沌到秩序:中国上古地理思想史述论》[3],现引用其中一些与本章有关的结论。

首先,"华夷"两分的"天下观":"在周朝分封地域范围的四周,全面逼近所谓的'夷狄'之人。于是,在中国历史上第一次出

3　唐晓峰:《从混沌到秩序:中国上古地理思想史述论》,中华书局,2010年。

现了华夏世界作为一个整体(王国维称其为'道德之团体')直接面对夷狄世界的局面。居于中央的华夏与居于四周的夷狄的关系遂成为'天下'两分的基本人文地理格局"[4];"对夷狄是绝对的漠视,反之,对华夏中国是绝对的崇尚。华夏居中而土乐,夷狄远处而服荒,这种地域与文化的关系被推广到整个寰宇之内,唯有中国是圣王世界,其余不外是荒夷或岛夷,越远越不足论。如此全世界二分并以华夏独尊的地理观念在随后的千年岁月中一直统治着中国人的头脑"[5];"需要注意到的是,华夷之限不是政治界限,更不是国界,也不是种族界限,而只是文化界限……反而希望'四海会同''夷狄远服,声教益广',也就是要与夷狄共天下,当然,前提是'夷狄各以其贿来贡'"[6];"在周代形成的'华夷之限'的思想一直统治着中原士大夫的头脑,华、夷对照是理解世界的基本思想方式"[7]。

　　然后,"华""华夏"的空间范围:"不知最早从什么时候开始,'禹迹'成为华夏地域的表述名称"[8];"禹之迹,就是大禹平奠治理过的地方。经过大禹治理的地方就是文明之区,有别于蛮夷之地。在人们用大禹的名义说明自己的地方时,已经包含了华夷两分的意义,

---

4　《从混沌到秩序:中国上古地理思想史述论》,第209页。

5　《从混沌到秩序:中国上古地理思想史述论》,第211页。

6　《从混沌到秩序:中国上古地理思想史述论》,第212页。由此,如后文所述,某些研究者所强调的个别帝王提倡的"华夷一家"等概念,实际上是这种"天下观"的必然结果,并没有什么特殊性。一方面即使"华夷一家",但这并不能抹杀"华夷"界限;另一方面,如果"华夷两家",那么这种"天下观"也就崩溃了。

7　《从混沌到秩序:中国上古地理思想史述论》,第296页。

8　《从混沌到秩序:中国上古地理思想史述论》,第214页。

夷狄均在禹迹之外,而宣称居于'禹迹'之内,则成为华夏人地理认同的重要方式"[9];"《左传》(襄公四年)引用了《虞人之箴》中的一句话'茫茫禹迹,画为九州'……它道出了华夏空间世界的进一步发展,将'禹迹'与'九州'相联系"[10];"《毛诗正义》:'中国之文,与四方相对,故知中国谓京师,四方谓诸夏。若以中国对四夷,则诸夏亦为中国'"[11]。

简言之,即大致是在周之后[12]、近代之前,在"中国"古代的"天下观"中,世界是由"华"和"夷"两部分构成的,其中"华"无论在文化、经济还是在政治上都占有绝对主导地位,是"天下主",这个世界是围绕"华"展开的。对应于地理空间,"华"即是《禹贡》中记载的"九州",且由于这里是"诸夏"所在,因此可以称为"中国",当然需要强调的是这里的"中国",不是现代意义上的"国"的概念[13],大概对应于

9　《从混沌到秩序:中国上古地理思想史述论》,第214页。

10　《从混沌到秩序:中国上古地理思想史述论》,第216页。

11　《从混沌到秩序:中国上古地理思想史述论》,第226页。

12　这一受到《禹贡》影响的"天下观"确立的准确时间,尚有待进一步研究。这里提出的"周之后",只是一个笼统的时间点。

13　虽然在某些文献中,有时提到的"中国",如果用现代人的眼光来看,可以理解为"国家",如"奠安华夏,复我中国之旧疆"(《明太祖高皇帝实录》卷六十七,洪武四年秋七月癸卯,上海书店,1982年,第1266页)。但如果将这句话置于"中国"传统的"天下观"和"华夷"的角度来看,句子中的"中国"显然不可能是与周边藩属国以及更遥远的"国"并列的主权国家,而指的是占据了"华"地的王朝,具体参见后文分析。而且,在这一语境下,虽然明太祖承认元的正统性,但依然强调其是"胡人"政权,因此这里的"复我中国之旧疆"也可以从汉人的角度理解为,恢复了"汉人"对于"中国"("九州")这一地域的控制。从上下文"朕为淮右布衣,起义救民。荷天之灵,授以文武诸臣。东渡江左,练兵养士,十有四年。西平汉王陈友谅,东缚吴王张士诚,南平闽越,戡定巴蜀,北靖幽燕,奠安华夏,复我中国之旧疆。朕为臣民推戴,即皇帝位,定有天下之号曰大明,建元洪武,于今四年矣。凡四夷诸邦皆遣官告谕,惟尔佛菻隔越西夷,未及报知。今遣尔国之民捏古伦赍诏往谕,朕虽未及古先哲王之德,使四夷怀之,然不可不使天下咸知朕平定四海之意,故兹诏示"来看,这样的解释应该更为合理。

一些研究中宣称的"地理中国"和"文化中国"。

"九州"的地理空间,在《禹贡》中有着记载,但由于构成其边界的一些地理要素,如"黑水"等的具体地理位置长期以来都存在争议,因此实际上也就无法确定"九州"的明确空间范围,因此"九州"本身就是一个有着大致范围,但又相对模糊的地域空间。现存宋代之后大量《禹贡》图对其地理范围有所描绘[14],但所有这些地图大都没有绘制明确的界线,这大概也说明古人对于"九州"的准确范围也没有明确的认知。

如果上述认知正确的话,那么"中国"古代的"疆域观"也就呼之而出了。在"华夷"两分的"天下观"下,虽然"华"占据了主导,但两者结合才构成了"天下",也即唐晓峰所说的"反而希望'四海会同''夷狄远服,声教益广',也就是要与夷狄共天下",由此显而易见得出的结论就是另外一句在谈及"中国"古代"疆域"时经常被提到的名句"普天之下莫非王土"。不过,由于对"夷"的轻视,因此"华"才是作为"天下主"的王朝的天子或者皇帝所应直接领有的,而"华"在地理空间上对应的就是"九州",也即唐晓峰所述:"在传统中国人的世界观中,王朝并非占据整个'天下',说皇帝坐'天下',这个'天下'只是形容他天下独尊的地位,并不是严格的地理语言。他们知道,在天的下面,除了中国王朝,还有不知边际的蛮夷世界。只是对

---

14 参见成一农《中国古代舆地图研究》,中国社会科学出版社,2018 年;成一农《"实际"与"概念"——从古地图看"中国"陆疆疆域认同的演变》,《新史学》第 19 辑,大象出版社,2017 年,第 254 页。

于这个蛮夷世界,中国士大夫不屑于理睬。"[15]

当然,"蛮夷"世界也是存在层次的,其中一些是与"华"在地理空间或者文化、经济上有着直接接触或者往来的[16],而另外一些则是几乎毫无往来,对于"华"来说只是道听途说,甚至一无所知。由此形成的"天下",也就有了包含甚至是想象中的全部"世界"的"大天下",以及只是包括有直接往来或者有所了解的"蛮夷"的"小天下"。从现存的资料来看,后者是中国古代士大夫更为关注的,这点从前文所引唐晓峰的论述来说,是必然的结果。

在这种"天下观"之下,王朝的领土必然要尽可能全面地包含"华"所在的"中国"和"九州",而这也是王朝正统性的来源之一,也是王朝统治"天下"的"法理"基础之一[17]。当然,这并不是说王朝控制的土地也以此为限,毕竟在这种"天下观"下,"普天之下莫非王土",王朝也可以通过各种方式对周围的"夷"地进行直接或间接的管理,但这些并不是必需的。

如果说以上只是"理论"推导的话,我们还可以从实证的角度

---

15 《从混沌到秩序:中国上古地理思想史述论》,第 295 页。

16 其中包括一些论文中提及的"藩属"国。关于中国古代,尤其是明清时期的"藩属"国,前人研究众多。这些研究或者从国际关系的角度入手,或者认为这两者属于当时王朝的疆域,但这两者的认知都是从今天主权国家、国际关系或者现代"疆域"的概念入手的,因此从根本上就是错误的,即在当时的"天下观"中根本没有现代意义的主权国家、国际关系,更没有现代意义的"疆域",只有"华夷",所谓藩属只是对应于与"中国"存在密切往来的"夷"而已。

17 即李大龙在《有关中国疆域理论研究的几个问题》中所说的"'中国'代表王权所在地的这一含义最终促成了:'中国'是'天下'的中心,占有'中国'即可以成为号令四夷的'正统王朝'的观念",《西北民族论丛》第八辑,2012 年,第 7 页。还可以参见黄纯艳对南宋政权在失去"中国"之后,对其统治合法性的解释,参见黄纯艳《绝对理念与弹性标准——宋朝政治场域对"华夏""中国"观念的运用》,《南国学术》2019 年第 2 期。

来论证。需要说明的是,以往的一些研究中也都对此进行过实证论证,但大部分局限于使用某些局部或者"重要人物"尤其是帝王的言论,多受制于材料所针对的局部问题或者实际问题,且有时可以从多种角度加以解释(其中还包括误解,具体参见后文对论述中涉及的一些例证的评析),缺乏全局性的说明力。为了避免这一问题,本章试图从官修的,也即代表了正统观点的历代正史地理志和官修地理志,以及目前存世的"总图"和"天下图"入手来论证,这样至少可以代表在中国古代占据主导的"正统观点",具有更强的说服力[18]。

虽然正史地理志都是后代对前代的追溯,但这些正史都撰写于中国正统王朝的脉络下,因此可以被视作是对正统"天下观"的展示。

在二十五史中,有12部地理志的内容较为系统,记载的基本是王朝某一时期管理的土地,其中主要以"华"为主体,也包括"夷"。而在绝大部分正史的列传部分则包括了不受其直接或间接控制,甚至只是有着或者曾经有着朝贡往来的"夷"。由此可以认为,正史地理志是"写实"的,即如实地表达了修史者认为的前一王朝某一时期所直接管理的土地范围[19],而整部史书则在整体上描述了前朝的"天

---

18 当然,不可否认的是,在漫长的两千多年的历史中,必然会存在多种多样的"个案",且也无法否定存在多种可能的解读的个案的存在,但必须要牢记在心的就是,正如后文所述,对于这些个案的解读一定要放置在"中国"古代的背景和语境下。

19 这里的"直接管理"不是今天意义上的必须要通过设官分职来进行控制,而是被认为归王朝"直接控制"的土地,其中包括"羁縻",是一种主观认知。其实在"普天之下莫非王土"的概念下,哪些土地属于王朝的"直接控制"确实可以被理解为一种主观认知。

下",地理范围当然要远远大于地理志所描述的范围。这点实际上是对中国古代"疆域观"的展现,即王朝是"天下"的所有者,因此在王朝的正史中必然要对其所统治的"天下"进行描述,这点无法用今天的"疆域"概念来解释;而正史中的包括地理志在内的各类"志"基本只是关注于主要集中于"华"的王朝自身,因此地理志必然描述的是王朝直接管理的以"中国"为核心的土地。

官修地理志则又是另外一种面貌。从描述的空间范围而言,《元和郡县图志》是写实的,即其是根据"贞观十三年大簿规划的十道为纲领,配合当时的四十七镇"[20]来编写的,可以将其视作类似于正史地理志;类似的还有《元丰九域志》[21],记载了北宋的二十三路、省废州军、化外州和羁縻州,其中全书前九卷为二十三路,第十卷记载省废州军、化外州和羁縻州,因此虽然"化外州"等被分属于各路,但全书的核心依然是二十三路所大致对应的"九州",符合该书的书名"九域"。总体而言,这两部著作并不能完全展现当时的"天下观",但《元丰九域志》可以展现宋朝人的"疆域观"。

在其他地理总志中,除了被认为属于王朝管辖的土地,或多或少都包含了有着朝贡关系或者仅仅是有所往来的"夷"。《太平寰宇记》:"自是五帝之封区,三皇之文轨,重归正朔",其描述的范围包括宋初的十三道和"四夷"[22];《大明一统志》"太祖高皇帝受天明命,混一天下,薄海内外,悉入版图,盖唐虞三代下及汉唐以来,一统之盛蔑

---

20 李吉甫:《元和郡县图志》,点校者"前言",中华书局,1982年,第1页。

21 《元丰九域志》,中华书局,1985年。

22 乐史:《太平寰宇记》"太平寰宇记序",中华书局,2007年,第1页。

以加矣"[23],其描述的空间范围为明朝的两京十三省以及"外夷";《嘉庆重修一统志》对其叙述顺序作了如下描述:"首京师、次直隶、次盛京,次江苏、安徽、山西、山东、河南、陕西、甘肃、浙江、江西、湖北、湖南、四川、福建、广东、广西、云南、贵州,次新疆、次蒙古各藩部,次朝贡各国。"[24]其中两部一统志的描述顺序就是首都(京)、省和周边"夷"地(当然对"夷"也划分了层次),由此也就展现了两部书名中"一统"所涵盖的"天下"。在这里需要强调的是,由于这两部一统志实际上记载了明清两朝并没有直接管辖的区域,由此也说明古人理解的"一统"并不需要对所有区域建立直接统治。《大明一统志》中所载"太祖高皇帝受天明命,混一天下,薄海内外,悉入版图,盖唐虞三代下及汉唐以来,一统之盛蔑以加矣",更是明证。就现代人认为的明朝疆域而言,"混一天下,薄海内外,悉入版图"纯属夸张,但就当时"天下观"的角度而言,据有"华"地,就获得了号令"天下"的正统性,对于"夷"地是不需要去直接管理的,因此这句话是完全合理的。以往的一些研究对于古代的"一统"存在误解,具体参见后文分析。

无论是历代的正史还是除《元和郡县图志》《元丰九域志》之外的其他地理总志,其所描述的地理空间范围都超出了各王朝管辖的土地,但从上文介绍的"中国"古代的"天下观"来看,这种叙述方式是合理的,因为这些"四夷"在名义上也应属于这些王朝,因此这些

---

23 《大明一统志》"御制大明一统志序",三秦出版社,1990年,第1页。
24 《嘉庆重修一统志》,"凡例",中华书局,1986年,第9页。

"四夷"的历史也是这些王朝历史的一部分,虽然从王朝的视野来看,它们并不值得重视。

不仅如此,这些正史地理志和地理总志中的一些记述颇值得玩味。《旧唐书·地理志》载:"今举天宝十一载地理。唐土东至安东府,西至安西府,南至日南郡,北至单于府。南北如前汉之盛,东则不及,西则过之(汉地东至乐浪、玄菟,今高丽、渤海是也。今在辽东,非唐土也。汉境西至燉煌郡,今沙州,是唐土。又龟兹,是西过汉之盛也)",[25]从这段描述来看,五代时期的修撰者显然认为汉朝所辖土地向西只是到了敦煌,而没有包括"西域",同时唐朝所辖土地则向西到了龟兹;但汉在朝鲜半岛建立的"乐浪、玄菟",则被认为是汉土。《新唐书·地理志》的认知与此近似。《宋史·地理志》的记载"至是,天下既一,疆理几复汉、唐之旧,其未入职方氏者,唯燕、云十六州而已"[26],在修撰《宋史》的元人看来,宋初所辖土地,"疆理几复汉、唐之旧",那么由此可以推测在修撰者心目中"汉唐"所控制的土地实际上就是宋初所控制的土地加上燕云十六州。明代修撰的《元史·地理志》则载"自封建变为郡县,有天下者,汉、隋、唐、宋为盛,然幅员之广,咸不逮元"[27],在今天人看来,汉唐所辖土地远远大于隋和宋,尤其是宋,其所辖土地远远无法与汉唐相比,但在明人笔下却同样被表述为"盛"。而明中期修撰的《大明一统志》则载"盖唐虞三代下及汉唐以来,一统之盛蔑以加矣",似乎"明土"是汉唐以

---

25 《旧唐书》卷三十八《地理志》,中华书局,1975年,第1393页。

26 《宋史》卷八十五《地理志》,中华书局,1985年,第2094页。

27 《元史》卷五十八《地理志》,中华书局,1976年,第1345页。

来最为广大的,而在今人看来,"明土"显然要远远小于前朝的"元土"。对于上述这些记载应当如何解读？显而易见的是,在中国古人的心目中王朝所应领有的土地就是传统的"华"地,即"九州""中国",而"夷"地则可有可无,没有太大的意义,甚至可以不被视作王朝所控制的土地。这也就再次印证了上文对"中国"古代"天下观"的解读。

　　而这一点,在宋代以来修撰的历史地图集中表达得更为明确。除了几幅出土于墓葬的地图,中国古代保存下来的地图最早就是宋代的,历史地图集也是如此。目前已知在清末之前大致绘制有 7 套历史地图集。在古代"天下观"和"疆域观"的研究中,以往都忽略了历代绘制的历史地图集,但历史地图集在这一研究中的重要性在于,其除了要表达现实政区之外,更为重要的是,要追溯以往,因此绘制历史地图集时,最基本的工作就是要选定一个用来在其上绘制之前历史时期地理事物的空间范围,而这一被选定的空间范围在很大程度上代表了绘制者心目中认定的正统王朝所应"有效"管辖的地理范围,实际上也就代表了绘制者的"疆域观"。

　　我国现存最早的历史地图集就是成书于北宋时期的《历代地理指掌图》,共有地图 47 幅,除了几幅天象图和《古今华夷区域总要图》之外,所有地图绘制的地理空间范围基本一致,大致以《太宗皇帝统一之图》为标准,东至海,南至海南岛,西南包括南诏,西北至廓州、沙州,北至长城,东北至辽水。而《古今华夷区域总要图》,与《太宗皇帝统一之图》相比,在所表现的空间范围上,增加了辽东和西域部分,而且在整部《历代地理指掌图》中只有《古今华夷区域总要图》绘制有这两个地区,从图名中的"华夷"来看,这显然是绘制者所关注的"天下"的范围。但这并不代表宋人只知道这些"夷",也即并不是宋人的"天下"只有那么小,对此可以参见前文所引唐晓峰的解释,即"他们知道,在天的下面,除了中国王朝,还有不知边际的蛮夷世界。只是对于这个蛮夷世界,中国士大夫不屑于理睬"。

除了这套地图集之外,在陆唐老撰《陆状元增节音注精议资治通鉴》,成书于南宋的《永嘉朱先生三国六朝五代纪年总辨》,周弼辑、释圆至注《笺注唐贤绝句三体诗法》,林尧叟撰《音注全文春秋括例始末左传句读直解》以及吕祖谦所辑《十七史详节》中存在一套上至五帝,下至五代的历史地图,这一系列历史地图的轮廓和绘制方法非常近似,因此很可能都来源于同一套历史地图集。这一套历史地图集的绘制范围大致如下:东至海,南至海南岛,西至四川,西和西北至永兴路,北至燕山路,东北至河北东西路[28]。此后直至清代后期的地理图集,甚至杨守敬的《历代舆地沿革险要图》绘制的范围大致都是如此。而这一地域范围,与"九州"范围非常近似。同时,一个显而易见的问题就是,在今人看来汉、唐、元极为广大的疆域,在中国古代的历史地图集中并没有得以表现。对此似乎只能解释为绘制者只关注于"华"地,也即"九州"的历史变迁,由此与上文对历代正史地理志和官修地理志的分析结合起来,可以认为中国古人眼中正统王朝应"有效"管辖的以及应当在意的土地只是"华",也即"九州"和

---

28 这套地图集的扫描件,参见成一农《中国古代舆地图研究》。

"中国",而对历代王朝是否控制"夷"地则并不在意,毕竟在中国古代的"天下观"中,只要"四夷来朝"就可以了。

除了历史地图集之外,中国古代还存在大量的"总图"和"天下图",对此笔者在《"实际"与"概念"——从古地图看"中国"陆疆疆域认同的演变》一文中已经进行过分析[29]。该文虽然以"疆域认同"为题,但实际上分析的是"疆域观",即历史上正统王朝所应领有的土地,结论为:"通过对宋代以来'全国总图'的分析可以认为,从宋代至清代前期,虽然各王朝统治下的疆域范围存在极大的差异,但各王朝士大夫疆域认同的范围则几乎一致,基本局限在明朝两京十三省范围,只是在明代开始将台湾囊括在内。清代康雍乾时期,虽然先后在内外蒙古、台湾、新疆和西藏确立了统治,但疆域认同上的变化只是将清朝的发源地东北囊括在内,并且最终将台湾囊括在内,内外蒙古、新疆和西藏只是出现在以体现王朝实际控制范围为主要内容的官绘本地图中,较少出现在私人绘制的地图中,因此可以认为这些地区依然未被主流的疆域认同所囊括。疆域认同的转型开始于19世纪20、30年代,这一时期绘制的'全国总图'越来越多地将内外蒙古、新疆和西藏囊括在内,不过与此同时,'府州厅县全图'或以'直省'为主题的地图,依然将这些区域以及东北排除在外,由此显示在当时士人的疆域认同中,这些区域与内地省份依然存在细微差异。光绪中后期,新疆、台湾、东北地区先后建省,此后绘制

---

29 成一农:《"实际"与"概念"——从古地图看"中国"陆疆疆域认同的演变》,《新史学》
    第十九辑,第254页。

的'全国总图'基本都将这些区域以及西藏、内外蒙古囊括进来，由此形成的疆域认同一直影响到了今天。"[30]

除了"全国总图"之外，中国古代还存在一些"天下图"，如著名的《大明混一图》《皇舆全览图》以及《大清万年一统地理全图》系列，及明代后期在民间广泛流传的不太著名的《古今形胜之图》系列[31]，除了《皇舆全览图》之外，它们共同的特点非常明确，即将正统王朝所在的"华"地放置在地图的中心，且按照今天科学地图的角度来看，其不成比例地占据了图面的绝大部分空间，绘制得非常详细，是全图绘制的重点；同时将"夷"地放置在地图的角落中，绘制得非常粗糙、简略，同时，在两者之间并没有标绘界线。在这些地图上，上文所论述的"中国"古代的"天下观"呼之欲出。

还有各类"分野图"，"分野"是古人用十二星次或二十八宿划分地面上州、国、郡、县等位置的方式，那么被纳入"分野"范畴的地域空间实际上就代表了绘制者所认为值得关注的地理空间。目前可以见到的最早的"分野图"就是南宋成书的《六经奥论》中的"分野图"，该图的绘制范围：东至海，东北至河北路，北至河北河东路，西北至永兴军路，西至河源、江源，西南至四川，南和东南至海。明代属于分野图的地图大致有：以《广舆图叙》之"大明一统图"为底图绘制的万历二十七年（1599）刊行的王鸣鹤撰《登坛必究》中的"二十八宿分野之图"、万历四十一年（1613）由章潢的门人万尚烈付梓成书的章潢所辑《图书编》中的"二十八宿分应各省地理总图"、成书于天启年间

---

30 与其他论文相近，该文依然混淆了"疆域"一词在古今概念上的差异。
31 对此参见成一农《"古今形胜之图"系列地图研究——从知识史角度的解读》，未刊稿。

（1621—1627）陈仁锡撰《八编类纂》中的"二十八宿分应各省地理总图"以及成书于崇祯五年（1632）的茅瑞征撰《禹贡汇疏》中的"星野总图"。这四幅地图图面内容基本一致，所表现的地理范围：东北、北和西北以长城为界，西至黄河，西南包括云南，南至海南岛，东和东南至海，海中标绘"琉球"。以《大明一统志》"大明一统之图"为底图绘制的分野图则有明万历年间李克家撰的《戎事类占》中的"州国分野图"，其绘制范围与《大明一统志》"大明一统之图"相近。还有明吴惟顺、吴鸣球编撰的《兵镜》中的"二十八宿分野图"，其绘制范围：北至大同、宣府，西北至陕西，不包括甘肃，西至河源，西南包括云南，南至广东广西，包括海南岛，东和东南至海，未绘制台湾，东北至山东半岛[32]。

　　对于从古地图角度对中国古代"天下观"的研究，还可以参见黄时鉴的《地图上的"天下观"》[33]，以及管彦波《中国古代舆图上的"天下观"与"华夷秩序"——以传世宋代舆图为考察重点》[34]，不过两者使用的地图数量较少或者局限于某一朝代，且没有与中国古代的"疆域"问题联系起来。

　　综上而言，可以认为在中国"华夷"构成的"天下观"以及"普天之下，莫非王土"的观念下，古人的"疆域观"实际上有三个层次，第一个层次就是囊括"华夷"的"普天之下"，第三个层次则是"九州""中国"，"九州""中国"是"中国主"应当直接领有的。此外，在两者

32　上述这些地图可以参见成一农《中国古代舆地图研究》。

33　黄时鉴：《地图上的"天下观"》，《中国测绘》2008 年第 6 期。

34　管彦波：《中国古代舆图上的"天下观"与"华夷秩序"——以传世宋代舆图为考察重点》，《青海民族研究》2017 年第 1 期。

之间还存在一个实际的第二层次,即王朝实际控制的地理空间。王朝应当(必须)占有"华"地,通常还占有一些"夷"地,或者与周边某些"夷"地存在明确的藩属关系,基于此,由于在某些情境下,王朝也将自己称为"中国",因此这些语境下的"中国"实际上是第三个层次中对应于"华"的"中国"的扩展,地理范围上要大于"九州",代表着占据着"中国"或者名义上应当占据着"中国"的王朝(分裂时期)所实际控制的地理范围。需要强调的是,王朝所实际控制的地理空间通常并非经由类似于近代国家通过条约、谈判划分来明确界定,而是其实力所能达到的地方。"中国"和"非中国"、"华"与"夷"彼此之间,通常没有共认的边境。

再次强调的是,在这一"天下观"下,"天下"只有一个王朝,即使是分裂时期,也必然只有一个"正统王朝",因此根本不可能存在现代国家秩序下有着平等关系的主权国家的概念,由此也根本没有可能产生现代意义上的"疆域"的概念。

二、中国古代"天下观"和"疆域观"的转型

以往关注的另外一个问题就是中国古代上述这种"天下观"和"疆域观"的转型,即它们如何以及何时转型为以主权国家、各国平等为核心的近现代国际关系以及基于此的现代的疆域认知。

就以往的研究而言,较有影响力的大致有两种观点:

1.认为转型发生在宋代,如葛兆光认为,"具有边界即有着明确领土、具有他者即构成了国际关系的民族国家,在中国自从宋代以

后……已经渐渐形成"[35];"在宋元易代之际,知识分子中'遗民'群体
的出现和'道统'意识的形成,在某种意义上说反映了'民族国家'的
认同意识"[36]。

对此,黄纯艳在《绝对理念与弹性标准:宋朝政治场域中对华夷
和"中国"观念的运用》中对此进行了反驳,提出:

> 宋朝建立后,一方面以继承汉唐德运的中华正统自居,
> 华夷秩序和"中国"地位是其中华正统得以确立的合法性依
> 据;另一方面,又面临着华夷和"中国"的巨大困境——既有
> 百年不衰之"夷狄"辽朝和金朝与之对等,甚至君临其上,又
> 有被视为"汉唐旧疆"的交趾、西夏自行皇帝制度。由于宋
> 朝武力不振,因此在对外交往中,根据不同情况采取了弹性
> 做法,以维持现实的政治关系。与辽交往时,实行对等礼
> 仪;对金则一度称臣纳贡;对交趾、西夏则要求其与宋交往
> 时遵守朝贡礼仪,而放任其在国内行皇帝制度。在国内政
> 治场域中,宋朝则坚持绝对的华夷观念,通过德运、年号、祭
> 祀等标示正统的制度设计,辽金以外诸政权羁縻各族的朝
> 贡活动,以及有关华夷的各种政治话语这三个层面,构建和
> 演绎华夷秩序,将华夷观念营造为绝对的说法。宋朝宣称
> 自己是绝对和唯一的文化"中国",这在北宋时期基本得到
> 周边诸族的认可;但到了南宋,金朝从文化、地理上都否认

35　葛兆光:《宅兹中国:重建有关"中国"的历史论述》,中华书局,2011 年,第 25 页。
36　《宅兹中国:重建有关"中国"的历史论述》,第 62 页。

宋朝的"中国"地位。由于宋朝并未占有汉唐的全部疆土，特别是南宋偏安一隅，其地理"中国"名不副实，所以，宋朝采取的应对之策是设置"旧疆"，申明"恢复"，为其权利和地位进行解说。北宋所定"旧疆"虽以"汉唐旧疆"为名，实则仅包括西夏、交趾、河湟、燕云，而非指全部汉唐版图，南宋的"旧疆"则只是指陷落于金朝的北宋直辖郡县，即"祖宗之旧疆"。"恢复"在多数情况下主要也是作为解说"中国"困境的话语，而非现实目标。宋朝所面临的华夷观念和"中国"的困境是中国古代王朝的普遍问题。号称统一的汉唐王朝如此，分裂对峙时期的东晋南朝也是如此，只是不同时期华夷和"中国"困境的表现形式有所不同，应对的办法也各有差异。宋朝的华夷和"中国"困境不同于往朝，其解决办法也有时代的特点。终其灭亡，宋朝始终在华夷和"中国"的框架中寻找解决困境的应对之策，其思想来源和具体做法都与民族主义或民族国家意识无涉。[37]

宋辽、宋金、宋元之间划界的举动，可以看成是两者对"中国"或者"天下"控制权的争夺达成均势或者妥协之后，对双方实际控制土地的具体划分，这点应当是非常好理解的。无论"勘界"的形式多么接近现代主权国家"勘界"的形式，但在逻辑上，形式并不能代表内涵，因此"勘界"以及两"国"界线的存在，并不能用以证明产生了"构

37　黄纯艳：《绝对理念与弹性标准——宋朝政治场域对"华夏""中国"观念的运用》，《南国学术》2019 年第 2 期。

成了国际关系的民族国家"。此外,不可否认的是这种"勘界""划界"的行为至少在春秋战国时期就已经存在,只是相关文献缺乏详细记载。

而且,宋代及其之后,中国的"天下观"和"疆域观"并没有变化,否则就无法解释上文提到的宋代及其之后各种展现了"天下观"和"疆域观"的文献和地图了。

2. 认为《尼布楚条约》中使用的"中国"一词已经具有了一个近现代主权国家的含义[38]。其主要依据在于,在条约的文本中,"清朝"与"中国"一词互换使用;签订的条约的内容以及签订条约的方式,从后世的角度来看,可以被解释为是两个主权国家签订的条约;以及清朝和俄罗斯划界的方式与今天主权国家之间划界的方式极为相似。

对于这样的认知,已经有学者提出了批评,如易锐在《清前期边界观念与〈尼布楚条约〉再探》中提出:"相比之下,17 世纪后半期,西方近代国界观念的产生,得益于欧洲多元平等的国际秩序的孕育与主权国家思想的激发。故就根本而言,清朝前期边界观念与西方近代国界观念的差异,不在于'界'的意识,而在于'国'的理念"[39];"晚清以降,随着疆土频遭割让、藩属接踵丧失,天下主义也日益动摇,中国适应近代国界理念的漫长而痛苦的脱胎换骨之路方真正开启"[40]。虽

38　如李大龙《有关中国疆域理论研究的几个问题》,《西北民族论丛》第八辑,中国社会科学出版社,2012 年,第 17 页。

39　易锐:《清前期边界观念与〈尼布楚条约〉再探》,《四川师范大学学报(社会科学版)》2019年第 2 期,第 32 页。

40　易锐:《清前期边界观念与〈尼布楚条约〉再探》,《四川师范大学学报(社会科学版)》2019年第 2 期,第 33 页。

然,易锐的分析触及了要害,但批评得不够彻底,本章对此从如下几
个方面进行讨论。

　　首先,在《尼布楚条约》之前和之后很长时间内,"中国"都没有
被清朝作为国号,因此这里的"中国"似乎并不能只被解读为是"清
朝"的国号或者作为一个现代意义的"国家"的称号。而且,如果其
含义是传统意义上控制"华"地的"中国"的话,那么显然其中蕴含的
依然是传统的"天下"观,即作为控制了"华"地以及部分"夷"地的
"中国主"的清朝与作为"夷"的俄罗斯之间的条约。同时,虽然条约
的内容从现代看来似乎是"平等的",但一方面这是我们今天的认
知,另一方面内容的平等并不等于态度的平等,因为不能否定的是,
这一条约也可以被看成是"华"对"夷"的恩赐,也存在这方面的证
据,如《尼布楚条约》订立之初,议政王大臣等奏称:"鄂罗斯国人,始
感戴覆载洪恩,倾心归化,悉遵往议大臣指示,定其边界。此皆我皇
上睿虑周详,德威遐播之所致也。"[41]而且需要强调的是,虽然其划定
了"界",但在传统"天下观"下,这只不过是"中国主"与"夷"之间的
界线(当然不是"华"与"夷"之间的界线),不能简单地理解成现代
主权国家"疆域"的界线。而且,从目前的资料来看,无法否定上述
认识。由此,条约中使用的"中国"可以有多种解释,且划界本身也
说明不了什么问题,这两者结合起来,可以认为以往的观点在论证方
面远远不够充分。

　　其次,从此后清朝绘制的大量地图,尤其是"天下图"来看,在清

41　《清实录》第5册,中华书局,1985年,第578页。

代晚期之前,这些地图基本没有绘制清朝控制的土地的界线,如前文提及的《大清万年一统天下全图》。最为典型的当属乾隆时期的《内府舆图》,其绘制的范围,东北至萨哈林岛(库页岛),北至北冰洋,南至印度洋,西至波罗的海、地中海和红海,东至东海,显然超出了当时清朝实际控制的范围,且如同之前的地图那样,图中也没有标绘清朝直接控制的土地的边界,因此这些地图表达的依然是"普天之下莫非王土"的"天下观"。

最后,最为重要的就是,按照下文的叙述,直至晚清,绝大部分"中国人"都不知道现代意义的"国家"是什么。

结论就是,仅从字面而言,条约中的"中国"可以按照之前学者所认为的指称的是一个国家的国号,但也依然可以指控制了"华"地的"中国主",如果是后者的话,那么这一条约在清朝人眼中显然不是一个"平等"的条约。且从之后清朝的文献和地图以及晚至清末绝大部分"中国人"都不知道现代意义的"国家"来看,显然条约中的"中国"指的是以"华"为核心的"中国主"的可能性是非常大的。因此,虽然清朝在《尼布楚条约》中使用了"中国"一词并且根据条约与俄罗斯进行了划界,但我们并不能由此得出开始产生了现代主权国家的意识这样的结论。

那么中国古代"天下观"和"疆域观"的转型是在何时开始的?应当是在清朝后期,可能要晚至19世纪最后20年,且这一转型持续了很长时间才完成,可能要晚至20世纪初。

近代史的研究者对此有着深入的研究,如罗志田的《把"天下"带回历史叙述:换个视角看五四》提出:"五四运动发生时,身在中国的现场观察人杜威看到'国家'的诞生,而当事人傅斯年则看见'社会'的出现。这样不同的即时认知既充分表现出五四蕴涵的丰富,也告诉我们'国家'与'社会'这两大外来名相尚在形成中。这些五四重要人物自己都不甚清楚的概念,又成为观察、认识、理解和诠释五四的概念工具,表现出'早熟'的意味,因而其诠释力也有限。实则国家与社会大体因'天下'的崩散转化而出,五四前后也曾出现一些非国家和超国家的思路。如果把天下带回历史叙述,从新的视角观察,或可增进我们对五四运动及其所在时代的理解和认识。"[42]虽然其论述的重点不在于当时中国"天下(观)"的崩坏和现代"国家"概念的诞生,但文中所据的案例,如"陈独秀就曾说,八国联军进来时他已二十多岁,'才知道有个国家,才知道国家乃是全国人的大家',以前就不知道'国家'是什么。而陈独秀大概还是敏于新事物的少数,别人到那时也未必有和他一样的认知。庚子后不久,我们就看到梁启超指责中国人'知有天下而不知有国家'。从这些先知先觉者的特别强调反观,那时很多国人确实没有国家观念或国家思想"[43]来看,在晚清之前,中国人根本就没有现代国家的概念。

　　大致而言,"国家""疆域""主权"这些词的现代概念应当是清朝在与世界诸国的接触、交往中逐渐被了解和掌握的,当然对于这一过程至今尚缺乏深入的讨论。

　　光绪中后期随着新疆、台湾以及东北的建省,清朝控制的某些

42　罗志田:《把"天下"带回历史叙述:换个视角看五四》,《社会科学研究》2019 年第 2 期,第 1页。

43　罗志田:《把"天下"带回历史叙述:换个视角看五四》,《社会科学研究》2019 年第 2 期,第 3 页。

"夷"地与"华"地在行政建置上趋同,逐渐形成主权国家和现代疆域的意识,标志着原有"天下""华夷"以及用九州代表"华"地的传统思想的逐渐消失。不过这种转型并不是立刻完成的,最为典型的就是美国国会图书馆藏 1896 年的《皇朝直省舆地全图》,其没有绘制东北、内外蒙古、新疆、青海和西藏。还有杨守敬的《历代舆地沿革图》,这一图集以刊行于 1863 年的胡林翼《大清一统舆图》为底图,将春秋战国至明代凡见于《左传》《战国策》等先秦典籍及正史地理志的可考地名基本纳入图中,这一图集初刊于 1879 年。1906 年,杨守敬与熊会贞重新校订图集,最终于 1911 年出版完毕。这一图集虽以胡林翼《大清一统舆图》为底图,但并未包括东北、内外蒙古、新疆和西藏。对于这一转型的最终完成,难以确定一个明确的节点,但可以说是经历了一段非常长的时间。这与清末地图"疆域"绘制的转型,在时间上基本是一致的[44]。

　　实际上清代后期,中国与欧洲列强的冲突,可以看成是两种"天下观"和"疆域观"的冲突。而在这场冲突中,处于上升期的欧洲列强,战胜了已经过了王朝强盛期、制度日趋僵化、日益缺乏开放性和进取心的清朝,由此在对撞中,"中国"传统的"天下观"的崩溃也是必然。但由于这种"天下观"深入"中国"文化的骨髓,且在这种"天下观"中"中国"长期居于统治地位,因此在受到如此冲击之下,依然花费了近百年的时间才将这种"天下观"抛弃,传统的"疆域观"也随之消逝。相反,如果传统的"天下观"在面对外来冲击时,被迅速放

44　中国古代地图关于"疆域"绘制的转型,参见成一农《"实际"与"概念"——从古地图看"中国"陆疆疆域认同的演变》,《新史学》第十九辑,第 254 页。

弃反而是无法理解的。而且,从这点来看,那么显然之前提到认为转型发生在宋代或清康熙时期的观点,必然是无法成立的,因为前者虽然有"外来"冲击,但"外来者"并没有带来新的天下观,反而成为传统"天下观"的积极构建者;而后者,并未有外来危机的冲击,那么清朝有什么理由会放弃延续了近两千年且在其中居于高高在上地位的"天下观"呢?

在观念转型之后,清朝(或者中华民国)实际控制的土地也就成为主权国家的疆域和领土,因此从这一层意义上来看,中国的疆域是这一时期才形成的,之前并不存在所谓的"中国的疆域"。

三、结论:跳出现代语义陷阱,在研究中回归"中国"话语

需要说明的是,目前"天下观"和"疆域观"研究中的很多术语都是外来的,如"国家""疆域""国界"等。虽然这些词汇"中国"古已有之,但需要记住的是,正是在近代,在接触到西方近现代形成的"主权国家"、主权国家意义下的"疆域"等概念时,才试图用"中国"古已有之的、在概念上接近的词来翻译和表达这些术语。简言之,是用"中国"古代的词来表达着西方现代的概念。这样的翻译,虽然表面上看起来没有问题,但运用到研究中则带来了混乱,即在研究"中国"古代的问题时使用这些术语,会让研究者和读者有意无意地认为这些词表达的现代含义在古代也是存在的,这显然是有问题的,而且这也是目前几乎所有关于"中国古代疆域"研究存在的根本性问题的最终根源。

由于涉及的问题较为复杂,而对这些词的语义及其转变的分析也不是文本的主旨,因此下文以指出某些词的含义确实存在古今差异为主。

对于其中一些术语,已经有学者进行过分析,如"国""国家"。现代意义的"国""国家"的概念传入中国的时间,可以参见马戎的《鸦片战争后新观念的进入与中国话语体系的转型》[45]、罗尧的《从传统天下观到现代国土观念的转型——以民国时期边疆地理著述为中心的考察》[46],还有上文提及的罗志田的《把"天下"带回历史叙述:换个视角看五四》。这些研究虽然在具体论述上存在差异,且某些论证似乎也存在一些问题,但结论基本是一致的,即在近代之前我们没有现代"国家"的意识,因此正如马戎所说"我们把西方概念和话语引入中国历史研究时,必须特别小心"[47]。确实,从传世文献来看,在我国古代,在文献中极少将某一统一王朝称为"国";少量的提及,或者是在分裂时期,如宋金、宋辽之间;或者清朝与"夷"的交往中,自称为"大清国"。在这两种场景下的"国",并不是现代意义上的主权国家,前文对此已经进行了分析。

与此类似的还有"疆域"等表示王朝控制的地理范围的词,如本章开始部分所言,现代的这类词有着主权的含义,且其前置概念是

45 马戎:《鸦片战争后新观念的进入与中国话语体系的转型》,《社会科学战线》2019 年第 3期。该文也对葛兆光提出的中国在宋代逐渐形成了"民族国家"提出了质疑。

46 罗尧:《从传统天下观到现代国土观念的转型——以民国时期边疆地理著述为中心的考察》,《中国国家博物馆馆刊》2015 年第 4 期。

47 马戎:《鸦片战争后新观念的进入与中国话语体系的转型》,《社会科学战线》2019 年第 3期。

"主权国家",这两者显然都不存在于中国古代。还有"国界""边界"等表示两个"政权"所控制的土地的界线的词,其现代意义的前置概念为"疆域"或"领土",当然这些在"中国"古代也是不存在的。

还有"帝国",在很多研究中,将"中国"古代或者某一王朝称为"帝国",如常用的词"中华帝国"。这个词似乎避开了上述这些概念的语义陷阱,但依然存在问题,即无论如何对"帝国"进行定义,在西方的历史中,多个"帝国"是可以并存的,而且这些"帝国"之间很多时候也并不认为这种并立是"非常态",这显然与"中国"古代"天无二日"的王朝是完全不同的。"中国"古代,虽然有时存在多个"王朝"的对立,如宋金、宋辽以及魏晋南北朝,但这些王朝对这种并立状态是不认可的,都努力争取确立自己为"正统王朝",并将其他"王朝"消灭,如果不能武力消灭,那么也要在自我的语境下将其"消灭"。对此,具体可以参见之前提及的黄纯艳的研究。因此用"帝国"指代"中国"古代或者某一王朝显然是存在问题的,并为以此为基础的讨论埋下了陷阱。

类似的还有"王朝国家",经过上文的分析可以明显看出这是一个古今混杂的术语,"王朝"是"中国"古代的概念,而"国家"则是现代概念,两者根本无法混用,而且两者结合起来,由于有了现代意义的"国家",也就有了现代意义的"疆域",以此为基础的研究也就必然存在问题。

总体而言,正如本章一再强调的,在传统"天下观"之下,这类术语绝不会有现代主权国家意义上领土、疆域的概念。对于这些术语的深入剖析并不是本章的重点,但这确实是今后可以从语义入手,结合中国古代历史实际进行深入分析的研究方向。

因此文章的结论就是,在清末之前的"中国",并不存在现代意义的疆域,今后对于古代"中国"的研究,为了避免这类语义陷阱,就应当回归"中国"传统的话语,即使用"天下""华夷""九州"以及"中国"等词,并且强调这些词的历史语境。要讨论"中国历史上的疆域"(这里的'疆域'近似于现代'领土'的概念),只能从近代开始,在此之前这样的问题本身就不成立。

还有,近代以来,在现代国家构建的过程中,中国的学者甚至民众都自觉不自觉地用欧洲现代民族国家的一些概念以及叙事方式来重新构建作为民族国家的"中国"的历史。由于上文提及的翻译的缘故,用来构建作为民族国家的"中国"历史的是"中国"的传统词语,虽然在概念上存在明显的差异,但这种表达上的一致性,将这种重新构建的历史与原有的历史叙事的差异性掩盖了起来。当然,这种构建也就带来了本章所说的问题,而且归根结底,这样构建的历史实际上构建的是欧洲现代历史学叙事下的"中国"历史,其不仅抹杀了中国原有的历史叙事方式,而且那些无法被纳入这一叙事方式中的"历史"或者被消灭或者被曲解。

最后,如何解释在国际上存在争议的谭其骧的《中国历史地图集》所绘制的地理范围呢?在摆脱了"疆域"的局限之后,历史地图集需要有着统一的绘制范围,那么要描绘历史时期各王朝所控制的土地及其变迁,最为可行的方法就是采用直接管辖地域最为广大的某一王朝所控制的地理范围作为基础,而清朝鼎盛期是一个比较好的选择。不仅如此,本章也没有否定以往大量研究所强调的历史时期现代中国这片土地上各族之间日益密切的交往对中国疆域形成的影响,因为正是这种日益密切的交往,才使得在近代中国现代"疆域"概念产生后,逐渐奠定了今日中国"疆域"和领土的范围,且极为稳固,当然这不是本章的重点,在此不再赘述。

附论:

本章上述的一些认知其实在以往很多研究中也都有所涉及,上文也引用了一些这类观点,但以往的很多研究往往意图使用"疆域"一词的现代概念来解读或者理解这种"天下观"下各王朝"疆域"的形成过程。由此这些研究也就产生了内在的矛盾,即在这一"天下观"下,不仅不可能存在现代意义的主权国家观念,更没有可能产生现代意义上的"疆域"的概念,那么从现代意义的"疆域"去解读和理解这种"天下观"下各王朝"疆域"的形成显然在逻辑上存在问题。此外,在以往几乎所有研究中,其所用的"疆域"的概念实际上都将"疆域"一词在古代的概念与今天的概念相混淆,如此一来,一方面带来了上述的内在矛盾,另一方面,由于研究中在针对"中国"古代和现代时,使用的都是"国""疆域""界"等词,因此这种表达上的一致性,又将这种内在矛盾很好地掩盖了起来[48]。对此,下面举出一些

48　如关于葛兆光在《何为中国:疆域民族文化与历史》第三章"民族:纳'四夷'入'中华'"(香港:牛津大学出版社,2014 年,第 75 页)中提出的"纳四夷入中华"的观点,刘龙心就认为"作者并未察觉 1920—1930 年代历史学、考古学界'纳四夷入中华'的相关论述本身就是一种叙事构建"(刘龙心:《知识生产与传播——近代中国史学的转型》,台北:三民书局,2019 年,第 76 页),而且葛兆光的叙事依然是以"疆域"的现代概念为基础的。

例证进行讨论。

　　李元晖等的《"大一统"思想的形成与实践——多民族国家中国疆域的形成和发展》[49]虽然以"大一统"为主题并由此讨论疆域的形成，但全文并未对"大一统"应当包括的地理空间进行界定，只是从行文"明清时期是多民族国家疆域最终形成的时期，但从'大一统'思想及其实践看，明王朝并非是一个优秀的实践者……但是，不论是从统治范围、统治方式，还是统治理念上看，因为缺失了对北部辽阔草原地区和西域的有效管辖，明王朝是难以以'大一统'王朝视之的，所谓'呜呼盛矣'名不副实"[50]。作者的这一论述，从我们后人的角度来看，似乎是有道理的，毕竟从现代的角度来看，明朝所能控制的地理空间与前代和后代相比，都要小了很多。但作者在文中对"大一统"的概念似乎存在误解，如上文所述，古代的"大一统"指的是在对"华"地进行了有效控制之后，"四夷宾服"，对于"夷地"并不需要进行直接控制，就此而言，确实明朝已经实现了"大一统"，且周边的一些"夷"，如朝鲜、安南等也表示了臣服，且我们也看不到明人对于未完成"大一统"有什么遗憾，同时《明史·地理志》中的"呜呼盛矣"是清人的评价，这更是强调了上述认识的正确。作者的这段论述，显然是将以今天中国疆域为标准确定的"大一统"强加

49　李元晖、李大龙：《"大一统"思想的形成与实践——多民族国家中国疆域的形成和发展》，《西北民族大学学报（哲学社会科学版）》2016 年第 1 期。

50　《"大一统"思想的形成与实践——多民族国家中国疆域的形成和发展》，《西北民族大学学报》2016 年第 1 期，第 48 页。

给了古人,是不符合历史逻辑的[51]。

再如,虽然以往从"华夷"的角度来进行分析的文章众多,如李大龙《国家建构视野下游牧与农耕族群互动的分期与特点》[52],但其绝大部分的论述都是在现代国家的概念下进行的,即从"华夷"的角度来分析现代国家疆域的形成过程,显然这两套术语在中国古代是"不兼容的",即"华夷"之下,绝不存在现代国家,标题中"国家建构视野"本身就是错误的。

还有大量研究强调某些君主,尤其是清朝君主在各种场合谈及的"华夷一家",并基于此提出,原有"华夷"秩序的逐渐消融和族群分界的消失。如李大龙在《转型与"臣民"(国民)塑造:清朝多民族国家建构的努力》中,就以雍正的一些提法作为证据,如"其四,华夷之别的说法适用于分裂时期,'大一统'时期应该强调'华夷一家':'盖从来华夷之说,乃在晋宋六朝偏安之时,彼此地丑德齐,莫能相尚。是以北人诋南为岛夷,南人指北为索虏。在当日之人,不务修德

---

51 近年来对"大一统"思想的主要解释者是李大龙,但他认识中存在以下几点问题:首先,他对"大一统"思想的理解是错误的,正如本章正文所述"大一统"并不一定要对"天下"所有土地进行直接控制,否则世界那么大,"大一统"是没有尽头的,且他也没有解释为什么控制了西域和蒙古草原之后就可以被认为是"大一统"。在秦汉的文献中提到"大一统",主要强调的是帝王对天下的统治,即《汉书·王吉传》:"春秋所以大一统者,六合同风,九州共贯也。"其次,作者没有区分汉武帝出兵地区是在"九州"内和"九州"外,如"南越"和"匈奴"的差异。最后,他这一认知没有任何文献的直接支持,也即基本没有文献能证明汉武帝对朝鲜、匈奴的讨伐是出于"大一统"的思想,作者在论证时,只是提出这些行动受到"大一统"思想的指导,从论证方式看,属于循环论证,即出兵朝鲜、匈奴是受到"大一统"思想的指导,由此"大一统"是出兵朝鲜、匈奴的依据。具体见李大龙《汉武帝"大一统"思想的形成及实践》,《北方民族大学学报(哲学社会科学版)》2013 年第 1 期。

52 李大龙《国家建构视野下游牧与农耕族群互动的分期与特点》,《思想战线》2018 年第 1 期。

行仁,而徒事口舌相讥,已为至卑至陋之见。今逆贼等,于天下一统、华夷一家之时,而妄判中外,谬生忿戾,岂非逆天悖理,无父无君,蜂蚁不若之异类乎?'""其五,'华夷''中外'的区分是历代疆域不能广大的原因:'自古中国一统之世,幅员不能广远,其中有不向化者,则斥之为夷狄。如三代以上之有苗、荆楚、獫狁,即今湖南、湖北、山西之地也。在今日而目为夷狄可乎?至于汉、唐、宋全盛之时,北狄、西戎,世为边患,从未能臣服而有其地,是以有此疆彼界之分。自我朝入主中土,君临天下,并蒙古,极边诸部落俱归版图。是中国之疆土,开拓广远,乃中国臣民之大幸,何得尚有华夷中外之分论哉!'[53]这些论述看似有道理,但首先雍正在这里偷换了各种概念,如"一统",按照上文的分析,中国古代"一统"并不需要对"夷"土的直接管辖,而雍正则将其扩大为需要对"夷"土进行控制;其次,雍正在论述时也扭曲了一些事实,即一方面强调自己"一统"时"疆土"的广大,但又否认汉唐"一统"时"疆域"曾经的广大,但我们今人明确知道的是,清与汉唐盛世的"疆土"相差并不大。最后,对于"华夷"的关系,雍正将中国古代"天下观"中的"华夷"绝对对立起来,但如前文以及唐晓峰的研究,中国古代"天下观"中"华夷"不是绝对对立的,两者除了"对立",还是"共存"的。而李大龙的分析,显然被雍正的话语所误导,且没有理解中国古代天下观中"华夷"的关系以及"一统"的概念。更为重要的就是,在传统"天下观"下,天下本就是由"华夷"构成的,如果"华夷""不一家"而"两家"的话,那么"华夷"

53　李大龙:《转型与"臣民"(国民)塑造:清朝多民族国家建构的努力》,《学习与探索》2014年第9期。

构成的天下秩序岂不就崩溃了？因此,雍正在这里实际上说的是一句非常正确的"废话"。

当然,考虑到当时的语境,以雍正为代表的清朝统治者实际上是想通过泯灭"华夷"之别来达到确立其统治合法性的目的,并由此消除汉人士大夫心目中长期以来的"天下"应由"华"地的住居者,即汉人来统治的传统理念。当然,在其他历史时期,某些帝王在某些语境下,也提出过类似的口号。但难以想象清朝君主能发自内心地希望"华夷"平等,因为这一观点推而广之的结果就是,一旦泯灭"华夷",那么人皆可为"天下主",由此也就为周边各族入主中原提供了依据,这显然是危险的。这一层,清朝统治者应当是可以想到的,因此其必然不会发自内心地想消除"华夷中外之分"。实际上清朝统治者只是想要确立满人统治的合法性,同时还依然需要维系传统的"天下观",只是在这一前提下,对传统的"华夷"进行微调而已。从后来的各种实践来看,清朝统治者确实以"天下主"自居,且"华夷之分"依然存在,前文提及的清代绘制的各种地图展现的依然是传统的"华夷"的"天下观"也证明了这一点。在处理一些"夷"务的过程中,我们也能看到这种"天下观",如马亚辉《从"安南勘界案"看雍正皇帝与边吏的"疆域观"》[54]一文中所展现的雍正对待安南的态度。在这里仅仅引用雍正帝一段话来作为证明,其曾经答复高其倬曰:"治天下之道,以分疆与柔远较,则柔远为尤重,而柔远之道,以畏威与怀德较,则怀德为尤重。据奏都竜、南丹等处,在明季已为安南国

54　马亚辉:《从"安南勘界案"看雍正皇帝与边吏的"疆域观"》,《中国边疆史地研究》2018 年第 2 期。

所有,非伊敢侵占于我朝时也。安南国,我朝累世恭顺,深为可嘉,方
当奖励,何必与明季久失之区区弹丸之地乎?且其地如果有利,则天
朝岂与小邦争利;如无利,则何必争矣?朕居心惟以至公至正,视中
外皆赤子,况两地接壤,最宜善处以安静怀集之,非徒安彼民,亦所以
安吾民也。即以小溪为界,其何伤乎?贪利幸功之举,皆不可。"[55]完
全是一副高高在上的"天下主"的态度,尤其是"视中外皆赤子"一
句,展现了在雍正心目中天下之人都是他的臣民。

此外,这也只是清朝统治者的希望,汉人心目中流传两千年的
"华夷观"不会那么快就消除,否则就无法解释孙中山提出的"驱除
鞑虏,恢复中华"了。

这种说法并不是清朝的首创,也未改变传统的"华夷"关系,更
不像某些学者谈及的强化了周边地区与中原的联系[56],对此前文也
进行过分析。而且,传统的"华夷"的空间关系并没有什么变化,作
为"华"地的"中国"和"九州"的地理范围在秦汉之后也基本没有本
质上的变化。我们在历史中看到的是,一旦王朝衰落和崩溃,这些王
朝曾经控制的"夷"地中的一部分甚至全部便会迅速脱离出去,且不
会有回归的意识,而且后世统治"华"地的王朝也没有收复这些地区
的意愿。最为典型的就是分别继承于唐、元的宋、明,宋朝孜孜以求
的是收复属于"华"的燕云十六州,但对东北、蒙古草原和西域似乎

---

55 张书才主编:《雍正朝汉文朱批奏折汇编》第4册"云贵总督臣高其倬谨奏:为奏闻交趾旧界
    详细情节事"(雍正三年正月二十六日),江苏古籍出版社,1989年,第370页。

56 如李大龙《"中国"与"天下"的重合:中国古代疆域形成的历史轨迹——古代中国疆域形成
    理论研究之六》,《中国边疆史地研究》2007年第3期。

毫无想法;明朝东北地区的奴儿干都司存在的时间很短,同时明朝很快就放弃了西域,此后也没有收复这些地区的意愿。当然我们并不是否认辽金元清这样入主"中国"的王朝的正统性,但强调的是,这种"夷"的入主"中国",并未改变"华夷"观,以及扩展"华"的空间范围,对此上文已经通过正史、官修地理志和地图作了论述;这些"夷"通常会利用入主"中国"来确立他们统治的合法性,甚至希望将自己变为"华"[57]。最为重要的是,以往从这一角度入手探讨中国古代疆域形成过程的研究,虽然强调了"华夷"观对"中国疆域"形成的影响,但实际上还是从现代"疆域"概念入手进行的分析[58]。在"华夷"的"天下观"下,"普天之下莫非王土",哪里有什么疆域可言!

如果理解了上述认识,那么目前在国内学界和社会上极为反感的某些提法,如"长城以北非中国""中国是汉族国家",并由此否认中国现代疆域的合法性,实际上根本不值一驳,因为这些问题本身就是错误的。因为,正如前文一再强调的,在中国传统的"天下观"之下,"中国"古代根本就没有主权国家的概念,也没有"中国"这样一个现代意义的"国家",更根本没有现代意义上的"疆域"这样的认识,因此,"长城以北非中国"的"中国"只有理解为作为地理空间范畴和文化范畴的"华""九州",而不是现代意义的国家,才是正确的,但这样一来,其与现代中国的领土、疆域也就毫无关系了。"中国是

57　如金朝,参见黄纯艳《绝对理念与弹性标准——宋朝政治场域对"华夏""中国"观念的运用》,《南国学术》2019 年第 2 期。

58　如李大龙《传统夷夏观与中国疆域的形成——中国疆域形成理论探讨之一》,《中国边疆史地研究》2004 年第 1 期。

汉族国家",则是一个完全错误的命题,因为古代并无"中国"这样的现代意义的主权国家,因此这一提法中的"中国"一词也就无法与后半句"汉族国家"中的"国家"联系起来;而如果将"中国"理解为作为地理空间范畴和文化范畴的"华""九州",那么显然与"汉族国家"是两个完全不同的概念范畴,根本无法对应起来,由此这一命题本身就是不成立的。

当然,有学者可能会提出,我们可以将现代概念套用到古代,由此来研究古代问题。这貌似有道理,但这样研究的前提是,我们可以用现代概念来完全地界定古代的对象,如虽然"中国"古代不存在现代意义的"城市"的概念,但在某种现代"城市"概念之下,确实可以在中国古代找到完全或者基本对应的研究对象[59]。但以往所有关于"中国古代疆域"的相关研究中,似乎都没有对这一问题进行严肃的讨论,也未能对概念进行严肃的界定。

而且,即使勉强可以将现代意义上的主权国家的概念套用到古代,那么必须强调的是,这也是我们今人的认识,而不是古人的认识,因此不能由此将我们今人基于这样的认识得出的结论强加给古人。即,将研究得出的结论,"中国是汉族国家"(当然如前文所述,这样的命题本身就是错误的)强加给古人,并由此与今天的概念对接起来,提出由于"中国是汉族国家",所以目前中国的疆域应当只包括某些区域。一些西方学者以及某些政治家提出的这种认知,即是在这样的逻辑下形成的,而这实际上完全都是我们今人的看法,是一种

---

59 参见成一农《西方城市史与城市理论对中国城市研究的影响》,陈恒等著《西方城市史学》,商务印书馆,2017 年,第 459 页。

非常荒谬的、缺乏基本历史逻辑的结论。

如果这样的逻辑成立的话,那么现实世界将变得毫无秩序可言。举一个简单的例子,在欧洲殖民者入侵北美洲之前,那里存在大量的印第安部落,他们虽然没有自我认定为"国家",但现代人完全可以把现代国家的概念套用到这些部落上,由此这些部落至少属于某种原始形态的国家。那么按照上述逻辑,显而易见的结论就是,现在美国的领土或者部分领土应当属于这些印第安国家,现存的印第安部落应当是这些领土的所有者,他们在这些领土上建立自己的"国家"完全是合理的诉求。按照这一逻辑,我们甚至可以用中国古代的"天下观"来看待古代世界,提出"英法乃蛮夷之国""日本乃中国的属国"(从"中国"古代的角度而言,这是事实),并进而提出这些国家都应当臣服于占据了"华"的中华人民共和国(即将这样的认知与现实对接),显然这也是荒谬至极的。

还需要提到的就是,以往对这些谬误的反驳难以一锤定音的问题同样在于,这些反驳自觉或者不自觉地使用了基于现代主权国家的各种概念。前文对于这种错误已经进行了分析,在此仅举一例,如从现代中国(或者清朝鼎盛时期的)疆域反推历史上"中国疆域"的形成过程,并在过程中或强调"中国疆域"和"中华民族"的形成,或强调周边民族自然而然地融入"中国"的进程,但这样的分析实际上掉入了西方现代各种概念的语义陷阱中,违背了中国历史上的"天下观"和"疆域观"。由于中国古代的这些概念与现代的概念是不相容的,因此这样解释总是会存在漏洞。如冯建勇的《中国历史疆域的形态与知识话语》中提出"历数前近代中国的中央王朝国家,从来没有一个统治者将自己的国家直接命名为'中国'""如果说三代以前'中国'一词尚存在多种解释,那么自秦汉以降,它的内涵则大致固定了下来,经历了一个从地域、方位概念到国家政权含义的演变,即从'居中之国'到'中华帝国'的进程",作者虽然否定了民族国家的概念,但不经意间还是使用了"国家""国家政权""中华帝国""王朝国家"这样现代的概念,由此作者既然承认中国古代存在"国家""帝国",而中国又曾经作为"国家政权",那么就必然存在现代意义上的疆域,由此显然就为别有用心者带来了可乘之机,比如他们就可以就此讨论历史上"新疆"和"西藏"是否属于中国的"疆域"等问题。

　　总体而言,中国古代有国,但没有现代意义上的国家,中国古代有疆域,但没有现代意义上的疆域,只有在抛弃这些概念的情况下,基于"天下""华夷""九州""中国"这样的概念才能理解古人的"天下观"和"疆域观",而这种"天下观"和"疆域观"在近代与西方建立的国际关系碰撞之后,才逐渐瓦解,由此也就形成了现代意义上的"中国"以及"中国的疆域",也即在清末民初之后,才有"中国的疆域",也才可以谈论"中国的疆域"。相应地,在清末之前的历史叙述中,应当跳出现代语义的陷阱,回归"中国"话语,即在近代之前,在对历朝地理空间结构的叙事只应当使用"天下""华夷"这些术语,以及"中国""疆域"等术语的中国古代的含义。

　　当然本章也有其自身的悖论,即全文引号之外使用的"中国",实际上依然带有现代主权国家的意义,即从今日中国向前追溯。原因也很简单,因为除此之外别无其他的可以指代之前所有王朝的名词,但从行文来看,这样的使用应当不会引起歧义。而"疆域观"中的"疆域",使用的实际上是我国古代的含义,即作为"中国主"的王朝应当直接管理的土地,而不是现代的带有主权的概念。再次强调,本章并不是说在研究中不可以使用"疆域""国家"这样的术语,而是希望今后的研究中在运用这些术语时,要厘清和注明这些术语在不同语境和时代的含义,即中国古代也是有"疆域"和"国家"这样的词和概念的,只是这些词和概念的含义与今天存在本质的区别。

第十二章

几幅古地图的辨析

——兼谈文化自信的重点在于重视当下

目前一些学者和民众试图通过挖掘中国传统文化的成就来建立文化自信,但在一些相关研究中不仅存在对史实的扭曲,且逻辑上也不成立,因此长期来看,这类研究不仅根本无法树立文化自信,反而会造成极大的负面影响。更为重要的是,文化自信并不能仅仅建立在对传统文化的挖掘上,而应当建立在挖掘传统文化精髓基础上的创新,其重点在于当下而不是过往。

中国目前处于一个新时代,已经不再是那个积弱了100多年的弱国,而是一个正在重新崛起,甚至是一个已经重新崛起的强国。因此,在这个时代我们不能再延续以往"弱国"的思维方式,希望能从老祖宗那里挖掘符合现代的以西方历史进程为标准的"史实",以求国民树立民族自信心。现在我们的历史叙述,应当以我国的传统文化和历史为标准,即使它们不符合现代的标准,因为我们今天的民族自信心,已经可以建立在我们当下的成就之上,而不再需要祈求老祖宗庇护。基于此,本章希望能改变未来中国历史的书写方式以及改变今后确立民族自信心的方式,并进一步改变未来国民对待传统文化的态度以及看待当前以及未来中国的方式。

改革开放以来,随着社会、经济的迅速发展,中国在文化领域取得日益突出的成就。以此为基础,2016 年,习近平总书记在庆祝中国共产党成立 95 周年大会上明确提出:中国共产党人"坚持不忘初心、继续前进",就要坚持"四个自信"即"中国特色社会主义道路自信、理论自信、制度自信、文化自信",并强调"文化自信,是更基础、更广泛、更深厚的自信"。

在这一大背景下,为了弘扬和突出中国传统文化,加强民族自信心和自豪感,很多学者和民众努力从中国悠久的历史文化中挖掘可以弘扬的元素。与其他文化成就相比,科技成就是可以在世界范围内进行横向比较的,因此挖掘中国古代科技成就,从中提炼中华民族在历史上曾取得的领先于世界的技术成果,也就成了这股热潮中的重点。地图,一方面涉及大量重要技术,是大地测量技术、天文学、航海技术以及绘图技术的综合反映;另一方面,地图所呈现的知识,又体现了古人在历史、地理等领域取得的成就以及通过探险等手段所曾到达的地理范围,因此中国古代地图自然而然地成为中国古代科技史研究中的热点。

近年来出现了三幅引起广泛关注的地图,第一幅就是 2006 年前后由刘钢披露的《天下全舆总图》,刘钢认为这幅地图证明了早在明初,郑和船队就已经进行了环球航行,这一成就远远领先于世界[1];第二幅就是广为人知的传教士利玛窦绘制的《坤舆万国全图》,但是李兆良对这幅地图的绘制过程重新进行了梳理,认为其是利玛窦利用当时中国人的资料绘制的,而这些资料来源于郑和的环球航行,由此同样证明中国在地图绘制和地理认识方面远远领先于西方[2];第三幅地图则是在 2018 年春节晚会上对公众公开并改名为"丝路山水地图"的"蒙古山水地图"[3],林梅村是这幅地图当前主要的研究者,他认为这幅地图显示出,早在明代中期,中国对于丝绸之路沿线的地理情况已有清晰的认识[4],因此当时中国在地理认知方法上并不落后于西方,而这一观点动摇了认为中国古代对于域外缺乏了解的传统认知。

对于上述三幅地图本身以及相关研究中存在的问题,一些学者,

---

1   刘钢:《古地图密码》,广西师范大学出版社,2009 年。

2   李兆良:《明代中国与世界——坤舆万国全图解密》,上海交通大学出版社,2017 年。

3   虽然正如后文所述"蒙古山水地图"并不是这幅地图最初的名称,但一方面目前学界对于该图最初的图名尚未达成一致意见,另一方面"蒙古山水地图"已经成为学界对该图的习惯称呼,因此后文也将其称为"蒙古山水地图"。

4   林梅村:《蒙古山水地图》,文物出版社,2011 年。

包括笔者已经提出了反驳意见[5]。不过以往的反驳主要是从具体史料出发,但由于对史料的解读存在多种可能,因此从这一角度进行反驳往往并不能切中要害,本章则试图从更为宏观的历史背景、论证逻辑等层面,来指出这些地图本身以及相关研究中存在的根本性错误,以期能切中问题的要害。

一、知识和技术不可能"前无古人后无来者"

虽然在文明的发展历程中,会出现知识和技术的爆发性增长,但这种爆发性增长通常不会突然出现,一般都有脉络可循,即有着可以梳理的积累、演进的过程,如欧洲地图绘制所依赖的经纬度测量技术,至少从古希腊开始就有着可以较为明确追溯的演进过程,同时欧洲对于地球的地理认知从亚非欧扩展到全球的过程同样也是可以清晰追溯的。不仅如此,由于重要的知识和技术,尤其是那些投入了大量人力和物力而获得的知识和技术,虽然在历史的长河中有可能消逝,但

5　如对于《天下全舆总图》很多学者对其真伪提出了质疑,如浙江大学研究利玛窦地图的专家龚缨晏在《试论〈天下全舆总图〉与郑和船队》一文中(http://huangzhangjin. bokee. com/4203713. html)中认为:《天下全舆总图》仿制的是17世纪起欧洲绘制的世界地图。注释中提到的"上帝"和"景教"两个词都不可能出现在明永乐十六年《天下诸番识贡图》绘制的时期。《天下全舆总图》是不是明朝旧画的仿制存在着疑问,《天下诸番识贡图》是否存在也是有疑问的。葡萄牙里斯本葡中关系研究中心研究员金国平在《九问〈天下全舆总图〉》(http://huangzhangjin. blogchina. com/4299588. html)以及《一份破绽百出的地图摹本》(http://macaulogia. blogspot. com/)等文中更以犀利的言语表达了对这幅地图真伪的怀疑。复旦大学历史地理研究中心周振鹤在《历史研究无关个人情感——评英国〈经济学家〉发表的伪地图》(《新京报》,2006年1月22日)一文中则明确指出《天下全舆总图》是赝品。还有笔者的《"天下图"所反映的明代的"天下观"——兼谈〈天下全舆总图〉的真伪》(《中国社会科学院历史研究所学刊》第七集,商务印书馆,2011年,第395页)等。

这种消逝同样是渐近的,极少是突然的。在唐代以前,由于文献资料的大量佚失,因此这种技术和知识上的爆发性增长以及突然消失存在一定的可能,不过需要强调的是,这种现象并不是历史事实,而是因为相关文献的佚失,且这种可能性也只能存在于那些局部的、细节的技术和知识上,而不会发生于那些需要长期积累而获得的技术和知识上。在唐代以后,随着印刷术的普及,文献散佚的数量大为减少,且距离今日时间较近,因此这种现象是不可能出现的。归根结底就是:知识和技术不可能"前无古人后无来者"。凡是违背这一规则的现象都要考虑是否是相关文献存在问题,或者是我们的认知发生了错误[6]。

但是,上述三幅地图都违背了这一原则。虽然《天下全舆总图》没有标记经纬度,但从其呈现方式来看,其使用的是基于经纬度数据的投影技术。虽然中国古代掌握了测量纬度的技术,但只是用于制定历书,且使用范围极其有限;更为重要的是,在清代的《皇舆全览图》之前,中国古代从未用经纬度数据绘制地图,且在《皇舆全览图》之后,直至19世纪中期之前,使用经纬度数据绘制的地图依然不占主流。而且,同样是在《皇舆全览图》之前,中国古代地图的绘制从未使用过投影技术。

不仅如此,《天下全舆总图》所表现的知识远远超出了当时及其之后其他文献所能展现的中国人所掌握的关于世界地理的知识,即《天下全舆总图》与其他文献在关于当时中国人所掌握的地理知识的范围方面是矛盾的。为了弥补这一明显的缺陷,刘钢在他的著作中通过曲

6　例如张衡的"地动仪"就属于这种"前无古人后无来者"的技术和知识,且这种状态持续至今,即在对于力学、地震等领域的了解远远超越于古人的今天依然无法对其进行复制,因此文献中关于张衡"地动仪"的记载很可能是有问题的。

解某些与目前已经佚失的地图有关的文献记载,来展现中国人在当时
确实掌握了相关的地图测量的技术以及全球范围的地理知识[7]。如罗
洪先《广舆图》中对目前已经佚失的朱思本《舆地图》的描述中有下列
一段话:"其图有计里画方之法,而形实自是可据,从而分合,东西相
侔,不至背舛",而刘钢将这句话断句为"其图有计里画方之法,而形实
自,是可据从而分,合东西相侔,不至背舛",并解释为:"《舆地图》采用
了计里画方之法,以圆球形状,在正中之处,依南北方向,将圆球分为
东西相互对等、和谐的两个圆形,从而避免圆球正反两面相互交错造
成的谬误,非常明显,朱思本《舆地图》是一幅东、西半球世界地图"[8],
从古汉语的角度来看,这样断句显然是荒谬的,而且他在将这段话翻
译为现代汉语时又增加了大量的想象。更为重要的是,用于佐证他观
点的都是目前已经佚失的地图,而现存的大量古地图都无法直接佐证
他的观点,这似乎也说明了他论证的致命缺陷。需要强调的是,同样
的论证方式还出现于某些论证中国古代在某项科学技术上领先于世
界的研究中,包括下文提到的李兆良的研究。且如上文所述,难以想
象郑和船队仅仅通过七次航行就完成了全球探险和测量,而他们吃尽
千辛万苦获得的知识之后居然又全部消失[9]。

　　除了提出正面证据,刘钢还通过分析认为《天下全舆总图》或

7　参见《古地图密码》第六章、第七章,第 129 页。

8　参见《古地图密码》,第 159 页。

9　此外,刘钢虽然在书中探讨了中国古代的航行技术,指出中国人存在跨洋航行的技术,但一方
　面他对此没有任何直接证据;另一方面他指出中国人跨洋航行使用星象导航,但却不了解仅
　仅依赖星象导航在大洋中航行是极为危险的,西方人在跨洋航行之初曾为此付出了极大代
　价,而正是这一点促使欧洲人不断改良航海技术,并在航海中广泛使用经纬度数据,而中国古
　代一直未曾发生这样的变革。此外,跨洋航行还需要多年的对于季风和洋流知识的积累。

者《天下诸番识贡图》所表现的地理知识并不为当时的欧洲人所掌握，由此认定这幅地图必然是中国人依据自己所掌握的知识绘制的。不过这只是一种简单的排除法，但如上文所述，由于刘钢并没有中国人掌握了相关知识的直接的和强有力的依据，因此这种论证方式并不成立。且实际上还存在第三种可能，即这幅地图是既掌握了当时中国人的地理知识，又掌握了当时欧洲人的地理知识的现代人绘制的，而现在学术界确实基本认定这幅地图是现代伪造的。

　　李兆良在《明代中国与世界——坤舆万国全图解密》中主要认为目前中西方学界对于《坤舆万国全图》的认识是完全错误的，这幅地图实际上不是利玛窦利用欧洲人掌握的知识和技术绘制的，而是利玛窦依据中国人的技术和知识绘制的。但李兆良同样面临着刘钢所面对的问题，即这些地理知识不见于之前和之后的中国文献，且这幅地图所明确使用的经纬度数据和投影技术，也都不见于中国文献和地图的直接记载，即"前无古人，后无来者"。对于这一问题，李兆良提出了如下解释："宣德以后，朝廷里反对滥用公帑出海探索的声音高涨。朝臣为了制止浪费徒劳的贡赐贸易，上报郑和的航海资料已经销毁，实际上可能是藏匿起来或者找不到。既然报了销毁，就不可能再出现。所以没有朝臣敢承认郑和地图的存在……利玛窦的来华，解决了问题，他当然乐意承担作者的荣光……"[10]，这同样是一种毫无说服力的解释，毕竟这样一幅地图的绘制涉及对于地球球体的

10　《明代中国与世界——坤舆万国全图解密》，第66页。

认识、经纬度的测量技术、投影技术及其背后的几何学以及庞大的知识量[11]，且需要记住的是，按照李兆良的说法，这些知识在知识分子中是秘密流传的，很难想象在从明初至明代后期如此漫长的时间中，这些知识分子居然能通过口耳相传，让如此庞大的知识体系几乎完整地保存下来，且没有丝毫泄露。而更为难以想象的是，这些知识和技术在没有太多积累的基础上，在明初迅速出现，在二三十年中完成了欧洲人花费了一千多年时间才完成的成就，而这一知识体系又在明末清初突然完全消失，以至于《皇舆全览图》的绘制需要依靠西方传教士[12]。

"蒙古山水地图"采用的是流行于明清时期的中国传统的山水画的形式，但就其绘制资料和绘制者而言，有学者认为其资料并不来源于当时中原士大夫所掌握的材料，如赵永复认为该图是当时官员综合了各地中外使者、商人记述而成的[13]。当然，这些认知只是一家

11 虽然李兆良在书中认为中国古代早就掌握有相关技术，但是他的论证与刘钢类似，即缺乏直接证据。

12 李兆良在论述中也存在极大的问题，如谈到郑和在海上对经纬度的测量时，李兆良的结论是"如果不用星辰去测量，在摇晃的海船上测量，必须有多只船从远处以通讯方法来计算距离刻度。我们无法知道当年郑和用什么方法，但是可以肯定，他们的船队那么大，能在海上多点观察是不成问题的，他们没有电报，但是有很多船和人力。通讯方法是白天用旗号，晚上用灯号，雾中用金鼓。陆地上的经度更不在话下"。(《明代中国与世界——坤舆万国全图解密》，第93页)。仅凭大量的"船和人力"显然是不能解决测量经纬度的技术问题的，且"白天用旗号，晚上用灯号，雾中用金鼓"与经纬度测量存在什么关系？正是由于缺乏郑和船队掌握了经纬度测量技术的直接证据，李兆良对郑和测绘经纬度和郑和绘制地图的论证陷入一个因果的循环论证：因为郑和船队绘制了经纬度，所以他们绘制了给《坤舆万国全图》提供重要参考资料的地图；因为郑和或者与其相关的船队人员绘制了给《坤舆万国全图》提供重要参考资料的地图，所以他们必然曾经做过详细的经纬度测量。

13 赵永复：《明代〈西域土地人物略〉部分中亚、西亚地名考释》，《历史地理》第二十一辑，上海人民出版社，2006年，第355页。

之言,且同样缺乏直接证据,不过从现存地图来看,从宋代到清代中期,中国传统上极少绘制西域地区的地图,在少量绘制有西域地区的地图上主要表现也是西域地区汉唐时期的历史内容,而不是当时的地理情况,且从目前存世的文献来看,至少当时主流知识分子是不关注西域地区的[14],几乎找不到清代中期之前的关于西域的专门著作,且正如李之勤所述,与"蒙古山水地图"存在渊源关系的《西域土地人物图》和《西域土地人物略》所记地名数量远远超出当时其他文献记载的数量[15]。因此,可以说虽然这幅地图是明朝时绘制的,但其所依据的知识很有可能并不源于当时主流知识分子所掌握的材料,即"前无古人",因此无法代表当时中国对于西域地区的总体认识水平。

总体而言,由于本章所讨论的三幅地图在技术和知识层面或多或少都存在"前无古人,后无来者"的情况,因此或者地图本身存在真伪问题,如《天下全舆总图》;或者研究者对它们的认知存在问题,如李兆良关于《坤舆万国全图》的研究和林梅村关于"蒙古山水地图"的研究。

二、地图的命名要符合传统习惯和学术准则

已经被认定为伪作的《天下全舆总图》,其图名本身也存在问

---

14 参见成一农《从古地图看中国古代的"西域"与"西域观"》,《首都师范大学学报》2018 年第2 期。

15 李之勤:《〈西域土地人物略〉的最早、最好的版本》,《中国边疆史地研究》2004 年第 1 期,第118 页。

题,"天下"和"全舆"是同义重复,而"总图"中的"总"又是再次重复,因此其图名不仅不符合中国传统地图的命名习惯,而且也不符合古汉语的基本习惯。另外,明清时期,全国总图和寰宇图(世界地图)通常的命名方式为,"大明"或"大清"+"混一图"或"一统图"或"全图",基本不会使用"天下"和"全舆"以及"总图"这样的词。《天下全舆总图》中还提到了《天下诸番识贡图》,但中国古代只有"职贡图",而无"识贡图"。即使将"识贡图"解释为笔误,这幅"职贡图"也不符合中国传统"职贡图"的体例。中国传统的"诸番图"或者"职贡图",是外国及中国境内少数民族向中国皇帝进贡的纪实图画。其形式主要不是地图,而是绘制有各地风土人情的图画。"职贡图"以往历朝历代也有绘制,到清代可称为鼎盛时期,尤以乾隆、嘉庆两朝绘制最多,收录在《四库全书》中的《皇清职贡图》就是典型的代表。

　　"蒙古山水地图"和"丝路山水地图"的命名也是存在问题的。众多周知"丝绸之路"一词始于 19 世纪德国学者李希霍芬的《中国》一书,而学术界在命名那些其名称已经无法得知的地图时,通常尽量遵循传统地图的命名习惯,因此"丝路山水地图"显然违背了这一学术准则。而"蒙古山水地图",同样有学者指出,以明朝人的惯例,对于该图所绘区域应以"西域"命名,且很少用"蒙古"称呼当时众多的蒙古部族[16]。考虑到这幅地图是 20 世纪 30 年代日本藤井有邻馆购买于琉璃厂著名书店"尚友堂"的,"蒙古山水地图"这一图名可能是

16　参见侯杨方微博 https://weibo. com/ttarticle/p/show? id=2309404208067368615603#_0。

"尚友堂"所起。

　　还有学者提出在《萝图荟萃》中记载有一幅"嘉峪关至回部巴达山城天方西海戎地面等处图",其绘制内容、地图的尺幅与"蒙古山水图"近似(对于两者的关系,参见下文),因此认为这幅地图的名称应当为"嘉峪关至回部巴达山城天方西海戎地面等处图"。不过"回部"是清代才使用的名称,而"蒙古山水图"的原图应当是明代绘制的,因此即使"蒙古山水地图"与《萝图荟萃》中所记地图之间存在某种关系,那么"嘉峪关至回部拔达山城天方西海戎地面等处图"也应当不是该图最初的名称。考虑到两者尺幅和内容相近,因此《萝图荟萃》所记载的地图可能同样是一幅已经缺失了标题的残图,而在这种情况下,用地图绘制内容来对其命名也是传统地图的一种命名方式,那么可以认为《萝图荟萃》中的图名应当是清代内务府造办处舆图房在收录这幅地图时所起的。

　　根据研究,除了"蒙古山水地图"之外,这一系列的地图还有另外一个绘本,即台北"故宫博物院"藏彩绘本《甘肃镇战守图略》所附的"西域土地人物图";另有两个明代刻本传世,一是明嘉靖二十一年(1542)马理主编的《陕西通志》中的"西域土地人物图",二是明万历四十四年(1616)成书的《陕西四镇图说》中的"西域图略"[17]。此外,业师李孝聪教授提及在意大利地理学会还藏有一个绘本,即《甘肃全镇图册》中的"西域诸国图"。这些地图虽然名称不一,但在图名中都有"西域"二字,因此"蒙古山水图"的原名应当为"西域……图"。

17　参见《蒙古山水地图》,第50页。

三、要注重地图绘制年代的多种可能性

中国古地图通常都缺乏直接的文献材料,而且在图面上一般也不记载绘制的时间,甚至有时图面上注记的绘制时间也不一定可靠,因此对于古地图的绘制年代有时难以得出确定的结论。"蒙古山水地图"正是如此。在林梅村的《蒙古山水地图》和 2018 年春节晚会上,都将这幅地图认定为是明代中晚期(嘉靖年间)绘制的,主要的依据就是地图的图面内容以及其绘制风格与吴门画派的仇英近似,但这两点都不是绝对的证据[18]。首先,地图图面内容所展现的时间不等于地图的绘制年代,毕竟存在后世按照早期资料绘制的可能,而且更存在后世按照前代地图摹绘的可能。而风格近似,同样存在后世摹绘的可能;而且风格相近,与风格一致完全是两个概念,且风格上的相似与否也是见仁见智。由于与这幅地图有关的资料非常缺乏,因此实际上这幅地图的绘制年代存在多种可能。

如前所述在《萝图荟萃》中记载有"嘉峪关至回部拔达山城天方西海戎地面等处图一张",该书中对其进一步的描述就是"绢本,纵一尺九寸,横九丈五尺"[19]。由此来看,这幅地图与"蒙古山水地图"绘制的地理范围近似,且图幅尺寸也极为近似。不仅如此,《萝图荟萃》记载的是当时内务府造办处舆图房所藏地图,而民国二十五年

18　如早在明代就存在对仇英绘制的绘画的大规模造伪,参见倪进《中国书画作伪史考》,《艺术百家》2007 年第 4 期,第 82 页。

19　《国朝宫史续编》卷一百"书籍二十六·图绘二",北京古籍出版社,1994 年,1014 页。

国立北平故宫博物院文献馆编纂的《清内务府造办处舆图房图目初编》中并没有记载这幅地图,因此似乎证实"蒙古山水地图"是从内务府流散出来的。但仅仅通过上述证据并无法直接认定"蒙古山水地图"就是《萝图荟萃》中记载的这幅地图,从而认为该图至少绘制于《萝图荟萃》成书的乾隆中期之前。因为"蒙古山水地图"是 20 世纪 30 年代购买于琉璃厂,因此还存在当时琉璃厂的画师根据宫廷中流散出来的地图摹绘的可能;至少在清末民国时期就已经存在为了牟利,尤其是为了向外国人出售而摹绘古代地图的情况[20],且这一现象延续至今[21]。需要提及的是,在清代中后期和民国时期琉璃厂就是当时摹绘和造伪绘画的著名地点之一[22]。

且如上文所述,《萝图荟萃》中记载的这幅地图应当是一幅残图,因此不太可能是宫廷画师为皇帝绘制的,而可能是某一时期从宫外传入的,即使其确实绘制于乾隆中期之前,其来源以及绘制的具体年代也是无法确定的。

总体而言,"蒙古山水地图"的绘制年代存在多种可能,即有可能绘制于明代中后期、清初、民国时期。当然本章并不认为其是某些学者所认为的"赝品"或者"假货",因为该图自 20 世纪 30 年代之后的传承是清晰的,而且至少是根据某幅古代地图摹绘的,并不是《天下全舆总图》那样的现代人的造伪之作,至多是"伪本"。

20　参见成一农《浅谈中国传统舆图绘制年代的判定以及伪本的鉴别》,《文津学志》第 5 辑,国家图书馆出版社,2012 年,第 105 页。

21　参见杨浪《终于见到赝品老图了》,《地图》2011 年第 1 期,第 138 页。

22　参见倪进《中国书画作伪史考》,《艺术百家》2007 年第 4 期,第 82 页。

四、总结：文化自信的基础应该是当下的文化建设

从上文的分析来看，刘钢、李兆良和林梅村对于上述三幅地图的认知，使得这三幅地图所展现的技术水平和知识或多或少显得"前无古人后无来者"，由此可推得他们的认知或者地图本身就存在问题。从地图的命名来看，《天下全舆总图》完全不符合当时的命名习惯，而"丝路山水地图"的命名既不符合传统习惯，也不符合学术准则，而且这种迎合当前宣传需要的命名方式也过于功利化。最后，在缺乏证据的情况下，"蒙古山水地图"的绘制时间存在多种可能，明代中后期只是可能性之一。总体来看，这三幅地图都无法用来证明在地图绘制的年代，中国人所掌握的科学技术水平、知识水平领先于世界。

刘钢、李兆良和林梅村对于上述三幅地图的研究，以及目前很多媒体对于他们研究的推崇，其目的是宣扬中国优秀的文化传统，并证明中国曾取得了领先于世界的辉煌成就，这确实在社会上引起了广泛的反响。不过由于这些研究和宣传并不符合史实，存在极为明显的漏洞，虽然在普通大众中形成了影响力，但在学术研究中并没有得到认同，且迟早会被"揭穿"，因此长期以往，这样的宣传反而会成为"笑柄"，有损中国的形象，甚至会让其他国家的学者和民众感觉中国人是否存在"民族主义"的倾向[23]，并且会对当前中国的学术和文

---

23 李兆良在《明代中国与世界——坤舆万国全图解密》前言（第1页）的开篇中即强调他的研究是"科学的"，与"狭隘民族主义"无关。其曾担任香港生物科技研究院副院长，长期从事生物、化学等领域的研究，而书中存在大量的逻辑错误，让人很难想象这是一位长期从事理工科研究且成果颇丰的研究者所能犯的错误，不禁让人疑惑他的动机。

化水准表示质疑。不仅如此,当前除了通过歪曲事实来提高传统文化的成就之外,还有些人士为了突出中国传统文化的优秀而贬低西方文化,如何新的《希腊伪史考》及《希腊伪史续考》[24],其虽然在民众中引起了广泛关注,但学术界对此也基本持反对态度[25]。

笔者认为这种通过歪曲史实且贬低西方文化来树立文化自信的方式,在出发点上就是错误的。虽然中国古代有着优秀的传统文化,但这并不足以让世界其他国家和民族对当前的中国表示尊敬,从而成为我们自信的来源;贬低西方古代文化,并无法改变西方文化依然处于领先地位的事实。更为重要的是,在人类历史上也没有任何国家和民族,只是通过挖掘传统文化而获得了自信。欧洲的文艺复兴,虽然最初是对希腊罗马文化的复兴,但实际上是在挖掘希腊罗马文化精髓的基础上进行的全面创新,而且在文艺复兴时期,在汲取精华的同时,随着创新和地理大发现,欧洲人抛弃了很多希腊罗马文化中过时的内容,而正是这种创新造就了当时欧洲人的自信,如马泰奥·帕尔米耶里(Matteo Palmieri, 1406—1475)就曾自豪地说道,这是"如此充满了希望和前途的一个新时代,这一时代产生的高贵而有天赋的灵魂的数量超过了在之前 1000 年的世界中所看到的,这真是让人感到欣喜"[26],让他感到欣喜的是那一时代"高贵而有天赋的灵

---

24   何新:《希腊伪史考》,同心出版社,2013 年;何新《希腊伪史续考》,中国言实出版社,2015
       年。

25   如北京大学的高峰枫教授,http://mp. weixin. qq. com/s? __biz = MzI1NTY0MjIxNw = = &mid
       =2247485905&idx = 1&sn=870c69d17f456c4280404581f472614d。

26   马泰奥·帕尔米耶里的原文出自 *Libro della vita civile*(Florence:Heirs of Filippo Giunta,
       1529)。

魂",而不是希腊罗马时代"高贵而有天赋的灵魂"。因此文化自信的来源,是建立在挖掘传统文化中有益于当下的精华的基础上进行的创新和发展,且对世界文化做出贡献,得到世界其他国家的认同和尊敬。改革开放以来,中国在经济、文化、社会等领域都取得了令世人瞩目的成就,这才是我们文化自信的根源,同时加强当下的文化建设则是进一步强化这种自信的基础。因此,文化自信要建立在汲取传统文化精华的基础上的创新,其重点在于当下而不是过往。

第十三章

论历史的形成

　　熟悉史学理论的人，可能会认为本书的撰写受到后现代史学的影响。

　　国内学界对于后现代大致持两派截然不同的意见，支持或反对。尽管我基本没有看过后现代史学的东西，不过就我看来，反对者很少有真正了解后现代的，往往轻易就给后现代史学扣上"历史虚无主义"的帽子，这是对后现代史学最大的误解。同时，历史学界似乎对于后现代史学并不看重，或者没有去了解的意识。

　　在我看来，"后现代史学"并不是一种理论，也不是一种方法，并不能像一些学者认知的那些理论那样，可以照猫画虎地去用来撰写论文。"后现代史学"如果成为一种理论或者方法了,那是对"后现代史学"的讽刺。"后现代史学"是一种看待世界和思考问题的方式,是无法仅仅通过学习来获得的。

本章旨在分析历史形成中主观与客观的关系,可以说是本书撰写的基础。

"历史是如何形成的",这是一个看似简单,但到目前为止在国内史学界极少进行过认真讨论的问题。而这却是历史学,甚至整个人类所有知识领域的根本问题。之所以那么说,是因为直至今日,人类依然只有三维的认识能力,无法在时间轴上进行自由的平移,因此了解未来最为重要的途径之一就是诉诸或多或少有资料可以进行研究的历史,无论是包括物理学[1]在内的所谓科学,还是宗教乃至迷信,都是如此。

在分析之前,需要先确定本章中使用的三个基本概念:"历史本体",指的是客观发生的历史;"历史认识",指的是人类头脑中存在的对"历史本体"的认识;"历史"则包括上述两者。

对于这一问题的分析,我们首先从中国传统史学的一个基本理念入手。

---

[1] 物理学的任何实验本质上都是通过分析已经发生的事情来验证理论,从而意图复原过去以及预测未来。

一、通过文本是否可以复原"历史本体"？

　　中国传统史学，甚至当前中国史学界的很多学者依然认为或者不自觉地认为，复原"历史本体"最为基本的方法就是通过对历史文献的校勘，从而复原出最为接近原始样貌的可信文本。这一方法实际上存在明显的问题，目前已经被学界的很多人认识到，这里只作一些简要介绍。

　　历史文献的形成，也就是用文字将历史本体记录下来，是一种主观的行为，即使文本书写者的主观是"客观的"。不仅如此，作为研究者或者阅读者的后人，在阅读时对于文字的阐释也是一种主观的行为，即使阅读者的主观是"客观的"。为了说明这一问题，这里节引巴特·埃尔曼《错引耶稣:〈圣经〉传抄、更改的内幕》中的一段具有代表性的论述:"要使文本有意义，唯一的办法便是阅读它，而阅读的唯一办法便是用其他的话来诠释它，而要用其他的话来诠释的唯一办法便是要取得其他的字汇，而你能使用其他字汇的唯一办法便是你要拥有自己的生命经验，拥有自己生命经验的唯一办法便是满足自己的欲望、期待、需要、信仰、观点、世界观、意见、喜爱的或不喜爱的事物，以及其他所有使人成为一个人的事物。因而，阅读文本，必然会更动文本。"[1]

　　文字的发明便利了人类的交流，但文字是我们思想高度抽象的

1　[美]巴特·埃尔曼著，黄恩邻译:《错引耶稣:〈圣经〉传抄、更改的内幕》，生活·读书·新知三联书店，2010年，第226页。

结果的反映,因此并不能准确地反映我们的思想。大多数"字""词"与其含义之间并不是只有唯一的对应关系,且大多数语言中语法结构都或多或少地存在随意性,再加上基于"生命经验"的不同而造成的对词语、字句结构和段落结构理解的差异,不同人甚至同一个人在同一时间下对同一文本的理解必然存在差异。一个常见的例子就是初高中语文教学中所强调的对段落大意的归纳。如果人类对于文字的理解不存在差异的话,这样的考试也就没有必要了。

因此,仅通过文本是难以复原"历史本体"的,甚至连文献撰写者书写文献时的"主观"意图都是难以复原的。当然,也许有人会说:目前很多对于"历史本体"的认识不就是通过文献复原出来的吗?比如秦始皇的生卒年,某些重要历史事件发生的时间、地点等。对此,我们进入下一个问题。

二、我们真的能复原"历史本体"吗?

确实,传统史学的主要目的和主要精力都被用于对"历史本体"的复原上,而且近代以来,随着史学发展,除了文本文献之外,越来越多的材料被纳入史料的范围,同时越来越多的技术手段被用于史学的研究,因此对于"历史本体"进行复原的方法也越来越丰富。

但即使如此,一个根本性的问题是无法解决的,即我们无法对复原的"历史本体"进行核验,也就是说我们虽然复原了大量我们认为的"历史本体",但我们根本无法确定它们到底是不是"历史本体",因此复原出来的结果,无法被认为就是"历史本体",依然只能是"历史认识"。

很多史学研究者都喜欢把自己比作侦探,希望在研究完成之后,像柯南那样大喊"真相只有一个",然后从容不迫地将罪犯的犯罪过程娓娓道来。但遗憾的是,这一比喻并不成立,道理很简单,对于犯罪过程和罪犯的认定可以通过审讯和罪犯的陈词来确定,但在历史研究中,我们没有可以用于证实我们推理过程及其结果的"罪犯",那么通过研究获得的对"历史本体"的复原如何能认定就是真实的呢?基于现有材料,用最符合逻辑的方式进行的推导?但材料丢失的很多,而所谓"最符合逻辑"又是一个见仁见智的问题:历史研究中经常能见到学者们运用相同史料,但基于不同的逻辑从而得出不同的结论,又难以说服对方的情况。退一万步,即使材料全面、推理逻辑得到了全体研究者的认同,但依然缺乏一个"第三方"来验证复原的"历史本体"就是"历史本体"。

再退一万步,即使今后有了技术手段,能对过往进行观察[2],那么所能验证的也只是对地点、时间等极少数具有客观量度标准的"历史本体"的复原(前提是"时间"和"空间"确实存在客观度量标准,目前至少物理学界中的一些学者对于"时间"是否存在已经提出了质疑),如某某年某某王朝建立,某某战役发生在某某地点。但是只要涉及任何带有主观内容的"历史本体",就都无法进行验证,如某某人的奏折希望如何、某某历史事件奠定了什么基础。因此,目前大

2　不一定要超光速旅行,只要能实现如"虫洞"等远距离的跨空间旅行就可以,这样就可以在承载了"历史"的光线抵达之前就抵达远距离之外的观测点,由此达成对"历史"的直接观察,当然这只是一种梦想。

部分对"历史本体"的复原都是无法验证的。

也就是说,虽然可能"真相只有一个"(如果不存在平行宇宙的话),但我们无法验证我们所复原的就是"真相",也没有"罪犯"会证明我们推理出来的就是"真相"。因此,我们无法得知我们复原的"历史本体"是否就是"历史本体"。

三、哪些"历史本体"是重要的?

问题还可以再深入下去。由于任何"历史本体"都可以无限细分,也就是说是由无数更为琐碎的"历史本体"构成的,如玄武门之变,李世民用箭射死李建成的一瞬间这一"历史本体"就可以再细分为无数的更为细小的"历史本体":李世民骑的是什么马?用的是什么弓和箭?当时的天气如何?风向和风速如何?李建成穿的是什么衣服?等等。而这些"历史本体"还可以再进一步细分,如马是什么颜色?马高多少,长多少?马的年龄如何?因此无论如何,我们的"历史认识"(也就是对"历史本体"的复原)只是"历史本体"的一小部分、一个小的侧面。而且"历史本体"的生成数量与我们对"历史本体"的"历史认识"的形成数量完全不成比例,后者形成的速度远远达不到"历史本体"形成的速度。因此,从这一层面上讲,复原一个事无巨细、包罗万象的"历史本体"是不可能的。

面对这样的问题,马上就会产生这样的念头,即我们可以仅仅复原那些"重要"的"历史本体"。于是关键性的问题就产生了:哪些"历史本体"是重要的以至于有价值让我们去形成"历史认识"的呢?

　　在分析这一问题之前,先介绍一下现代物理学,也就是量子物理学对世界的认识,下面引用曹天元《上帝掷骰子吗? ——量子物理学史话》中的三段话:

　　"试图仅仅靠可观察的量来建立理论是不对的。事实恰恰相反:是理论决定了我们能够观察到的东西。"[3] "理论不但决定我们能够观察到的东西,它还决定哪些是我们观察不到的东西!"[4]

　　"电子又是个粒子又是个波,但每次我们观察它,它只展现出其中的一面,这里的关键是我们'如何'观察它,而不是它'究竟'是什么。"[5]

　　"讨论哪个是'真实'毫无意义。我们唯一能说的,是在某种观察方式确定的前提下,它呈现出什么样子来。"[6]

　　这三段话的核心就是,在现代物理学看来,人类的观察手段决定了人类观察到的客观事物的样子。换成历史研究的话,就是我们用于研究历史的理论、方法和视角等决定了我们认识"历史本体"时"历史本体"呈现在我们面前的概貌以及细节,由此也就决定了哪些"历史本体"是重要的,并让我们对此形成相应的"历史认识"。

　　这样的例子在历史学发展中比比皆是。比如中国传统史学注重制度史,因此政治制度成为历史认识的重点:而当前社会史成为了研究的热点,由此那些基层社会的点点滴滴就被认为是更有价值的。

3　曹天元:《上帝掷骰子吗? ——量子物理学史话》,北京联合出版公司,2013 年,第165 页。

4　《上帝掷骰子吗? ——量子物理学史话》,第166 页。

5　《上帝掷骰子吗? ——量子物理学史话》,第177 页。

6　《上帝掷骰子吗? ——量子物理学史话》,第178 页。

可以举一个更为具体的例子：各种"变革"理论在目前史学研究中颇受关注，早的有"唐宋变革论"，近些年又有"宋元变革论""元明变革论"，等等，对于这些"变革"持否定态度者有之，支持者有之，但用本章介绍的观点来看待这些争论的话，那么结论就是：对"变革"是否存在的争论并无意义。因为所谓"变革"就是重要的变化，但重要与否全在于研究者所采取的观察历史的视角、方法和价值判断，因此可以认为是否存在"变革"取决于研究者是如何观察历史的。当然，由于每个人都持有不同的价值观和史学趋向，因此在理论上"变革"是必然存在的，而且远远超出目前所讨论的"唐宋变革论""宋元变革论""元明变革论"的范畴，如"唐高祖太宗变革""宋徽宗高宗变革"，甚至"公元 2017 年 11 月 29 日至 2017 年 11 月 30 日变革"都是必然存在的[7]（与此同理，"不变"和"稳定""停滞"也是必然存在的）。但无数"变革"中，哪些是重要的，又取决于我们观察历史的方法、理论角度和价值观。

还可以进一步推论：研究历史的理论、方法和视角不仅决定了你关注的"历史本体"，也决定了哪些"历史本体"被忽视。如从制度史的视角来看，那些基层社会的鸡毛蒜皮完全可以忽略不计；而从社会史的角度来看，制度虽然有着一定的影响，但其在基础社会中的具体运作才是重要的，因此纸面上的制度及其演变本身并不重要。而这些被忽略的"历史本体"实际上占据了曾经存在过的"历史本体"中

7　但这并不是说"变革论"就是成立的，"变革"的存在与"变革论"的成立之间并不存在必然的联系。"变革论"的成立最为基本的条件就是用于构建"变革论"的视角、理论、方法、价值观等是要成立的。

的绝大部分,而其中又有绝大部分由于被长期忽略,因而被彻底遗忘、消失,因此客观上这些"历史本体"曾经存在过,但我们如何证明它们曾经存在过以及曾经存在过的样子呢?它们的意义又是什么呢?这些问题已经超出了笔者的认识范畴。不过确定的是,我们不得不承认我们所认识到的"历史本体"仅仅是曾经存在过的"历史本体"中的极小一部分。

四、"人类的历史,可以在它已经发生后才被决定是怎样发生的!"

从前文提到的"观测"决定了事物呈现在人面前的样子进一步推论,那么就会提出这样一个问题:如果缺乏观测者,世界会呈现出什么样子?这里举一段物理学史上著名的对话:爱因斯坦问其好友波尔:"你真的会相信,如果没有人看月亮,月亮就会不在那里了吗?"而波尔的回答则是:"你能证明,当没有人看月亮时,它会一直待在那里吗?"这似乎走向了唯心主义,但这确实是量子物理学的前沿问题。

简单一些,我们还可以用日常生活中的例子来说明。我们眼睛中看到的物体的颜色,实际上只是物体表面反射的来自光源的光线的波长对视觉神经刺激后在大脑中反映出的信号,但不同动物的眼睛所能感知的光线的波长是不一样的,因此对于同样的物体,不同的动物看到的颜色是不一样的[8],那么物体到底是什么颜色的呢?不仅

---

8   如人类中有色盲缺陷的人看到的物体的颜色,就与没有这种缺陷的人看到的物体的颜色是完全不同的。

如此,目前物理学认识到我们能感受、测量到的物质和能量只占到这个宇宙的一小部分,除此之外宇宙中还存在大量无法直接被感知、测量的暗物质和暗能量,但这两者到底是什么,至少目前我们一无所知。在某种程度上,这种"无法感知"很可能源于地球生物感知能力的局限,在宇宙的某处可能存在只能感知所谓的暗物质和暗能量的生物。那么,宇宙到底是什么样子的呢?对于这一问题,当前物理学的回答,可以用前文引用过的话来概括,即"讨论哪个是'真实'(即宇宙的客观样貌)毫无意义。我们唯一能说的,是在某种观察方式确定的前提下,它呈现出什么样子来"。

实际上历史认识也是如此,"历史本体"确实客观存在,但如上文所述,我们无法建立一个事无巨细、包罗万象,没有任何主观色彩的,真实反映"历史本体"的"历史认识"。我们所有对于"历史本体"的"历史认识"都是基于某一理论、方法和视角,以不同的理论、方法和视角也就形成了不同的"历史认识",也就是说,"历史本体"经由这些理论、方法和视角在我们的头脑中形成了不同的投影。由此得出的结论完全可以借用量子物理学中一段经典的论述来表达,即"人类的历史,可以在它已经发生后才被决定是怎样发生的!"

用于认知历史的理论、方法、视角在价值观不同的人之间存在差异;同一人在不同的时间用于认知历史的理论、方法和视角也都会存在变化,至少是微小的差异,因此可以说:我今日所认识之历史必不同于我昨日所认识之历史,我明日所认知之历史也必将不同于我今日所认识之历史。

说到这里,很多历史研究者会提出这样的问题,即:这些"历史认识"中总是有对错，或者至少应当有一种或者几种更接近于"历史本体"吧？这一设问看起来颇有道理，但似乎只是在时间、地点、人物等少量有着客观标准的对象上才有意义，当然还存在本章之前提到的"真相"的验证问题，即历史研究中所谓的更为接近"真相"只是基于现有材料和逻辑而言，并无法去真正地验证。而如果上升到了价值判断、因果分析、阶段划分等带有主观色彩的研究层面，那么正如前文所述，这些都是在不同的理论、方法和视角下形成的不同的"历史认识"，无法确定其中哪一种更为接近"历史本体"。

因此，与量子物理学强调的"平行世界"相对应，历史学中存在的是"平行的历史"。杰弗里·马丁（Martin G. J.）所著的《地理学思想史》一书，其正标题为"所有可能的世界"，蕴含的意思就是，在人类历史上，随着地理学思想的发展，人类看到的"世界"（这里是地理意义上的）也在不断变化，该书的目的就是揭示出由此产生的"所有可能的世界"。同样在历史研究中，随着理论、方法和视角的变化，人类看到的历史也在不断变化，因此如果今后有人撰写一部史学思想史的话，那么正标题也可以是"所有可能的历史"。

五、历史是如何形成的？

这一小标题中的历史，既包括"历史本体"，也包括"历史认识"，本处希望对两者的关系进行讨论。

以往关于人类历史形成的各种理论，大都认为历史本体的运行有其自身规律，个人通过主观努力可以去认识这种规律，并给予历史进程某种程度上的局部影响,但却无力从根本上加以改变。这一说法值得商榷。

如前文所述人类的"历史认识"是无法真正再现"历史本体"的,"历史认识"只是"历史本体"在人的脑海中的一种映射,所谓的历史规律也是如此。与此同时,人类几乎所有的决定,上至国家层面的政策的制定、决议的形成,小至个人在早市上选择购买的蔬菜,从本质上都是在对"历史本体"的研究(或通俗地说就是"经验")的基础上,形成的影响未来"历史本体"的决策,即通过"历史认识"来预测未来,而"历史认识"是主观的,由此也就使得人类的主观认识与未来的"历史本体"建立起了不可分割的联系。

举一个股市的例子,自股票市场创立以来,很多经济学家都会根据以往股市涨跌的数据,力图总结出股票本身涨跌的规律(这种规律与前文提到的"历史认知"在本质上是一样的,不可能等于"历史本体",而且也无法被验证符合"历史本体"),以有助于今后在股市上的操作。如果某一规律提出后得到普遍的认同,那么在当时及后来的股市操作中,这些规律就会成为很多人的操作指南,而自公式提出后的股市的涨跌就很难分清是股市自身规律的作用,还是由于人们遵守基于主观认识的涨跌规律而进行操作的结果。

举一个历史学方面的例子。辛德勇教授《制造汉武帝》一书,解释了司马光在《资治通鉴》中对汉武帝形象的塑造,也就是说其揭示了以往我们关于汉武帝的"历史认识"是司马光有意塑造的,远远偏离了"历史本体"。不过,这一"历史认识"自《资治通鉴》成书以来,影响了后人对汉武帝的认识近千年,而在这近千年中这一"错误的"

"历史认识"影响了很多人基于对汉武帝的认识而进行的历史活动，也就是这一对错误的汉武帝的"历史认识"影响了"历史本体"的发展。在这千年的历史中，对历史进程造成重要影响的不再是真正的汉武帝的"历史本体"，而是关于汉武帝的"历史认识"。

这样的例子在历史中数不胜数，如康有为的《孔子改制考》通过对孔子建立新的"历史认识"，从而为其所主张的变法建立思想理论基础，由此对"历史本体"的运行产生了重要的影响。同样在这一"历史本体"的形成中，对孔子的"历史认识"的影响力大于孔子的"历史本体"。

因此，虽然"历史本体"与"历史认识"是可以区分开的，但在两者的形成中，是互为因果、相互影响的。自人类意识诞生后，人类的历史就主要受到人类意识的影响，虽然自然会对人类历史产生影响，但这些影响也都是通过人类意识而对人类历史施加的。

最后，再强调一个问题，如上节所述"人类的历史，可以在它已经发生后才被决定是怎样发生的"，因此，我们所看到的过往的"历史"是基于我们的意识，若没有带有"意识"的人类，那么也就没有所谓的"历史"。

六、后记

从内容上来看，本章近似于后现代史学，而后现代史学已经不再是什么新鲜的思想，但在这里本人要强调两点，也算是对本章写作目的的解释：

第一,后现代史学起源于量子物理学,而量子物理学对我们传统的看待世界的方法以及对世界本质的认识已经产生了根本性的挑战,也必然引起相关哲学认识的变化,传统的建立在"真实"基础上的史学实际上已经面临着根本性的挑战,西方的史学已经对此做出了大量的回应和研究,激进者甚至提出"历史就是自称的历史学家所撰写的东西",而中国史学界虽然对此有所了解,但在研究中则对此漠不关心,这不是一个正常的现象。

第二,确实目前很多中国史学研究者"了解"后现代史学,但"了解"与"掌握"和"运用"是两回事,"了解"只是"知道",而"掌握"和"运用"则要对这一理论有着深入的了解,并且化为自己的思维方式。目前中国学界能举出几部具有影响力的用后现代史学观点撰写的论著?少有的一些所谓具有"后现代"思想的研究,其实也只是后现代思想的皮毛。后现代的思想源于量子物理学,其产生并生长于西方的学术传统之中,而这种传统并不是一个中国学者能根本掌握的。因此本章的意图就是脱离西方思想的概念、范畴,用传统中国史学的思维方式来对后现代史学的一些概念进行解释,希望能让更多的人了解这一观念并能启迪思考。

缘　起

一

　　记得高中毕业多年之后的一次同学聚会,见面寒暄之后,大家互相问的最多的就是"你在哪儿工作?"当听到我在社科院历史所工作的时候,同学们往往一愣,有的说"哦,干这个岂不是很辛苦",有的则拍拍我的肩膀说"咋搞这个了? 高中的时候,你记性不算很好呀!"这样的场景,在此后的朋友聊天、同学聚会等很多场合都能遇到,虽然具体的措辞不尽相同,如"你们要读很多书吧!""干这行,要记好多东西呀,厉害!""挺好,百家讲坛上的那些人知道的挺多,都蛮能讲的",基本上离不开记忆、知识和读书。对于很多人来说,似乎从事历史研究就是要多读书、记性好且要记很多东西,很辛苦,这大概也是很多从事历史研究的专业人士的认识,甚至可能是部分研究者的切身体会。

不过,上述这些标签,似乎都不太适合我。我这个人短期记忆还不错,但类似于只有七秒记忆的鱼,我的长期记忆很糟糕,看过的论文和书,过两天,除了核心意思之外,所有细节基本会忘得一干二净,甚至包括作者和论文标题。不光别人的书和论文是这样,我自己写的也是如此。经常出现的情况就是,看着从期刊网下载的论文,我会很疑惑,这真是我写的?以至于有时候别人与我交流我自己撰写的论文的时候,我往往一头雾水,心里想:你说的东西真是我写的?你咋知道得比我还清楚?口头上则哼哼哈哈地应付着。而且,正是记忆力不好,有些朋友听到我是研究历史的之后,就开始与我交流从电视剧和历史小说中获得的情节,我呢,很多时候,只能倾听,于是就遭到了鄙视。另外,我也不太喜欢读书,尤其是历史专业的书,感觉大部分书读得很累。而"辛苦"则是几乎所有行业的从业人员必须经历的,历史研究当然也不会例外。在我心目中,多读书、记性好并不是历史研究者的"标签",其实是对历史学和历史研究的一种常见的误解。

还有另外一种常见的与历史研究有关的误解。与一些交往很深的好友闲谈的时候,他们有时会很疑惑地问,"国家现在对历史研究很重视,不过你和我说说,研究历史到底有啥用?"或者更直白一点:"你研究历史有啥用?"在两年多之前,每当遇到这个问题,我心里总是长叹一声,心想,这事我也说不清呀!然后反问,"你感觉有啥用?"于是,他们总是会试探性地说,"以史为鉴吧?"我这时候则会说,还有一句名言就是"人类从历史中学到的唯一的教训就是,人类从来没有从历史中吸取教训"。然后一起哈哈大笑,尴尬的气氛一扫而空。

"研究历史有啥用?""历史学有什么用?"或者更为正式一点的提问方式就是"历史学或历史研究的功能和目的是什么?"这是一个老生常谈的问题。这一行业的**从业者**,每个人都有着说服自己继续从事这个行业的理由,比如"当年没有别的选择,高考的时候,历史专业的录取分数比较低,现在呢,岁数大了,也不能转行了,只能如此""就是感兴趣喽""养家糊口",等等。我的回答有些复杂。当年报考历史专业,是"父母之命",后来也就没啥选择,但幸好研究着研究着,发现自己虽然对历史不感兴趣,但对历史研究的兴趣越来越浓。在我看来,历史研究是一种思维训练,甚至是一种思维游戏。当然,上述这些回答,是从个人角度进行的,但这里我们要考虑的是从作为一个学科的角度来对这一问题的回答,这涉及这一学科的意义、价值,在人类文明和知识体系中的定位以及地位,等等,是一个学科之所以成为一个学科的基础,因此在我看来,这是历史学最为基本的问题。

不过呢,虽然这个问题很重要,按照道理来说,应当是历史学这一学科长期关注的问题,但颇有意思的是,对于这个问题,中国史学界一直缺乏认真的讨论。究其原因,可能是因为中国史学界认为已经找到了问题的答案,即:历史学或历史研究的功能和目的在于"求真",并以此为基础"以史为鉴";且这两者有着内在的联系,简言之,"求真"是"以史为鉴"的基础,而"以史为鉴"是"求真"的目的。当然,也有学者认为"以史为鉴"是其他学科的事,历史学的目的就是"求真",从我国历史学的实践来看,这种说法应当更符合实际情况,即虽然很多人认为历史研究的功能和目的在于以"求真"为基础的"以史为鉴",但在实际研究中,关注后者的研究者数量不多;同时,虽然有些研究者希望他们的研究能有助于"以史为鉴",但他们自身的研究则基本局限于"求真"。因此,总体而言,从研究实践来看,中国历史学的目的和功能基本局限于"求真"。

在踏入历史学科之初,我也是这么认识的,但随着研究的深入,就越来越觉得,这样的回答似乎存在问题。简单来说,"求真"是历史学做不到的,也是包括物理学在内的所有人类学科,在目前以及在可见的未来都做不到的;"以史为鉴",似乎颇有道理,但如果我们无法复原出真实的历史的话,那么我们在"鉴"[1]中看到的又是什么呢?而且,从我从事历史研究开始,在众多场合,一些研究者都在强调,历史研究者要远离政治和现实,"两耳不闻窗外事,一心只读圣贤书",大致可能是希望保持心态上的"客观"和"中立",以及维持"清高"的姿态。但问题就是,如果远离政治和现实,那么怎么可能做到"以史为鉴"以及如何确定哪些"史"可以被作为"鉴"呢? 这些疑惑,也是我长期以来,面对"国家现在对历史研究很重视,不过你和我说说,研究历史到底有啥用"这样的问题,感到难以回答的原因。

1　意思是镜子,引申为可以使人警惕或引为教训的事情。

不过，最近一年来，我对这个问题形成了清晰的且在当前能说服自己的回答，即历史研究的目的和功能在于"立足现在，认知过去，影响未来"。当然，这一回答在未来必然会发生变化，毕竟按照我的说法，"立足现实"的现实在不断变化，那么对于过往的认知在未来也会变化，由此我的答案也必然会变化。一成不变，永恒真理，不符合我的认知方式。

与大多数从事史学理论的研究者不同，我主要是从事具体史学问题研究的，研究方向为城市历史地理以及古地图，所以在这里还需要介绍我为什么会对抽象问题感兴趣，毕竟虽然很多研究者都会考虑"历史学有什么用"这样的问题，但能对这类问题进行一些研究和讨论的并不多。此外，更希望通过这一介绍对年轻学者有所启迪，即在具体研究中，时刻要考虑理论和方法的问题，因为理论和方法**决定了你能看到的，也决定了你看不到的东西**。

二

正如前面谈到的，我从事历史研究，是"父母之命"。我自己偏爱的是理工科，尤其是计算机，高中阶段就自学了编程，也设计过简单的数据库。计算机编程，个人感觉需要有着严密的逻辑思维，要会将复杂的、相互交织在一起的"客户"需求，分解为相互之间有着明确区隔但又有着明晰的逻辑关系的多种功能，且还需要将复杂的功能简化为多种实现单一功能的模块，这些思维训练，对时至今日我的研究思维方式和论文写作都起到了重要的影响。

1992年,在各种"巧合"之下,我考入北京大学历史学系,但一直对历史提不起兴趣。记得当时班主任张建华老师向我们友情提示,"大一"除了学习之外,主要就是玩。我很听话,不过听话过了头,一玩就是四年。玩,也包括读书,只是历史专业的书读得不算多,大部分都是其他专业的,如心理学、经济学、会计学、计算机学、统计学、天文学、物理学,且当时北大还允许跨专业自由选课和旁听;恶补了金庸(当然还有金唐、全庸)、古龙和温瑞安的名著;还有各种科幻小说,这些书对我的影响,在本书中是可以看到的。

又是在各种"巧合"之下勉强保送研究生之后[2],算是正式进入了历史学的研究领域,由于兴趣缺缺,所以不仅总是找不到研究题目,而且也挨了导师的不少批评。不过在导师李孝聪教授的指导下,当时阅读了大量城市史、历史城市地理方面的著作。从现在来看,转折发生在大致1998年前后。当时李师让我整理天一阁藏明代方志中与城墙有关的材料。在整理这批材料的过程中,我发现方志中缺乏对明初之前城墙修筑的记载,明代初期的资料也不是很多,这与当时从各种研究论著中得到的城墙在中国古代城市中有着重要地位的"常识"完全相反。那么,这是文献记载的问题,还是我们的"常识"出了问题? 这应当是笔者学术生涯中提出的第一个真正意义上的"学术问题"吧。由于笔者的思维偏向于理工科,再加上有着颇佳的计算机应用技术,因此很快就将相关数据制作了数据库,进行了简单的统计,验证了自己的疑问确实是成立的。虽然一直没有进入论文

---

2 在此要感谢祝总斌先生、吴宗国先生以及其他先生在当时对我网开一面,也要感谢恩师李孝聪先生的接纳、批评、鼓励和支持。

写作阶段,不过由此奠定的一个幼稚的想法就是,我们似乎对于中国古代城市形态并不了解,或者至少不像我们想象的那么了解。

与李师商定的硕士论文的题目是《明清甘肃东部城市形态研究》,当时的想法就是从区域入手,对中国古代城市形态加以研究,最终通过对区域研究成果的整合,从而形成对中国古代城市形态整体性的认知,"甘肃东部"则作为研究的开端。不过在硕士论文答辩中,答辩委员、已故的王天有教授一再强调的问题就是:你为什么要选择这个区域来进行研究? 这一区域与其他区域或者全国整体相比,有哪些特征? 这些是非常尖锐的问题,核心其实是:在不了解整体的情况下,如何能确定区域的特色? 更为深入的问题就是,在不了解整体的情况下,在区域研究中如何确定哪些要素或者问题是重要的以及是值得研究的? 这个问题导致我此后放弃了对区域的讨论,而倾向于对全国进行整体性考虑。这是我遇到的第一个真正的史学方法上的问题。

2000 年,考上博士之后,我继续跟随李孝聪教授从事城市历史地理的研究。当时,在中国学界,"唐宋变革论"是一个热门的话题,历史城市地理中对应的观点就是"中世纪城市革命"。在跟随导师参加荣新江教授主持的"盛唐研究"项目时,笔者也关注了唐宋城市的一些问题,发现,如果就像硕士阶段搜集的城墙资料显示的那样,即唐宋时期很多城市没有城墙的话,那么"中世纪城市革命"中的一些结论似乎是不成立的;而且,在唐代的文献中,商业活动似乎并不像"中世纪城市革命"所说的那样只是局限于"市"中,且如果商业活动只能局限于"市"中的话,这样的社会生活似乎也不可想象。回想起来,当时大致就是基于上述这些疑惑和认知,即:对中国古代的城市要进行整体性的认知、关于中国古代城市的一些"常识"可能存在问题以及"中世纪城市革命"本身可能存在问题,由此在导师李孝聪教授的支持下,将博士论文的选题确定为《唐末至明中叶中国地方建制城市形态研究》。

"唐末至明中叶中国地方建制城市形态研究",这是一个在今天看来都显得非常宏大的选题。即使是在资料易获性大为提高的今天,将这样一个时间跨度和空间跨度都极大的题目作为博士论文,估计也具有非常大的难度。不过当时这一选题的优点就是,没有像今天这样需要对这么多的研究成果进行评价,因此只要动笔写就好。

就撰写思路而言,既然放弃了区域研究,那么如何对中国古代城市进行整体性的分析就是一个难点,也没有太多可供借鉴的前人研究方法,因此最终我构想的方法就是:将构成城市形态的要素拆分出来,然后逐一进行整体性的研究,最后再将这些研究结论组合起来,构成对各个时期中国古代城市形态的整体认知,这也是我后来在《古代城市形态研究方法新探》[3]一书中正式提出的"要素研究法",这也是我提出的一个真正意义上的研究方法。现在看来,这一方法存在着诸多内在问题,颇为幼稚。

由于城市形态的构成要素众多,这篇博士论文显然无法做到面面俱到,因此主要集中在一些"重要的"要素上,如城墙、坊市、衙署、城内的街道,以及庙学,重点分析它们在城市中的位置以及在全国的

3　成一农:《古代城市形态研究方法新探》,社会科学文献出版社,2009年。

空间分布。当时 GIS 在中国历史学界刚刚兴起,对于计算机技术有着浓厚兴趣的我,自然没有放过这样的研究手段。而且,GIS 对于空间分布的直观性展示以及可以多元素并置分析的方法,与"要素研究法"的需要非常契合。

最终撰写完成的博士毕业论文,从结论上来看,基本满足了最初的预想,即从城市形态构成要素入手,从"史实"层面否定了"中世纪城市革命"的认知。但从研究本身而言缺憾甚多,如对衙署和庙学的研究过于简单,虽然提出的结论比较有新意,而且至今来看也是成立的,即衙署在中国古代存在着从集中分布向分散布局的转型,大致发生在宋元时期;我们今天所定义的"庙学"形成于宋代,而不是传统认为的唐代。之所以说"过于简单",是因为,这两方面的研究基本上只是"就事论事",也即通过对材料,主要是方志材料整理,归纳现象,并得出一些简单的"因果解释"。"城墙"和"坊市"的部分则在材料方面详细和多样化一些,但并不"充分",且进行的同样是简单的"因果解释"。

之所以说是简单的"因果解释",是因为我当时肤浅地意识到"因果"问题是非常复杂的,不同的人可能会提出不同的"因果解释",且这些"因果解释"似乎也无法进行"验真",也即无法进行绝对的对错判断。那么,"因果解释"的意义何在呢?这应当是我意识到的第一个偏向于理论的问题。

总之,这篇博士毕业论文虽然不让人满意,但当年正好赶上了"非典",各方面都比较宽松,再加上文中确实存在各种在当时看来具有"创新性"的认知,因此也算是顺利毕业了。

博士毕业论文虽然非常不让人满意,但确实构建起了一个非常庞大的框架,在预答辩的时候,导师李孝聪教授和邓小南教授对此也表示了肯定,回想起来,当时导师和邓老师的肯定是我后续能将论文最终完成的动力之一吧。博士毕业后,进入社科院历史所跟随辛德勇教授进行博士后研究,当时的设想就是,既然对博士论文不满意,那么未来就一步一步地做吧,一个要素、一个要素地进行更为深入的分析,最终完成博士论文的构想,即复原中国古代的城市形态及其发展脉络。于是,博士后期间主要就是以 GIS 为主要技术手段,从事中国古代城墙修筑的研究,成果也就是《古代城市形态研究方法新探》一书,以及《空间与形态——三至七世纪中国历史城市地理研究》[4]。

在此期间,我还准备了数十万字的关于庙学的方志和碑刻资料,设想今后应当从符号学的角度来切入研究中国古代城市中的庙学。不过,随着研究的进行,笔者之前研究中存在的疑虑日益凸显,由此,最终放弃了这方面的研究。这些疑虑,主要有以下两点:

第一,"因果解释"。很多历史研究,实际上讨论的是"因果"问题;而且众多的学术争论,实际上争论的焦点不是"史实",而是通过"因果解释"得出的结论。但正如前文所述,简单的因果关系似乎是不存在的,且对于因果解释,也不可能进行绝对的对错判断。举一个例子,2015 年特朗普为啥能被选为美国总统,就是一个争论不休的问题。今天尚且如此,何况古代? 在翻译《所有可能的世界——地

4　成一农:《空间与形态——三至七世纪中国历史城市地理研究》,兰州大学出版社,2012 年。此处说明一下,《空间与形态》一书的编辑水平有些糟糕,最终凭空编辑出来很多硬伤,尤其是在我看过清样之后编辑的擅自修改。

理学思想史》[5]的时候，地理学研究中对于"因果解释"的放弃，转而强调要素之间的"相关性"，给我极大的冲击。由此，在那时我也偏向于"相关性"的分析。当然，近些年，我对"因果解释"和"解释"有了新的认知。这些认知在这本小书中也有所体现。

第二，材料在史学研究中的价值。笔者博士论文中关于"子城"的部分，由于材料太少，因此对子城最初的功能只能通过一些旁证、晚期的资料和逻辑推理进行推测，但在一次小型会议上发表时，这一部分受到一些学者的质疑，大致的意见就是材料太少，最好不要谈。确实传统史学强调"一分材料讲一分话"，在这一视角下，这一质疑是有合理性的。但我的疑虑是，对于史学研究而言，永远不可能存在充分的史料，即使研究当代问题也是如此，我们面对的永远都是材料的"匮乏"。如果真的追求"一分材料讲一分话"，那么就没有办法进行研究了，而且这种认知实际上相当于"史料"就是"史学"，那么研究者的工作也就成了寻找可靠的史料以及将它们转述为现代汉语，这显然让人难以接受。由此，我一方面坚定了以逻辑或者旁证等方法进行历史研究的信心；另一方面也对那些"材料充分"的时代，用海量数据（今天的大数据）来进行研究的意义产生了疑惑，也导致我对地理信息系统以及广泛搜集材料的意义抱有怀疑。

此外，在博士论文撰写期间，我意识到以往城市史研究中出现的一些问题，不是史实的问题，而是方法的问题，也即在研究方法上存在

5　[美]杰弗里·马丁著，成一农、王雪梅译：《所有可能的世界——地理学思想史》，上海人民出版社，2008 年。

了问题，所以导致了结论的错误，典型的就是"中世纪城市革命"这样的理论。与对"因果解释"这样的疑虑一起，我当时感觉中国的史学要发展，首先要解决方法的问题，对此尤其应当引入一些理工科的方法和思维方式，比如概念的界定、逻辑推演，还有一些相关的技术，比如 GIS、数据库等。我当时撰写的论文和著作也确实大量运用了 GIS 和统计学的方法。从当前的角度来看，那个时候我实际上追求的是历史学的"科学化"，且认为历史学的核心目的或者基础是"求真"。

多说一句，中国的历史学存在着诸多偏见，如对理工科以及相关方法的排斥，比如在一次会议上，一位先生就直接对我说，你的论文不像文科论文，像理工科的。我当时疑惑的就是，所谓论文，不就是要论证清晰、结论明确吗？这个还分理工科和文科？当然，现在随着大数据等的兴起，以及强调学科交叉，这方面的偏见在减少。

2010 年前后，跟随李师开始从事中国古代地图的研究。研究之初遇到的一个疑惑就是，明明现存的那么多的中国古代地图是不准确的，也看不出使用了什么"先进"的绘图方法，甚至与绘画似乎没啥区别，但为什么在中国地图学史的著作中强调的都是中国古代地图的科学性呢？此后，为了解答这一问题，我用了几年的时间，撰写了《"非科学"的中国传统舆图——中国传统舆图绘制研究》[6]一书，认为中国古代地图是"非科学"的。

在撰写该书的过程中，阅读了一些讨论"科学主义"的论著，再加上自己对古代地图的思考，当时的认知就是"科学"本身在价值上

---

6   成一农：《"非科学"的中国传统舆图——中国传统舆图绘制研究》，中国社会科学出版社，2016 年。

是中立的,我们之所以认为"科学"好,是现代社会赋予"科学"的价值判断,但这一价值判断并不是永恒的,基于此,当时提出的就是以往我们对于中国古代地图的研究在出发点上是错误的,而且中国古代地图的"非科学"并不是对其的贬低。由于看了一些反思"科学主义"的论著,由此我也对"科学"产生了疑虑。

那段时间还看了一些量子物理学的著作,其中对我影响最大的就是曹开元的《上帝掷骰子吗?——量子物理学史话》[7],其中一些论述,与我长期以来疑虑的问题有关,比如"求真"的问题、主观与客观之间的关系等等。此外,还有巴特·埃尔曼著、黄恩邻翻译的《错引耶稣:〈圣经〉传抄、更改的内幕》[8],作者通过对《圣经》文本形成过程的分析,辨析了文本(史料)与"史实"的关系,即文本(史料)不可能真实地反映史实,且我们对文本的辨析也不可能反映"史实"。基于这些阅读以及思考,我最终撰写了第一篇偏重于理论的文章《论历史的形成》,当时的结论是:人类的历史,可以在它已经发生后才被决定是怎样发生的,因此,我们所看到的过往的"历史"是基于我们的意识,即没有带有"意识"的人类也就没有所谓的"历史"。这篇小文也大致形成了本书的基本认知。

《论历史的形成》未能解决的问题就是:如果历史学不能"求真",那么我们通过对史料的辨析以及考订所做的是什么? 如果历史学不可能达到"求真"的目的,且"求真"也不是历史学的目的的

---

7   曹开元:《上帝掷骰子吗?——量子物理学史话》,北京联合出版公司,2013 年。
8   [美]巴特·埃尔曼著,黄恩邻译:《错引耶稣:〈圣经〉传抄、更改的内幕》,生活·读书·新知三联书店,2013 年。

话,那么历史学与小说(文学)之间的关系是什么? 是否我们可以在研究中,随意使用材料,甚至使用那些看起来"胡编乱造"的材料? 如果不能回答这些问题,对我而言,依然未能构成对历史学存在价值的完整思考。

这些问题,我是在 2019 年断断续续思考清楚的,对这些问题我目前的回答就是:"求真"不是历史学的目的,而是历史学的力量,也即是"以史为鉴"之所以被很多人接受的力量之所在。当然,历史学达不到"求真",所能做到的,**是让读者甚至研究者本人相信通过研究得出的结论是"真相"。**而让读者甚至研究者本人认为通过研究得出的结论是"真相"的手段是多种多样的,比如逻辑、技术方法、可信的材料,甚至研究者的名望、地位、气场和环境,等等。"史料"就属于可以增强研究的"可信度"的材料的范畴,由于历史研究的材料主要取材于距离现在有着一段时间的过去,由此这也是历史学与其他学科的主要差异。由此,"胡编乱造"的材料当然在研究中也是可用的,但要达成"让读者甚至研究者本人相信通过研究得出的结论是真相",可想而知,难度颇大。而历史学与文学的差异则在于两者力量上的差异,历史学的力量在于"让读者甚至研究者本人相信通过研究得出的结论是真",其中的"结论"通常涉及人物、时间、地点、事件、过程;而文学,读者一般不会在意或者认为其中的人物、时间、地点、事件、过程是否真实,文学的力量在于,其让读者相信其中蕴含的情感和人性是真实的,或者是属于人类真实存在的以及能达到的情感和人性。

另外一个理论认知上的变化就是,我意识到,由于不可能达成

"求真",因此也就没有绝对的对错,且"让读者甚至研究者本人相信通过研究得出的结论是真相"有时不是作者有意识去塑造的,而是受到时代的影响,即在一个时代之下,存在众多被这个时代的绝大多数人认为是不言自明而正确的东西。由此,我也不再将从"科学视角"研究古地图看成是错误的,而是认为这是那个时代的产物。想明白这一道理之后,在历史研究中的很多以往我认为"正确"的说法,或者我长期接受的观点,也就不再那么"正确"了。

最近的变化就是对"科学"的态度,根据上面的叙述,可以看到我本人最初是"科学主义"者,但随着对"科学主义"的反思,以及通过在微信里面与一群坚持用科学方法研究历史学的学者辩论且翻看了"科学哲学"的一些著作之后,我现在的观点是,科学只是历史研究的方法之一,而且只是之一,且其在解释力上没有超越其他方法。由于我是用科学的方法来论证这一观点的,因此有朋友戏称我是用科学的方法来反对"科学主义"。当然,在我们当前这个"科学主义"的时代,用"科学"方法得出的结论要比用其他方法得出的结论更容易让人相信是"真相",这是这个时代赋予科学的力量。

回想起来,我的思想历程中的很多变化也不是那么清楚,有些也是后来我自己构建的。在一次葛兆光教授讲座后的闲聊中,他的夫人戴燕教授问我,为什么会对这些问题感兴趣。我的回答是,随着研究的深入,所有学术研究最终都要上升到哲学和理论层面。对理论的探讨可以让我们在研究中看到更多,且更深入地看待问题,或者更为功利地说,思考理论问题,会让你发现历史学的研究有着无穷无尽的颇有意思的问题,且不再受到材料和方法的制约,文章随便写。而且,对于理论的思考也会让自己意识到,自己必然看不到很多东西,从而会一直保持谦虚的心态以及好奇心。

三

然后,介绍一下本书的写作方式及结构和目的。通过上面的介绍,可以看出本书是一本偏向于史学理论的著作。说到史学理论著作,估计很多人都会眉头一皱。因为通常这些著作中不仅充斥着大量晦涩难懂的术语,而且句子和段落经常会绕来绕去,有时不前前后后读上几遍,根本不知道作者在说啥。不仅如此,很多理论著作是从英文翻译过来的,经过了翻译者的语言加工之后[9],让问题更加雪上加霜,以至于我有时候怀疑,我们读不懂似乎不是我们能力不够,而是翻译的水平问题。甚至我很多时候感觉作者是否是故意有话不好好说。

出现这种现象,笔者认为可能与西方的学术传统有关。在西方,包括史学在内的很多理论产生于古希腊时期,然后经过宗教哲学家、文艺复兴时期思想家的加工、改造、创新,延续到了现代,在两千多年中积淀了深厚的术语、思想、理论和流派,因此一方面所有理论著作都来源于这一传统,另一方面这些理论著作都不得不或多或少对这

9　作为翻译了不少英文书籍,但本身英文不好的译者,我要为翻译者说几句话。翻译著作要求"信、达、雅",但这三者实际上是矛盾的,要讲求忠实于原书的意思,那么通常就不会"雅",因为讲求语句的通顺,那么必然要对原文的语序和结构进行调整以符合中文的习惯,但这样必然会对原文的含义造成或多或少的破坏;此外,一些原文中的术语缺乏能直接对应的中文,那么翻译时必然要在理解的基础上加以叙述。还有,对于一句中文,不同的人都有不同的理解,何况是外语! 因此,翻译本身就是一种再创作。

些"传统"给予回应,由此使得作为异文化的中国读者要去理清楚这些头绪确实颇为困难。不过,笔者觉得,无论理论多么深奥,但核心意思都是比较简单的,因此对于只有短短百年历史的中国现代史学而言,完全弄清楚这些概念并无必要,毕竟"全职"从事史学理论的只是极少数,大多数研究者只是希望对理论有着理解,可以运用就好了;且理论虽然抽象,但总是要结合"实践"才能理解,因此本书希望通过通俗易懂的话语和简单明了的案例来解释理论。

不仅如此,在很多中国的史学著作中经常能看到这样的现象,即作者在开篇引用了大量理论,显得颇为高大上,但在后面的叙述中,则几乎难以看到这些理论的身影,或者总体上,其论述方式与"传统"的研究没有本质区别;同时,一些国内的史学理论家,通常只是撰写理论著作,而极少有着具体的研究实践。由此,对于前者,读者的感觉可能就是有点"拉大旗作虎皮"的意思;而后者,让读者的感觉就是,理论似乎没啥用。早年翻译《地理学思想史》的时候,我就有着这样的疑惑,其中叙述的理论看起来颇为高大上,但我更关注的是怎么去运用,而理论著作中通常没有对此加以解释。为了避免这种现象,本书通过一些具体研究或者实例来对笔者提出的一些观点加以解说。

需要强调的是,笔者认为阅读了理论著作,不等于就懂了理论;懂了理论,不等于能运用;在研究中照猫画虎地运用了,不代表已经让理论深化为自己思想的一部分。这也是本书提供了各种例证的原因,即希望读者能更容易地将理论内化为自己思想中的"本能"[10]。

---

10 个人认为,当理论成为本能的时候,写作的时候是不需要大量引经据典的。

　　当然,由于想尽量通俗化,以及有着大量来自日常的例证,由此本书的语言在很多研究者看来是极为"不准确"的,但我想对于大多数读者来说,这样会更容易掌握。而且,语言本身就是导致理解上产生差异的根源,因此追求"语言的准确"本身也是一个伪命题,是不可能实现的。

　　在结构上,本书大致分成上中下三编。

　　上编通过对以往一些认知的解构,提出笔者对历史学的目的和功能的认知,大致包括以下四个部分:

　　第一部分,即第一章,针对的是传统史学的核心"史料",包括对史料的"等级"、版本、史料与史实的关系等问题的讨论,主要讨论的是史料在历史研究中的作用,并由此希望将"史料"从历史研究和历史学的核心剥离出去。

　　第二部分,即第二和第三章,是对方法的讨论,关注的是目前流行的大数据、数字人文以及 GIS 等到底能为历史学带来什么;还有就是对"历史学是一门科学吗"这一问题的讨论,讨论的核心就是在各种研究方法中,"科学"的方法是否具有"优越"的地位,以及"科学"和"技术"到底能给我们带来什么。

　　第三部分,即第四章,在上述两个部分的基础上,集中于从各个方面对"真相"的讨论,希望能有说服力地否定历史研究可以"求真"以及逐渐接近"真相"的梦想。这一部分还否定了一些历史学家和爱好者所喜好的"历史学家=侦探"这样的比喻。

　　第四部分,即第五章,在否定以往史学对史料、方法和"真相"的主要观点之后,提出本书对历史学的目的和功能的认知,即"立足当前,认知过往,影响未来"。其实纵观人类历史,"立足当前,认知过往,影响未来"也是到目前为止,包括历史学家在内的所有人实际进行的工作,只是绝大多数人没有意识到这点,或者意识到了这点,但未能明确地提出。如果未来每个人都能意识到"人人都是自己的历史学家"的话,那么那时将是"历史学的终结"之日。

中编包括第六、第七和第八章,大致可以认为是对上篇的一些补充和说明。第六章以我熟悉的中国古代地图为例,讨论了史料虽然是历史研究必不可少的组成部分,但史料价值的挖掘和展现则在于研究者,而不在于史料自身,总之"史料不是救世主"。第七章的主题比较简单,讨论的是以追求"真相"为目的的史学是什么时候在中国史学界确立的。第八章是对侯旭东《宠:信—任型君臣关系与西汉历史的展开》的书评,评价的重点并不是该书的内容,而是希望通过对该书的评价,回答一个理论问题。大致而言,侯旭东在《宠:信—任型君臣关系与西汉历史的展开》一书中反思和批评了以往制度史和政治史研究中存在的"历史的辉格解释"和"线性史观",这两者在中国史学界也确实受到了一些学者的批评,且我在对以往地图学史研究的评析中也有着类似的批评。不过此处讨论的问题是:我们是否可以完全避免这两者,以及我们是否有必要有意识地避免这两者? 在我看来,虽然对这两者的批评都有着当前时代的背景,也符合当前时代的需要,但这两者都是历史学所需要的,只是我们需要让所有人意识到所有历史叙述都属于"历史的辉格解释",且各种各样的"线性历史"和"历史的辉格解释"是可以并存的,但相信哪种"线性历史"和"历史的辉格解释"的权利则掌握在我们手中。

　　另外,从写作风格上而言,上编和中编非常"不正经",当然各章"不正经"的程度存在差异,这是有意为之的,目的很多,希望本书的读者能领会到。

　　下编是基于理论的一些实践研究。由于本书认为所有历史认知都是受到当时的观念、意识形态和时代需要的影响而产生的,因此下编首先展示了一些这样的例子,即随着时代的变化,构建的历史认知也发生了变化,具体涉及"地图学史"和"疆域沿革史"两个领域,即第九章和第十章。这两章除了解释我们对历史的认知随着时代而变化之外,还希望读者意识到由于所有历史研究背后都有着目的性,因此在阅读任何历史论著的时候,应首先考虑的问题就是作者的目的,而由于作者自身没有意识到其所处的背景,所以很可能作者自己都没有意识到其中很多目的。

　　上述两章没有涉及对"影响未来"的展示,对此第十一章以"疆域沿革史"为例,首先揭示了以往这一领域研究中存在的问题,然后通过指出未来这一领域研究中应当注意的问题,从而不仅希望改变未来这一领域研究的模式,还希望通过改变我们对古代疆域的认知,在新的时代基于树立中国话语权,来维护国家的统一且改善中国的国际关系。第十二章讨论了几幅目前"热门"的地图,之所以说"热门",是因为一些研究者和爱好者希望用这几幅地图来重新构建我国古代的科技史或者"地理发现史",从而服务于确立民族自信心。但我认为,这样的构建不仅在学理上存在问题,在出发点上也是错误的,一个民族的自信心不是来源于古代,而是来源于现代。这从多个角度展现了本书所讨论的历史研究的目的和功能。

最后一章，即第十三章则是前文提到的《论历史的形成》，用非常通俗的方式勾勒了在历史的形成中主观与客观的关系，且用同样的方式对后现代史学的一些基本认知进行了陈述。

下编中的这几篇论文是已经发表过的，为了保持论证的完整性，收入本书的时候没有进行修改。正是因为这样，所以下编的写作风格就"正经"了很多。

总体而言，本书希望达成以下四点目的：

第一，可能对于中国正统历史学者而言，本书应当属于"奇谈怪论""离经叛道"，不过正如本书所强调的，历史是多元的，历史学也是多元的，理论和方法也是多元的，因此本书的理论也是一家之言，不求被所有人接受，只是希望能引起一些真正的批评和讨论，让更多的研究者看到理论的价值，能关注理论问题，以及甚至能提出中国学者自己的史学理论，而不只是引介各种西方理论。可能一些读者会感觉，本书所论述的与后现代史学有几分类似，确实如此。

第二，希望能拓宽历史研究者的眼界。不知道什么原因，历史学者总是有着一种"清高"和"自傲"的态度。"清高"和"自傲"有其好的一面，但作为研究者，在"清高"和"自傲"的同时，还必须保持"谦虚""开放"和"好奇心"，永远不要觉得自己已经掌握了真理。可能是出于这样的心态，历史学者中的大部分不太关心其他学科的理论、方法以及进展，有些时候甚至有排斥的态度。记得有次和余太山先生聊天，他就说，现在人类的知识那么多，学科那么多，历史学大概位于边缘的位置，而且很多学者一辈子只研究一个断代、一个问题，在人类的知识中只是手指尖那么大，研究得再好也没有什么可骄傲的。

这百年以来,以揭示宇宙"真相"为终极目的的物理学发生了天翻地覆的变化,与历史学曾经存在密切关系的地理学在几十年中对于世界的理解也有了深刻的变化,经济学、社会学等以"人"为对象的学科也发生了巨大的变革,因此就方法和理论而言,中国的历史学已经落后了。

第三,给历史学正名。笔者认为,就像所有学科一样,从事历史学的研究需要一定的天分,仅靠"坐冷板凳"是无法成为顶尖的甚至好的学者的,尤其是在这个时代;而且历史学是一门具有思维深度的学科,而不是"力气活"。彻底改变我们看待世界的方式以及我们眼中的世界的,不是更多的材料,也不是更新的方法,而是我们内心发生的根本性的变化,这也是历史学的魅力所在,也是我说自己不喜欢历史,但喜欢历史研究的原因。

第四,给历史研究以"自由"。注意,这里我用的是"历史研究",而不是"历史学"。虽然不存在绝对的自由,但应当尽量避免一些人为设置的"镣铐"。虽然历史研究和历史学终究都要"带着镣铐跳舞",但能轻松一点就轻松一点。

四

感觉这篇"缘起"越写越啰嗦了,最后想说的就是我们为什么要关注"理论",这点前贤所说众多,我也不想重复那些"陈词滥调"。在我看来,"知识"大致分为看待问题的视角和具体的知识两部分,其中"理论"可以归为"视角",其作用,简言之就是,视角(理论)决定了你所能看到的,以及你所看不到的具体的知识。因此,我们学习理论的目的就是尽量拓展我们的视角,增加我们可以看到的,以及减少我们看不到的。每当领悟(注意,不是学习)了一种"理论",展现在我们面前的就将是一个全新的世界。

图书在版编目（CIP）数据

我们需要什么样的历史学？／成一农著. —上海：
中西书局,2021
ISBN 978－7－5475－1931－8

Ⅰ.①我… Ⅱ.①成… Ⅲ.①史学—研究 Ⅳ.
①K0

中国版本图书馆 CIP 数据核字(2021)第 264003 号

WOMEN XUYAO SHENMEYANG DE LISHIXUE

我们需要什么样的历史学？

成一农 著

责任编辑	刘寅春
装帧设计	黄 骏
责任校对	左钟亮
责任印制	朱人杰

出版发行	上海世纪出版集团 中西書局(www.zxpress.com.cn)
地 址	上海市闵行区号景路 159 弄 B 座(邮政编码:201101)
印 刷	上海天地海设计印刷有限公司
开 本	890×1240 毫米 1/32
印 张	10.75
字 数	230 000
版 次	2021 年 12 月第 1 版 2021 年 12 月第 1 次印刷
书 号	ISBN 978－7－5475－1931－8/K·378
定 价	45.00 元

本书如有质量问题,请与承印厂联系。电话:021－64366274